民國歷史與文化研究

十五編

第2冊

釣魚島歷史歸屬考
——以日本學者的研究為視角

李 理 著

花木蘭文化事業有限公司

國家圖書館出版品預行編目資料

釣魚島歷史歸屬考——以日本學者的研究為視角／李理 著 --
初版 -- 新北市：花木蘭文化事業有限公司，2022〔民 111〕
目 4+218 面；19×26 公分
（民國歷史與文化研究　十五編；第 2 冊）
ISBN 978-986-518-921-1（精裝）
1.CST：釣魚臺問題 2.CST：領土主權 3.CST：日本
628.08　　111009770

ISBN-978-986-518-921-1

民國歷史與文化研究
十五編　第 二 冊　　ISBN：978-986-518-921-1

釣魚島歷史歸屬考
——以日本學者的研究為視角

作　　者　李　理
總 編 輯　杜潔祥
副總編輯　楊嘉樂
編輯主任　許郁翎
編　　輯　張雅淋、潘玟靜、劉子瑄　美術編輯　陳逸婷
出　　版　花木蘭文化事業有限公司
發 行 人　高小娟
聯絡地址　235　新北市中和區中安街七二號十三樓
　　　　　電話：02-2923-1455 ／傳真：02-2923-1452
網　　址　http://www.huamulan.tw 信箱 service@huamulans.com
印　　刷　普羅文化出版廣告事業
初　　版　2022 年 9 月
定　　價　十五編 14 冊（精裝）新台幣 42,000 元

釣魚島歷史歸屬考
——以日本學者的研究為視角

李理 著

作者簡介

李理，中國社會科學院中國歷史研究院近代史研究所研究員。

2006 年畢業於中國社會科學院研究生院，歷史學博士。現為臺灣史研究室研究員、中國社會科學院研究生院聘任碩士導師，研究方向為臺灣史及臺灣問題、琉球與釣魚島問題、南海問題。2005 年度日本國際交流基金博士項目者，日本中央大學比較法研究所博士項目留學者。曾受臺灣陸委會及夏潮基金會的資助，到臺灣中央研究院、政治大學、玄奘大學、中國文化大學、中央大學等處作訪問學者。出版《日本吞併琉球與出兵侵臺關係探析》《日據臺灣時期警察制度研究》《日本近代對釣魚島的非法調查及竊取》等專著。

提　　要

釣魚島群島本為中國臺灣的附屬島嶼，在漫長的歷史進程中，一直以中琉朝貢海上航線的航標指南而被大量中國古籍所記載。上世紀七十年代，隨著釣魚島海底大量石油資源的發現，此島開始從一個默默無聞的荒島，成為地緣相關國家的逐鹿之所。日本政府隨即主張釣魚島為琉球群島（西南諸島）的一部分，並暗中與美國進行秘密交涉，要求美國將其作為琉球的一部分返還給日本，並以允許美軍在突發事件時，攜帶核武器進入沖繩為交換條件，最終達成秘密約定。1971 年簽訂「日美沖繩返還協定」時，釣魚島便作為「琉球」的一部分，交還給了日本政府。但大量史實證明，釣魚島在歷史上根本不是「琉球國」的領土，是被日本趁甲午戰爭勝利之勢，偷偷竊取的中國臺灣之領土。分析研究清楚釣魚島問題的由來，才能真正在釣魚島爭端中做到「有的放矢」。這一問題要求我們不能忽略日本政府的主張。但在明晰日本政府主張的同時，對日本民間及不同聲音的研究，特別是對「反對日本主張釣魚島主權」的學者觀點的研究，更能讓人理解釣魚島問題的實質，也更能進一步推動釣魚島問題的研究，來還原歷史的本來面貌。

目次

導　言

釣魚島本為中國臺灣的附屬島嶼，在漫長的歷史進程中，一直以中琉朝貢海上航線的航標指南而被大量中國古籍所記載。日本現存資料也充分證明，日本明治政府於 1885 年通過踏查知道釣魚島為「貴重之島」，便想將其納入到領土之內，但懾於清政府的實力，沒敢具體實施，一直等待著機會。1895 年 1 月 14 日，日本政府不等甲午戰爭結束便迫不及待地通過內閣決議，單方面決定將覬覦多年的釣魚島偷偷地竊取，其後釣魚島劃入殖民地臺灣的分管漁區。戰後由於「中華民國」曾提出將釣魚島中的赤尾嶼劃為中琉的界線，但由於國民黨的遷臺而沒有具體實施，釣魚島被裹挾到沖繩成為美國佔領區的靶場。上世紀七十年代，隨著釣魚島海底大量石油資源的發現，釣魚島開始從一個默默無聞的荒島，成為地緣國家的逐鹿之所。日本政府隨即主張釣魚島為琉球群島（西南諸島）的一部分，並暗中與美國進行秘密交涉，要求美國將其作為琉球的一部分返還給日本，並以允許美軍在突發事件時，攜帶核武器進入沖繩為交換條件，最終達成秘密約定。故 1971 年簽訂「日美沖繩返還協定」時，釣魚島便作為「琉球」的一部分，交還給了日本政府。但大量史實證明，釣魚島在歷史上根本不是「琉球國」的領土，是被日本趁甲午戰爭勝利之勢，偷偷竊取的中國臺灣之領土。分析研究清楚釣魚島問題的由來，才能真正在釣魚島爭端中做到「有的放矢」。這一問題要求我們不能忽略日本政府的主張。但在明晰日本政府主張的同時，對日本民間及不同聲音的研究，特別是對「反對日本主張釣魚島主權」的學者觀點的研究，能讓人理解釣魚島問題的實質，也更能進一步推動釣魚島問題的研究，來還原歷史的本來面貌。

日本政府對釣魚島的主張，主要參見於日本外務省的《有關尖閣列島主權的基本見解》一文，是日本政府對釣魚島問題所作的官方表態，全文如下：

> 自一八八五年以來，日本政府通過沖繩縣當局等途徑多次對尖閣諸島進行實地調查，慎重確認尖閣諸島不僅為無人島，而且沒有受到清朝統治的痕跡。在此基礎上，於一八九五年一月十四日，在內閣會議（閣議）上決定在島上建立標樁，以正式編入我國領土之內。
>
> 從那時以來，在歷史上尖閣諸島便成為我國領土南西諸島的一部分，並且不包含在根據一八九五年五月生效的《馬關條約》第二條由清朝割讓給我國的臺灣及澎湖諸島之內。
>
> 因此，尖閣諸島並不包含在根據《舊金山和平條約》第二條我國所放棄的領土之內，而是包含在根據該條約第三條作為南西諸島的一部分被置於美國施政之下，並且根據於一九七一年六月十七日簽署的日本國與美利堅合眾國關於琉球諸島及大東諸島的協定（簡稱為沖繩歸還協定），將施政權歸還給我國的地區之內。上述事實明確證明尖閣諸島作為我國領土的地位。
>
> 另外，尖閣諸島包含在根據《舊金山和平條約》第三條由美國施政的地區，中國對這一事實從未提出過任何異議，這明確表明當時中國並不視尖閣諸島為臺灣的一部分。無論是中華人民共和國政府，還是臺灣當局，都是到了一九七零年後半期，東海大陸架石油開發的動向浮出水面後，才首次提出尖閣諸島領有權問題。
>
> 而且，中華人民共和國政府及臺灣當局從前提出過的，所謂歷史上，地理上，地質上的依據等各類觀點，均不能構成國際法上的有效論據來證明中國對尖閣諸島擁有領有權的主張。〔註1〕

從以上日本政府對尖閣諸島擁有領有權主要的依據如下：

第一、從1885年開始，日本政府通過沖繩縣當局等途徑多次對釣魚列島進行實地調查，因為釣魚島沒有清朝統治的痕跡，故被認定為無人島。

第二、從1885以來，在歷史上釣魚列島便成為日本領土南西諸島的一部分。

第三、在此基礎上，於1895年1月14日，在內閣會議（「閣議」）上決定在島上建立標、

〔註1〕http://www.mofa.go.jp/region/asia-paci/china/pdfs/r-relations_cn.pdf

第四、1895年的《馬關條約》第二條由清朝割讓給日本的臺灣及澎湖諸島當中沒有包括尖閣諸島。

第五、依據《舊金山和平條約》，釣魚列島也不包含在其第二條規定的日本所放棄的領土之內，而包含在其第三條規定的作為南西諸島的一部分被置於美國施政之下，並且根據一九七一年的《沖繩返還協定》(《日本國與美利堅合眾國關於琉球諸島及大東諸島的協定》)，其被包含在把施政權歸還給日本的地區之內。

從前述日本對釣魚島的「主權」論證，可以看出其對於釣魚島主權的論證主要分為兩個階段：

第一階段即是二次世界大戰之前，日本政府通過否認中國明清兩朝諸種官方文書中關於釣魚島記載的價值，肯定明治時期日本通過踏查「尖閣列島」後的記載，來證明釣魚島是無主地，並依靠國際法先占的原則，來取得對釣魚島的原始主權

第二階段是二次世界大戰之後，依靠美國所劃定的琉球託管範圍，「順理成章」的接管了美國所「管轄」的釣魚島。

日本國內對日本政府的這種見解，也有兩種不同的觀點。與官方意見一致的，也就是「占主導地位」的是「日本擁有主權」說，其代表人物是日本國士館大學國際法教授奧原敏雄，另外持這種觀點人的學者還有禧舍場一隆、入江啟四郎、綠間榮等〔註2〕也持相同觀點和意見。他們為日本政府對外主張釣魚島主權提供重要理論支持。但無論日本學術界還是政界，也存在著不同的聲音與觀點，這裡就有非常著名的歷史學家井上清、高橋莊五郎、村田忠禧等人，他們都主張釣魚列島在歷史與現實中都是中國的。正如井上清所說的那樣，他們研究釣魚島的目的只有兩個，「第一是證實釣魚島群島並非無主之地而是中國領土這一事實；第二是揭露了日本佔有釣魚島群島的經過和事實。」〔註3〕故對他們釣魚島相關觀點的研究，能很好佐證日本政府所主張的所謂「無主之地先占」的觀點，是無視歷史事實的主觀臆想；也能更好能從不同視角來證明釣魚列島自古以來就是中國的固有領土。

〔註2〕吳天穎：《甲午戰前釣魚島列嶼歸屬考》，社會科學文獻出版社，1994年版，第14頁。

〔註3〕井上清著，賈俊其、于偉譯：《釣魚島·歷史與主權》，社科文獻出版社，1997年，第5頁。

第一章　近代日本對釣魚島的竊取

釣魚島群島，簡稱「釣魚島」，由釣魚島、黄尾嶼、赤尾嶼 8 個無人島礁組成，分散於北緯 25°40'～26°、東經 123°～124°34'之間，總面積約 6.344 平方公里。這些島嶼在地質構造上，與花瓶嶼、棉花嶼及彭佳嶼一樣，是中國臺灣北部近海的觀音山、大屯山等海岸山脈延伸入海後的突起部分，在歷史上作為中琉航海指針被中國古籍所記載，本為中國臺灣島的附屬島嶼，與琉球國沒有關係。資料已經確鑿證明，日本在明治維新後，曾多次想建立國標佔有該群島，但迫於清政府的壓力而沒能實施。甲午戰爭以後，日本明治政府乘勝利之機，瞞著中國及各國暗中竊取了釣魚島。〔註 1〕關於日本竊取釣魚島的過程，以住學界已經有大量文章論及，但遺憾的是都利用「日本外交文書」所收錄之二手資料。《日本外交文書》所收錄之相關資料，出自於日本國立公文書館及外務省外交史料館所藏之原始檔案，其中之「踏查」、「回航報告」及「礦產資源」等方面的第一手資料，「外交文書」中都沒有收錄到。筆者在本文中，將利用「外交文書」所沒有收錄的資料，對日本偷偷竊取中國釣魚島的歷史史實進行補充還原，以證明釣魚島在歷史上為中國領土之事實。

一、釣魚島不屬於歷史上的琉球古國

論及釣魚島被竊取之前，必須明確釣魚島在歷史上是否屬於琉球國。1970 年前後，隨著釣魚島海底大量石油資源的發現，日本政府開始主張釣

〔註 1〕（日）井上清：《關於釣魚列島的歷史和歸屬問題》，香港四海出版社，1972 年版，第 28 頁。

魚島為琉球的一部分，並暗中與美國進行秘密交涉，以允許美軍在突發事件時可以攜帶核武器進入沖繩為條件，要求美國將釣魚島作為琉球的一部分交給日本，雙方最終達成秘密約定。〔註 2〕1971 年簽訂的《日美沖繩返還協定》，釣魚島被作為琉球的一部分交給了日本。這就是日本政府以為擁有釣魚島的「國際法依據」。但釣魚島在歷史上並非是琉球的領土。

日本為了掩蓋 1885 年開始意欲偷竊之事實，在記載釣魚島與琉球關係的資料中，故意將時間提早到 1873 年。即是收錄於《釣魚島（尖閣群島）問題研究資料彙編》中的《向琉球藩轄內久米島等五島頒發國旗及律令的文書》。該資料的內容是日本明治政府在 1872 年 10 月單方面設立琉球藩後，於 1873 年 3 月 6 日派外務省六等出仕伊地知貞馨向琉球政府轄內久米島等五島頒發日本國旗及律令書之事：「琉球藩：無奈海中孤島，境界尚有不明之處，難以預料外國卒取之虞。此次，授與你藩大國旗七面，自日出至日落，高懸於久米、宮古、石垣、入表、與那國五島官署。此次交付與你為新制國旗，日後破損以藩費修繕。」〔註 3〕琉球藩 1873 年 4 月 14 日向伊地知貞馨彙報：「懸掛於本職管轄內久米島及另外四島之國旗大旗一面、中旗六面，連同文書已順利交付完畢。」〔註 4〕

從上述內容分析來看，明治新政府要求琉球將日本國旗所懸掛之五島，為「久米、宮古、石垣、入表、與那國」，而這五島本為琉球之附屬，其中所謂的「久米島」與「粟國島、慶良間島、渡名喜島」構成一個島群，本為琉球三十六島之一部分。「久米島」與釣魚島的「久米赤島」（赤尾嶼）根本是兩個不同的島嶼。「久米赤島」（赤尾嶼）與「久米島」的距離，相差達 70 多里，故將此份資料作為琉球擁有釣魚島的最初證據，完全是日本刻意偷樑換柱，企圖將日本與釣魚島發生關係的時間提前。

另外，《那霸市史》資料篇第 2 卷收錄的《古賀先生對琉球群島的功績》可以證明釣魚島歷史上不屬於「琉球」：

〔註 2〕（日）《1972 年の沖縄返還時の有事の際の核持込みに関する密約》、《1972 年の沖縄返還時の原状回復補償費の肩代わりに関する密約》，日本外務省網（http://www.mofa.go.jp/mofaj/gaiko/mitsuyaku/kanren_bunsho.html），訪問時間；2011 年 8 月 29 日。

〔註 3〕《釣魚島（尖閣群島）問題研究資料彙編》，勵志出版社、刀水書房 2001 年版，第 164 頁。

〔註 4〕《釣魚島（尖閣群島）問題研究資料彙編》，第 165 頁。

> 明治二十七年（1894），（古賀辰四郎）向本縣（沖繩縣）知事申請開發該島（釣魚島），但因為當時該島是否為日本帝國所屬，尚不明確而未准。於是他向內務和農商兩大臣提出申請書的同時，本人又到東京親自陳述了該島實況懇願批准開發，仍然未准。時至二十七、二十八年戰役（中日甲午戰爭）告終，臺灣始入帝國版圖，二十九年以敕令第十三號公布尖閣列島為我所屬，古賀立即向本縣知事申請開發，於同年九月終被批准，由此此人對該島多年宿望得以實現。〔註5〕

這份資料的原始出處為1910年1月的《沖繩每日新聞》，它明確說明日本在1894年時，還不敢也不能確定釣魚島的所屬，但在中日甲午戰爭後，隨著臺灣的割讓，釣魚島被以所謂「內閣決議之敕令」，偷偷打包裹挾到日本領土範圍內。這反證在歷史上，釣魚島不屬於「琉球」，而是臺灣的附屬之地。

另外，《沖繩一百年》第1卷《近代沖繩的人們》中，也認為古賀辰四郎申請開發釣魚島未准許的原因是「當時該島是否為日本帝國所屬尚不明確。」〔註6〕

以上資料都證明，在1894年中日甲午戰爭處於膠著狀態時，不論日本的中央政府，還是沖繩縣廳，對釣魚島是否屬於日本均不確定。甲午戰爭日本勝利後的《馬關條約》中，也沒有涉及到釣魚島。

1895年4月17日簽訂的《馬關條約》中，指定的割讓島嶼範圍，也不包括釣魚島，其割讓範圍為：「臺灣全島及其附屬各島嶼；澎湖列島即東經百十九度起乃至百二十度及北緯二十三度至二十四度之間群島嶼」。〔註7〕而釣魚島在北緯25°40'～26°之間，顯然不在此範圍之內。也就是說，釣魚島並不是因《馬關條約》而成為日本領土的，而是日本將其作為甲午戰爭的戰利品，同臺灣及澎湖列島一併打包竊取的。

之所以言之「竊取」，是因為古賀辰四郎申請開發釣魚島之所依據的敕令「第13號」，為日本政府刻意捏造的謊言。

筆者找到所謂釣魚島被納入到日本版圖的毛筆書寫之敕令第13號（1896

〔註5〕（日）井上清：《關於釣魚列島的歷史和歸屬問題》，第27頁。

〔註6〕（日）井上清：《關於釣魚列島的歷史和歸屬問題》，第27頁。

〔註7〕（日）《日本外交文書》第28卷第2冊，日本國際聯合協會明治二十八年版，第332頁。

年官報 3 月 7 日）原件。此敕令由內閣總理大臣伊藤博文及內務大臣春芳顯正上報給天皇，睦仁天皇於 3 月 5 日批下，其內容具體如下：

第一條　除那霸、首里兩區之區域外，沖繩縣劃為下列五郡。

島尻郡　島尻各村、久米島、慶良間群島、渡名喜島，粟國島、伊平屋群島、鳥島及大東島

中頭郡　中頭各村

國頭郡　國頭各村及伊江島

宮古郡　宮古群島

八重山郡　八重山群島

第二條　各郡之境界或名稱如遇有變更之必要時，由內務大臣決定之。

附則

第三條　本令施行時期由內務大臣定之。〔註 8〕

從敕令的內容來看，根本就不存在「釣魚島」或「尖閣群島」的任何記載，日本政府說那時的八重山群島包括了「尖閣群島」顯然不符合歷史事實。而根據日本學者井上清等的研究，「尖閣群島」名稱出現的時間是在 1900 年。當時沖繩縣師範學校教員黑岩根，根據學校的命令進行探險調查後，在《地學雜誌》上發表報告論文中，第一次以「尖閣群島」稱呼釣魚島，以後被日本政府採取至今。

1896 年 9 月古賀辰四郎申請開發釣魚島的原始檔案，筆者沒有收到，但作為其依據的敕令「第 13 號」史料確為刻意所捏造。故筆者推斷，所謂 1896 年 9 月古賀辰四郎申請開發報告及批件是否存在，是值得探討及研究的。

二、日本現存竊取中國釣魚島的資料

日本竊取中國釣魚島的歷史資料，《日本外交文書》第 18 卷、第 23 卷收錄了一部分，而毛筆手寫體原稿主要收錄於日本國立公文書館及外務省外交史料館。

日本國立公文書館所藏的相關資料名稱為《沖繩縣與清國福州之間散在之無人島國標建設之件》（沖縄県ト清國福州トノ間ニ散在スル無人島へ國標

〔註 8〕（日）《御署名原本・明治二十九年・勅令第十三號・沖縄県郡編制ニ関スル県》，JCAHR：A03020225300。

建設ノ件），其檔案號為 A03022910000。這份證明日本對釣魚島懷有野心的資料，最早記錄時間起始於 1885 年 2 月。事因日本欲在釣魚島建立國標。其內容分為「內務省內部通報」、「秘第一二八號」及「秘第二六〇號」三個部分。

「內務省內部通報」起稿於 1885 年 12 月 8 日，其主要內容是「命令沖繩縣將國標建立於散落於沖繩與清國福州之間的無人島事宜」之諸件，在內務省各主管官員間進行傳閱的「內命」。傳閱的文件內容，主要集中於「秘第一二八號」及「秘第二六〇號」中。

「秘第一二八號」資料部分，以時間順序排列，包括以下文件：1885 年 11 月 2 日出雲丸船長林鶴松提交給沖繩縣大書記官森長義的《釣魚島、久場島、久米赤島回航報告》；1885 年 11 月 4 日沖繩縣五等文官石澤兵吾提交沖繩縣令西村舍三及森長義給的《釣魚島及外二島調查概略及附圖》；1885 年 11 月 24 日沖繩縣令西村舍三提交給外務卿井上馨及內務卿山縣有朋的信；1885 年 12 月 5 日山縣有朋提交給太政大臣三條實美的《無人島建設國標之情況報告》；出雲丸號船長林鶴松所書之《釣魚島、久場島、久米赤島回航報告》。

第「秘第二六〇號」部分，以時間為順序，包括以下文件：1885 年 11 月 13 日沖繩縣三等教喻上林義忠寫給石澤兵吾的關於礦石實驗成績的信件；1885 年 11 月 20 日由沖繩縣五等文官石澤兵吾提交給西村舍三及森長義的《釣魚島礦石之情況》；1885 年 11 月 21 日沖繩縣令西村舍三提交給內務卿山縣有朋的《釣魚島礦石之情況的報告》；1885 年 12 月 16 日山縣有朋提交給太政大臣三條實美《釣魚島礦石之情況的報告》；《礦石實驗報告》。

外務省外交史料館所藏相關資料名稱為《沖繩縣久米赤島、久場島、釣魚島國標建設之件（1885 年 10 月）》（沖縄県久米赤島、久場島、魚釣島へ國標建設ノ件　明治十八年十月），檔案號為 B03041152300。從此份資料的標題來看，日本顯然已將釣魚島納入沖繩縣範圍，而後綴之「明治十八年」（1885）的時間標識，似乎是公示早在 1885 年日本已經將釣魚島納入日本領土範圍。資料除包括上述「A03022910000」即 1885 年日本關於釣魚島的相關資料外，還收錄有 1890 年日本欲在釣魚島建立國標及 1895 年日本偷竊釣魚島的資料。其中收錄 1885 年相關的資料，大部分與「A03022910000」的內容相同，但其標題之「用語及時間」卻發生了重大變化，其具體文件如下：1885 年 9 月 22 日沖繩縣令西村舍三提交給山縣有朋的《久米赤島外二島調查情況之上報》；1885 年 9 月 21 日石澤兵吾提交給沖繩縣令西村舍三的《久米赤島久場島釣魚島之三島調查書》（附地圖）；1885 年 10 月 9 日官房甲第三十八號內務卿山縣有朋寫給外務卿井上馨的《沖繩縣久米赤島、久場島、釣魚島國際建設之件》；內務卿寫給太政官的《太政官上報案》；1885 年 10 月 16 日起草、21 日發文的《外務卿井上馨給內務卿山縣有朋關於久米赤島外二島建設國標之事的答覆》（親展第三十八號）；1885 年 11 月 2 日林鶴松所寫《釣魚、久場、久米赤島回航報告書》；「親展第四十二號」；1885 年 11 月 5 日沖繩縣令西村舍三寫給山縣有朋之《釣魚島外二島實地調查情況之上報》及 1885 年 12 月 5 日《井上馨、山縣有朋給西村舍三的回覆》；1885 年 11 月 24 日沖繩縣令西村舍三寫給山縣有朋之信件；1885 年 11 月 30 日（秘第二一八號之二）《山縣有朋回覆井上馨的回覆》及《太政官的指令案》。

上述相關 1885 年的資料，基本都出自於前述「A03022910000」檔案中，但在 B03041152300 收錄之時，對島嶼的具體記述上，將 A03022910000 資料中關鍵詞「釣魚島」修改為「久米赤島」。筆者推斷其為故意所為，其原因即為「釣魚島」是中國對該島的固有稱呼。

1890 年前後的相關資料主要有以下三件：1890 年 1 月 13 日知事（沖繩）提交給內務大臣「甲第一號」《無人島久場島釣魚島之議》；1890 年 2 月 26 日知事（沖繩）寫給內務省縣治局長的信；1890 年 3 月 2 日內務省縣治局長回覆沖繩縣知事的「縣沖第六號」。

1895 年前後的相關資料主要有以下九件：1894 年 4 月 14 日縣治局長、沖繩縣知事向內務省提交的《久場島及釣魚島所轄標識建設之件》；1894 年 5 月 12 日沖繩縣知事奈良原繁向內務省縣治局長江木千之提交的「第百五十三號」《久場島釣魚島港灣的形狀及其他秘別第三四號》；1894 年 12 月 15 日沖繩縣向內務省提交的《久場島及釣魚島所轄標識建設之件》；1894 年 12 月 27 日內務大臣野村靖寫給外務大臣陸奧宗光的「秘第一三三號」及附件「閣議提出案」；「閣議提出案」；1895 年 1 月 10 日起草，11 日發文的外務大臣陸奧宗光給內務大臣野村靖的《久場島及釣魚島所轄標識建設之件》；1895 年 1 月 21 日內閣批「第一十六號」《標識建設相關申請通過》之件；沖繩縣提交給外務大臣、次官長及政務局長的《久場島釣魚島本縣所轄標識建設之件》；沖繩知事奈良原繁提交給內務大臣井上馨及外務大臣陸奧宗光的「甲第百十一號」《久場島釣魚島本縣所轄標識建設之議的上報》。

綜上，公文書館及外交史料館收藏的上述資料，包含了「日本外交文書」中所收錄的全部相關釣魚島的資料，其中還有很多是「外交文書」中沒有收錄的。另外 A03022910000 及 B03041152300 中，所記載釣魚島的歷史史實也有所差別。A03022910000 號檔案中的資料只有 1885 年日本欲在釣魚島建立國標的記錄，而 B03041152300 檔案中的資料既包括 1885 年、1890 年的資料，也將 1895 年日本趁甲午戰爭勝利偷竊釣魚島的資料包括其中，特別是 B03041152300 檔案中相關 1895 年的資料中「釣魚島」名稱的變更，非常耐人尋味。

三、1885 年日本欲竊取釣魚島的歷史

（一）「國標案」的提出者

明治維新後的日本，在實施「琉球處分」的同時利用國際法中「先占」原則確定了佔領小笠原島、硫黃島及釣魚島等一系列島嶼的目標。1876 年日本佔有小笠原島，1879 年事實上又吞併了琉球三十六島。吞併琉球及海軍的壯大，標誌著近代日本開始主導東亞。日本利用 1882 年朝鮮的「壬午政變」，將勢力延伸到朝鮮半島，擴張的目標也轉向中國大陸。〔註 9〕與琉球地緣上相連，又靠近臺灣及澎湖列島的釣魚島，自然也成為日本擴張領土的新目標。

日本竊取釣魚島的資料，最早記錄起始於 1885 年 9 月 22 日沖繩縣令西村舍三提交給內務卿山縣有朋的《關於久米赤島及外兩島調查情況之上報》〔註 10〕（第三百十五號）中。該資料的內容與國立公文書館所藏 A03022910000 中的《釣魚島及外二島調查概略及附圖》內容完全相同，但有兩點明確改變，即在時間上，《關於久米赤島及外兩島調查情況之上報》為 9 月，而《釣魚島及外二島調查概略及附圖》的時間為 11 月；標題上的「釣魚島」改為「久米赤島」。此份文件沒有官方的正式官印，故筆者懷疑可能為外務省在 1895 年前後的謄寫之件。其內容具體如下：

> 關於調查散落在本縣與清國福州間的無人島一事，依日前在京的本縣森大書記官下達的密令，進行調查，其概要如附件所示。久米嶼、久場嶼及釣魚島自古乃本縣所稱地名，又為接近本縣所轄的

〔註 9〕（日）藤春道生：《日清戰爭》，岩波書店，1974 年版，第 45 頁。

〔註 10〕（日）《沖縄県久米赤島、久場島、魚釣島へ國標建設ノ件　明治十八年十月》，JCAHR：B03041152300。

久米、宮古、八重山等群島之無人島嶼，說屬沖繩縣未必有礙，但如日前呈報的大東島（位於本縣與小笠原島之間）地理位置不同，無疑與《中山傳信錄》記載之釣魚臺、黄尾嶼、赤尾嶼等屬同一島嶼。清國冊封舊中山王之使船，不僅詳盡證實它們果然為同一島嶼，還分別付之名稱，以作為琉球航海的目標。故此次擔憂是否與大東島一樣實地勘察，立即建立國標？預定十月中旬前往上述兩島的出雲號汽船返航並立即呈報實地調查後，再就建立國標等事宜仰懇指示。〔註11〕

從內容來看，這份報告主要是沖繩縣令西村舍三，向內務卿山縣有朋回覆關於調查釣魚島及在釣魚島建立國標的事宜，其中透露出幾點信息值得注意。

首先，報告書內容中的「在京的本縣森大書記官下達的密令」之說辭，說明給沖繩縣下達密令的直接傳達人為「森長義」。但森長義作為沖繩縣「大書記官」，本身並沒有這樣的權力。故筆者推斷，密令的真正下達者，並不是某一個人，而是出自於明治新政府內部的某個部門，而西村舍三上報的單位為內務省，故這個「內命」可能出自於內務省。

其次，沖繩縣令西村舍三在報告中認為，沖繩地方對釣魚島已有自己的命名，又因接近所轄之久米、宮古、八重山等島嶼，可認定屬於無人島嶼，且認為將之說成為沖繩縣所轄也未嘗不可，這說明當時沖繩縣已經考慮認定釣魚島為其所屬之無人島嶼。

第三，西村舍三認為釣魚島與大東島地理位置不同，且《中山傳信錄》早有記載，有中國自己的稱謂，且為清朝冊封舊中山王之航海指針。這表明西村舍三確切知道這些島嶼分布於日、清交接地帶，它可能也屬於中國，至少是可能會同中國發生領土爭議的地區，故對進行實地勘察及建立國際，表示了擔憂與疑慮。

第四，西村舍三提出希望將於十月派船赴釣魚島進行實地調查後，就是否建設國標事宜再請政府給予具體提示。這表示西村舍三雖願意到釣魚進行實地考查，但建立國標之事，其不能做主，故策略地將決定權推回給明治新政府。這也從另一個側面表明，在釣魚島建立國標之事，不是由沖繩縣自下

〔註11〕（日）《沖縄県久米赤島、久場島、魚釣島へ國標建設ノ件　明治十八年十月》，JCAHR：B03041152300。

而上發起的。

《關於久米赤島及外兩島調查情況之上報》，還收錄於公開出版的《日本外交文書》第 18 卷之「版圖關係雜件」中，其標題與 B03041152300 收錄的《關於久米赤島及外兩島調查情況之上報》完全相同，所標的日期為 10 月 9 日。〔註 12〕這樣一份完全相同內容的資料，就出現「9 月、10 月、11 月」三個完全不同的日期，這也是值得研究者注意的。

另外此份「上報」也揭示出，對釣魚島的竊取野心，並非來自於沖繩縣令西村舍三，而是來自明治政府的某個部門。這種明明是「由上而上」密變成「由下而上」的手段，是近代日本慣用的，即本為政府的企圖，卻以地方向中央「請願」為表象，諸如「琉球處分」中的「鹿兒島縣的請求」，出兵臺灣中「大山綱良的請求」。而戰後沖繩返還中，也是以由沖繩縣向日本中央政府「請願」，再由中央政府與美國進行秘密交涉，最終達到目的。

（二）對釣魚島等島嶼的實地調查

日本政府於 1885 年命令沖繩縣對釣魚島進行實地調查。沖繩縣受命後，於 1885 年 10 月 22 日，雇用動船會社出雲丸號汽船，派沖繩縣五等文官石澤兵吾、十等文官久留彥、警部補神尾直敏、御用掛藤田千次、巡查伊東捉祐一及柳田彌一郎等，對釣魚島、黃尾嶼及赤尾嶼進行實地調查。調查內容記載於沖繩縣五等文官石澤兵吾所寫的《釣魚島及外二島巡視調查概略》中。該「概略」主要報告了此三島的情況，並附有從距離釣魚島西南岸十五海里遠望釣魚島、黃尾嶼（久場島）的側面圖。

根據《釣魚島及外二島巡視調查概略》，出雲丸號於 10 月 29 日下午 4 點從宮古石垣起錨出發，30 日早上 4 點多接近釣魚島，8 點左右從西海岸上陸，開始進行實地調查。調查結果認定此島方圓超過三里，由巨大的岩石構成，上面布滿了可旦、榕、藤等樹種，與大東島相同，整個島被與沖繩本島相同的雜草覆蓋，溪澗清水流淌，水量充沛，沒有平原，缺乏可耕地，海濱水產資源豐富，由於受地勢的影響，農漁兩業難以發展。調查還對釣魚島上的地質構造進行了觀察，根據其土石的情況，推斷可能含有煤或鐵礦，並認為如果真是這樣，這個島就可以說是一個「貴重」之島。〔註 13〕

〔註 12〕（日）《日本外交文書》第 18 卷，第 573 頁。
〔註 13〕（日）《沖縄県ト清國福州トノ間ニ散在スル無人島へ國標建設ノ件》，JCAHR：A03022910000。

《釣魚島及外二島巡視調查概略》還記載由於釣魚島散落在日本與清朝間的海上航路上，故發現很多諸如廢船等的漂流物。島上素無人跡，樹林繁茂，諸如鴉、鷹、鳩等的海禽類很多，最多的是信天翁。石澤兵吾用很大的篇幅來描寫島上信天翁的情況。〔註 14〕

石澤兵吾在概略中對信天翁的記載，有助於理解前記 1896 年 6 月古賀辰四郎為捕捉海產物、採集和輸出信天翁羽毛，提出申請租用「久場島」可能是事實。雖然目前筆者沒有找到古賀的申請報告，但推斷可能有兩種可能性。第一種是明治政府對釣魚島實地調查後，發現其島上的信天翁資源可以利用，鼓勵古賀辰四郎到島上進行捕鳥作業，以便實現其「先占」的目的；另一種可能性是古賀辰四郎自己發現釣魚島的天然資源後，受經濟目的引誘，以個人身份到釣魚進行經濟作業。但不管歷史史實到底怎樣，即使古賀辰四郎 1896 年以 30 年期限無償租用了釣魚島，也是發生在日本政府竊取釣魚島後的事情。

《釣魚島及外二島巡視調查概略》還記載，調查船下午 2 點離開釣魚島，駛向黃尾嶼，此島在釣魚島的東北 16 海里處。日落西山之時到達，調查人員本欲登島，但由於海上突然強風大作，故只能在船上觀察。調查人員認為，此島與釣魚島類似，也是由巨岩大石構成，禽類與樹木也基本相同。歸途中路過赤尾嶼，由於風高浪急、夜暗漆黑無法進行觀察，石澤兵吾雖也覺遺憾，但認為此島只為一小礁，對其沒有農漁業或殖民的想法。〔註 15〕

通過《釣魚島及外二島巡視調查概略》，筆者推斷日本之所以對釣魚島進行調查，主要出自幾個目的：第一個是為建立國標瞭解地理地質資料；第二為探查釣魚島有無清政府統治跡象；第三為該島有無經濟價值及殖民價值；第四，為竊取釣魚島做基礎的認知工作。

（三）有關釣魚島的回航報告

另外一份相關釣魚島本島實況記載的資料為《釣魚、久場、久米赤島回航報告書》〔註 16〕。此報告為動船會社出雲丸船長林鶴松所寫，1885 年 11 月

〔註 14〕（日）《沖縄県ト清國福州トノ間ニ散在スル無人島ヘ國標建設ノ件》，JCAHR：A03022910000。

〔註 15〕（日）《沖縄県ト清國福州トノ間ニ散在スル無人島ヘ國標建設ノ件》，JCAHR：A03022910000。

〔註 16〕（日）《沖縄県ト清國福州トノ間ニ散在スル無人島ヘ國標建設ノ件》，JCAHR：A03022910000。

2日提交給沖繩縣大書記官森長義。

報告記載出雲丸號初次航行到釣魚島西岸，並在其沿岸三四個地點進行了探測，其海底極深，約四十至五十尋，沒有可以拋錨之地。「魚釣群島」由一島六礁組成，最大者為魚釣島，六礁俱列在該島西岸五六里內，礁脈恐連綿於水面之下。

釣魚島的西北岸，山崖屹立，其高度約一千零八十尺，地勢向東岸漸漸傾下，遠望如水面上的直角三角形。島上水資源豐富，其東岸河溪縱橫，據海路誌記載，可見溪中魚兒。本島距離那霸河口三重城西七度，南二百三十海里。

黄尾島屹立在釣魚島東北十六海里處，沿岸皆有六十尺高，其最高點為六百尺，與釣魚島相同，沒有地方可以停靠船舶。

出雲丸從黄尾島離開，駛向慶良間峽的中途，接近了赤尾嶼，但由於夜半未得實地調查。根據海路志記載，該島不過為一岩礁，其具體位置在東經一百二四度三十四分，北緯二十五度五十五分，距離那霸三重城西六度，南一百七十海里，四面嵩岸屹立，高度大約二百七十尺，遠望似日本帆船。該島屢屢被外船報錯位置，蓋因其在黑潮中孤立，想必各船也難以推測。

林鶴松的回航報告書，與石澤兵吾的調查報告角度不同，主要從島的外部環境、海底礁岩及地形地貌進行了描述。

（四）資源類的實驗

日本通過對釣魚島等三島的實地調查，推斷島上可能藏有煤炭或鐵礦石資源。石澤兵吾於11月12日，將從釣魚島帶回的岩石標本交給其學弟沖繩縣金石學者三等教諭小林義忠對岩石進行含礦可能性檢驗分析。11月13日，小林義忠給石澤兵吾回信，確定了釣魚島擁有鐵礦資源：「昨天交來的礦石，今天進行了實驗，其酸化鐵完全可以滿足製鐵，別紙附實驗成績報告。」〔註17〕

石澤兵吾在收得礦石實驗報告後，馬上向沖繩縣令西村舍三及大書記官森長義進行彙報：「本月（11月）四日，上呈釣魚島及外二島調查概略之時，曾言懷疑釣魚島石層中，可能含有煤礦或鐵礦，並帶回幾塊樣本，附以簡單說明，以供參考之用，另外，將其中一塊，交由本縣三等教諭小林義忠，進行

〔註17〕（日）《沖繩県ト清國福州トノ間ニ散在スル無人島へ國標建設ノ件》，JCAHR：A03022910000。

化學試驗。小林很快進行實驗分析，別紙附了成績報告書，斷定該石中含有的酸化鐵，完全可以滿足製鐵所用。該島是否存在著大型礦層，待它日進行更細緻的調查。」〔註 18〕

西村舍三於次日（11 月 21 日），向內務卿山縣有朋進行了報告：「本月五日上報之釣魚島調查報告及附屬覆命書類中，曾提到島上可能埋藏煤礦或鐵礦之申述，其後命金石學者三等教諭小林義忠進行分析，如別紙所附，取得實驗結果，證明足夠滿足製鐵用之。」〔註 19〕

通過小林義忠的礦石實驗報告，證明釣魚島上擁有鐵礦石資源，釣魚島為「貴重之島」的推想也被證實。

（五）「國標案」的擱淺

沖繩縣在對釣魚島進行實際調查之時，明治新政府內部就「竊占」問題進行了一系列的相互溝通。1885 年 10 月 9 日，內務卿山縣有朋以「官房甲第三十八號」，向外務卿井上馨進行通報：「沖繩縣與清國間散在之無人島調查之提議，另附別紙由同縣令上報給政府。」〔註 20〕同時，山縣有朋還向太政官三條實美進行報告：「沖繩縣與清國福州之間散在的無人島，久米赤島及外兩島的調查之提議，如別紙所附由同縣令上報提出，上記群島與中山傳信錄中所記載的島嶼實屬相同，歷來在航海上作為航路方向的針路，目前雖特別屬於清國的證跡很少，且島名我與彼所稱各異，與沖繩縣宮古八重山等地接近，屬無人島嶼，指示同縣進行實地踏查的基礎上，提出建立國標之提議，情況至急，請給予指示。」〔註 21〕

山縣有朋向三條實美的報告中，將「釣魚島及外兩島」的名稱，變成了「久米赤島及外兩島」。這種名稱的變化，筆者理解可能為山縣有朋故意所為。「久米赤」從本質上講，並不是真正的島嶼，而是礁岩。而「久米赤」在釣魚、黄尾嶼及赤尾嶼這三島中最小也不是最重要的。特別是沖繩縣實

〔註 18〕（日）《沖縄県ト清國福州トノ間ニ散在スル無人島へ國標建設ノ件》，JCAHR：A03022910000。

〔註 19〕（日）《沖縄県ト清國福州トノ間ニ散在スル無人島へ國標建設ノ件》，JCAHR：A03022910000。

〔註 20〕（日）《沖縄県ト清國福州トノ間ニ散在スル無人島へ國標建設ノ件》，JCAHR：A03022910000。

〔註 21〕（日）《沖縄県ト清國福州トノ間ニ散在スル無人島へ國標建設ノ件》，JCAHR：A03022910000。

地調查的對象只有釣魚島一島，但山縣有朋卻在上報中，將「釣魚島」修改為「久米赤島」，筆者推斷可能出自於兩個原因：第一是「釣魚島」本為中國對該島的稱呼，山縣有朋有意迴避使用；第二種可能是，有意讓太政大臣三條實美將「久米赤」理解成琉球境內之「久米島」，這樣不明實情的三條實美，可能就會給予支持。山縣有朋的這種做作，筆者認為是一種欺騙性的「有意所為」。故我們就能理解為什麼前述 B03041152300 收錄的「1885 年」相關資料中，凡涉及到標題中有「釣魚島」的，一律修改為「久米赤島」。

同時，「指示同縣令進行實地踏查」之語，則證明對釣魚島建立國標事宜，是由日本內務省發起的。其證據就在外務省在獲得通報後，考慮到與清朝的關係，最終提出反對的意見的「親展第三十八號」中。

「親展第三十八號」起草於 10 月 16 日，發文於 10 月 21 日。井上馨在此件中，對山縣有朋言：「經沖繩縣對散落沖繩與清國福州之間無人島——久米赤島及外兩島的實地調查，於本月 9 日以附甲第 38 號就建立國標進行商議。幾經熟慮後，認為上記各島嶼靠近清國國境，非以前調查過的大東島可比，其周圍看似很小，清國竟附有島名。近來清國報紙等盛載我政府欲佔據臺灣附近的清國屬島之傳言，對我國懷有猜疑。於頻頻敦促清政府注意之際，我若於此時遽爾公然建立國標，反易招致清國之猜忌。當前僅須實地調查港灣形狀及開發土地物產可能性做成詳細報告。至於建立國標之事須俟它日時機。請諸位注意，已調查大東島一事及此次調查之事，恐均不刊載官報及報紙為宜。上述答覆順申拙官意見。」〔註 22〕

從「親展第三十八號」內容來看，明治政府內部對在釣魚島建立國標事宜，進行了具體的商議，但顧慮沒有歷史證據證明釣魚島為沖繩所屬，如冒然建立國標事宜，恐與清朝產生摩擦與矛盾，故希望俟它日以便等待時機。

「親展第三十八號」也說明井上馨等人反對在釣魚島建立國標，故指令沖繩縣繼續對該島進行調查，以便等待好的時機。同時，為了不引起國際上的注意，連對大東島的調查，也不許在報紙上公開發表，為了達到保密的效果，連外務省發出的文件，也明令收回，即是以「秘字第二一八號之二」追申：「望處理後返還此件。」〔註 23〕

〔註 22〕（日）《沖繩県久米赤島、久場島、魚釣島へ國標建設ノ件　明治十八年十月》，JCAHR：B03041152300；《日本外交文書》第十八卷，第 572 頁。

〔註 23〕（日）《沖繩県久米赤島、久場島、魚釣島へ國標建設ノ件　明治十八年十月》，內務省在接到外務省井上馨暫時擱置建立國標事宜後，並沒有馬上通知沖繩縣。沖繩縣令西村舍三於 11 月 5 日將《釣魚島外二島實地調查情況之上報》遞交給山縣有朋的同時，以「第三百八十四號」要求正式將釣魚島納入沖繩縣：「最初考慮與清國接近，懷疑其所屬，不敢決斷。這次覆命及報告書中，記載其為貴重之島嶼，從地理上看，其在我縣八重山群島西北、興那兩島的東北，可決定為本縣所轄。如果這樣，即引自大東島之例，在釣魚島、久場島建立我縣所轄之標識。」〔註 24〕

從「第三百八十四號」內容分析來看，西村舍三在實地考察釣魚島後，積極要求馬上建立國標，緣於釣魚島為「貴重之島」。11 月 21 日，西村舍三又將《釣魚島礦石實驗報告》交給山縣有朋。11 月 24 日，西村舍三再次給外務卿井上馨及內務卿山縣有朋同時發信，就釣魚島建立國標事宜，再次提出請求：「提議在該島建立國標一事，與清國不無關係，萬一發生矛盾衝突，如何處理至關重要，請給予具體指示。」〔註 25〕

從 11 月 24 日西村舍三信的內容分析來看，儘管沖繩縣認識到釣魚島為「貴重之島」，希望劃歸其所轄，但恐怕與清政府產生衝突，故敦請日本中央政府給予具體指示。而日本政府內部，就此事件的具體討論，沒有詳細的記載資料保留下來，但根據現存的 1885 年 11 月 30 日三條實美給內務卿山縣有朋及外務卿井上馨的指令按「秘第二一八號之二」之內容分析來看，外務卿井上馨的意見佔了上峰。

「秘第二一八號之二」之內容為：「由沖繩縣令提出，別紙所附之無人島國標建設之議案，為右下記的具體意見——目前應緩建散落沖繩縣與清國之間無人島的國標。該案之涉及指令之官方記載及捺印之書類，望處理後返還。」〔註 26〕

指令書是太政大臣三條實美批覆給山縣有朋及井上馨的。故可分析出，就建設國標案，在日本政府內部，其意見不完全統一。外務卿井上馨從外交

JCAHR：B03041152300；《日本外交文書》第十八卷，第 572 頁。

〔註 24〕（日）《沖縄県久米赤島、久場島、魚釣島へ國標建設ノ件　明治十八年十月》，JCAHR：B03041152300。

〔註 25〕（日）《沖縄県ト清國福州トノ間ニ散在スル無人島へ國標建設ノ件》，JCAHR：A03022910000。

〔註 26〕（日）《沖縄県久米赤島、久場島、魚釣島へ國標建設ノ件　明治十八年十月》，JCAHR：B03041152300；《日本外交文書》第十八卷，572 頁。

的角度出發，不願意在此時期與清政府產生矛盾，故雖支持對釣魚島群島進行調查，但不主張馬上建立國標。從三條實美的批覆指令來看，日本政府也是知道這些島嶼位於清朝邊境處，且已有中國之名稱，恐與清政府產生矛盾與衝突，不敢輕舉妄動，權衡輕重利弊，最後採取井上馨的建議，暫時擱置國標建立之事宜，退而等待竊取之機會。

四、日本趁甲午海戰勝利之威「竊占」釣魚島

1890 年 1 月 13 日，日本沖繩縣知事再次向內務大臣呈文，要求將釣魚島納入沖繩：「關於鄰近本官管轄下八重山群島內石垣島的無人島——釣魚島及外兩島，明治十八年十二月五日，已於同年十一月五日第三百八十四號請示進行作業。上述島嶼為無人島，迄今尚未確定其所轄。近年因管理水產業之需要，故八重山島官署報請確定其所屬。藉此機會，請求將其劃歸本官轄下之八重山島官署所轄。」〔註 27〕

日本政府內部對此怎樣討論，沒有資料記載。但同年的 2 月 7 日，內務省以縣治局長公函，對沖繩縣的請求以「縣沖第六號」給予駁回：「本年一月十三日甲第一號的無人島貴縣所轄之提議，如明治十八年十一月五日貴縣之第三百八十四號之請求，已有十二月五日指令案的答覆，請在調查的基礎上參照，特此照會。」〔註 28〕

從明治政府的答覆來看，可推斷政府內部在討論後，認為時機還不成熟，故沒有批准沖繩縣的請求。

1893 年 11 月 2 日，沖繩縣知事奈良原繁再次向內務大臣井上馨及外務大臣陸奧宗光提出《久場島釣魚島本縣所轄標權建設之請求》（甲第百十一號）：「位於本縣下八重山群島西北的無人島——久場島釣魚島本縣所轄之提議，可援引大東島之例，建設本縣所轄之標權。明治十八年十一月五日第三百八十四號上報，同年十二月五日批覆『目前應緩建』。近年來嘗試在該島進行漁業等，由於管理上的需要，從明治十八年開始，就不斷提出請求。該島作為本縣所轄，建立標權至急，仰望給予具體指示。」〔註 29〕

〔註 27〕（日）《沖繩県久米赤島、久場島、魚釣島へ國標建設ノ件　明治十八年十月》，JCAHR：B03041152300。

〔註 28〕（日）《沖繩県久米赤島、久場島、魚釣島へ國標建設ノ件　明治十八年十月》，JCAHR：B03041152300。

〔註 29〕（日）《沖繩県久米赤島、久場島、魚釣島へ國標建設ノ件　明治十八年十月》，

此時期，日本已經開始大陸作戰的準備，故對沖繩縣提出的請求給予了積極的回應。1894 年 4 月 14 日內務省以「秘別第三四號」，由縣治局長將沖繩縣的請求報告給內務大臣、次官及參事官，同時，指令沖繩縣就以下內容進行調查：「該島港灣之形狀；未來有無物產及土地開拓的可能；舊記口碑等有無記載我國所屬之證據及其與宮古、八重山島之歷史關係。」〔註 30〕

沖繩縣在接到「秘別第三四號」後，奈良原繁於 5 月 12 日，以「復第百五十三號」回覆內務省縣治局長江木干之：「久場島釣魚島港灣形狀及其他之件的秘別第三四號照會已經瞭解，然而該島自 1885 年由本縣派出警部等進行踏查以來，再沒有進行實地調查，故難於確報。故別紙附當年調查書及出雲丸船長的回航報告。」該件最後還追述：「沒有舊記書類相關該島我邦所屬之明文證據及口碑傳說等，只是本縣下之漁夫經常到八重山島及這些島嶼進行漁業，特此申報。」〔註 31〕

從沖繩縣 5 月 12 日「復第百五十三號」內容來看，沖繩縣並沒有找到釣魚島屬該縣的歷史證據，也沒有提及前述的「貴重之島」的內容，要求成為其所轄的理由為漁業管理的需要。

此後日本在甲午海戰中逐漸佔據優勢，並擬定強迫中國割讓臺灣為和談條件。釣魚島在琉球與臺灣之間，故日本認為竊取釣魚島時機已經成熟。12 月 15 日，內務省以「秘別一三三號」，由縣治局長向內務大臣、次官、參事官及庶務局長遞交《久場島釣魚島所轄標權建設之上報》，提出：「對釣魚島久場島相關地理等進行了逐次調查，不論怎麼講，和平山及釣魚島二島，位於海軍省水路部二百十號地圖的八重山島東北方，其依照部員的口述，右二島從來都是屬於領土的範圍，其在地形上當然地被認為沖繩群島之一部。」〔註 32〕

12 月 27 日，日本內務大臣野村靖發密電給外務大臣陸奧宗光，稱：關於在久場島（黃尾嶼）、釣魚島建標一事，雖已下令暫緩，但「今昔形勢已

JCAHR：B03041152300。

〔註 30〕（日）《沖繩県久米赤島、久場島、魚釣島へ國標建設ノ件　明治十八年十月》，JCAHR：B03041152300。

〔註 31〕（日）《沖繩県久米赤島、久場島、魚釣島へ國標建設ノ件　明治十八年十月》，JCAHR：B03041152300。

〔註 32〕（日）《沖繩県久米赤島、久場島、魚釣島へ國標建設ノ件　明治十八年十月》，JCAHR：B03041152300。

殊」，對這些島嶼「需要管理」，故應當重議此事。此次日本外務省未表異議，並答覆「請按預定計劃適當處置」。

1895 年的 1 月 14 日，為內閣會議召開預定日。內務大臣野村靖於 12 日向內閣總理大臣伊藤博文發件《關於修建界樁事宜》（「秘別第 133 號」），提出：「位於沖繩縣下轄八重山群島之西北的久場島、釣魚島一直為無人島，但近年有人試圖在該島從事漁業等，對此須加以管理之，故該縣知事呈報修建該縣所轄之界樁。懇請上述內閣會議批准歸由該縣所轄，准其修建呈報之界樁。」〔註 33〕

內閣會議在內外大臣溝通良好的基本上當然討論通過。1 月 21 日一份帶有內閣總理大臣、內閣書記官長、外務大臣、大藏大臣、海軍大臣、文部大臣、通信大臣、內務大臣、陸軍大臣、司法大臣及農商務大臣畫押的批覆文發下，具體批示為：「對於內務大臣建議的位於沖繩縣八重山群島之西北稱為久場島、釣魚島之無人島，近年來有人試圖從事漁業等，故應有序加以管理之，對此，應按照該縣知事呈報批准該島歸入沖繩縣轄，准其修建界樁，此事如建議順利通過。指示：按照關於修建界樁事宜的建設辦理。」〔註 34〕

同時，內閣（1895 年 1 月）還發表了政府文書《久米赤島、久場島及魚釣島編入版圖經過》，具體內容如下：

> 散落在沖繩與清國福州之間的久米赤島（距久米島西南方約七十里，位於離清國福州近二百里處）、久場島（距久米島西南方約百里，位於靠近八重山島內石垣島約六十餘里處）及釣魚島（方位同久場島，僅比久場島遠十里左右）之三島未發現所屬清國的特別證跡，且靠近沖繩所轄之宮古、八重山島等，為無人島嶼，故沖繩縣知事呈請修建國標。上述審議在呈報太政大臣前，山縣內務卿於明治十八年十月九日已徵詢井上外務卿的意見。經外務卿熟慮，鑒於本島嶼靠近清國國境，為蕞爾孤島，當時我國政府因清國報紙刊載我佔據臺灣附近清國屬島等流言而敦促清國政府注意等理由，於十月二十一日答覆把建立國標、開拓島嶼之事延至它日時機為宜。十二月五日內務、外務兩卿指示沖繩知事，對目前不修建國標望加諒解。明治二十三年一月十三日，沖繩縣知事向內務大臣請示，要求

〔註 33〕《釣魚島（尖閣群島）問題研究資料彙編》，第 169 頁。
〔註 34〕《釣魚島（尖閣群島）問題研究資料彙編》，第 169 頁。

> 確定這些島嶼的管轄。請示提出本案島嶼一直為無人島，未特別確定其所轄，近年因取締水產之需要，故八重山官署報請確定其所轄。進而明治二十六年十一月二日，當時有人試圖在本案島嶼從事漁業生產等，沖繩縣知事為管理之，向內務、外務兩大臣呈報修建該縣所轄之界樁。內務大臣就本案提交內閣會議與外務大臣磋商，外務大臣未表示異議。於明治二十七年十二月二十七日提交內閣會議。明治二十八年一月二十一日，內閣會議決定由內務、外務兩大臣指示沖繩縣知事：報請修建界樁一事已獲批准。〔註 35〕

綜上所述，歷史的真相只有一個，即釣魚島是中國的固有領土，早在明清時期就已經有中國自己的稱謂，且為中國冊封琉球國王及往來船隻的航海指針。日本現存資料也充分證明，日本明治政府對此心知肚明，雖在 1885 年通過踏查知道釣魚島為「貴重之島」，想將其納入到領土之內，但懾於清政府的實力，沒敢具體實施，一直等待著機會。1895 年 1 月 14 日，日本政府不等甲午戰爭結束便迫不及待地通過內閣決議，單方面決定將覬覦 10 年之久的釣魚島劃歸沖繩縣所轄。日本沒有將此決定通告給清政府，即使是在 1895 年 1 月至 4 月中日簽署《馬關條約》的談判過程中，日本也從未提及釣魚島。在 4 月 17 日簽訂的《馬關條約》中更沒有涉及，一直到 1902 年，日本才以天皇敕令的形式試圖把釣魚島併入日本領土。日本就這樣竊取了中國的釣魚島。日本迄今一直堅持的「釣魚島」為無主之地的說法，根本沒有歷史根據。

〔註 35〕《新領土ノ発見及取得ニ関スル先例》，JCAHR：B04120002200，日本國立公文書館藏。

第二章　中國爭取「琉球返還」及「釣魚島」劃界的失敗

釣魚島本為中國臺灣島的附屬島嶼，與古「琉球」沒有任何的關係。資料已經確鑿證明，日本在明治新後，曾多次想建立國標佔有該群島，但迫於清政府的壓力而沒能實施。1895 年日本利用《馬關條約》（簽訂前的勝利之威），偷偷將該群島納入其領土範圍。而所謂的 1895 年 1 月 14 日內閣決議及 1896 年 4 月 1 日的敕令「13」號，都沒有明確提及「釣魚島」。直到 1902 年，日本才以天皇敕令的形式將釣魚島正式併入領土。而所謂的古賀家族的「租賃契約」，更是以後的事情。這些歷史史實都有力地證明，在 1945 年二戰結束以前，「釣魚島」與「古琉球」沒有所謂的「所屬」關係。戰後，按照盟國的一系列宣言，日本領土將限於本士四島及其鄰近小島之內，此外原屬於日本之領土，其歸屬問題，盟國間已經協議，但有兩塊地區懸而未決，第一為小笠原群島，第二為琉球群島。而「琉球」本為中國藩屬國，1879 年被日本吞併。故「中華民國」政府積極主張收回琉球，但美國暗中教唆菲律賓政府提出反對，並以「臺灣自決」相抗衡，至使風雨飄搖的「中華民國」，連退而要求將中琉分界線劃在「釣魚島」以外的想法，也沒有實現。這樣「釣魚島」就被裹挾到「琉球群島」中，進而以「琉球」的一部分被美國所託管。

一、二戰後期對日本領土疆域的界定與「琉球」及「釣魚島」

（一）《開羅宣言》為戰後「琉球」的劃定奠定最初的國際法依據

戰後日本疆域領土的劃定，最早的法理依據為 1943 年 12 月 1 日的《開羅宣言》。「宣言」由美國總統特別助理霍普金斯，根據美國總統羅斯福、英國首相丘吉爾和中國國民黨主席蔣介石三人會談的內容進行起草的，其中關於日本疆域問題中涉及到中國之部分，其擬初稿明確表示：「被日本人背信棄義地所竊取於中國之領土，例如滿洲和臺灣，應理所當然地歸還中華民國。」〔註 1〕

英國代表賈德幹爵士，在參加修改意見時，建議將草案中的「歸還中華民國」，修改為「當然必須由日本放棄」。中國代表王寵惠據理力爭，美國代表哈里曼附議中國之觀點，將宣言草案的文字表述為：「被日本所竊取於中國人之領土，特別是滿洲和臺灣，應歸還中華民國。」

丘吉爾本人，又對宣言草案文字作了進一步的修改，將文中的「特別是」改為「例如」，又在「滿洲和臺灣」兩個地名後，加上了「澎湖」。《開羅宣言》就這樣定了稿。為徵求斯大林的意見，《開羅宣言》並未簽字，開羅會議結束後，羅斯福、丘吉爾即刻前往德黑蘭，同斯大林會晤。

1943 年 11 月 30 日，丘吉爾就《開羅宣言》的內容，詢問斯大林的意見，斯大林回答稱他「完全」贊成「宣言及其全部內容」，並明確表示：這一決定是「正確的」，「朝鮮應該獨立，滿洲、臺灣和澎湖等島嶼應該回歸中國」。〔註 2〕

第二天，即 1943 年 12 月 1 日，《開羅宣言》由重慶、華盛頓、倫敦外界正式發表。其內容如下：

> 三國軍事方面人員關於今後對日作戰計劃，已獲得一致意見，我三大盟國決心以不鬆弛之壓力從海陸空各方面加諸殘暴之敵人，此項壓力已經在增長之中。我三大盟國此次進行戰爭之目的，在於制止及懲罰日本之侵略，三國決不為自己圖利，亦無拓展領土之意思。三國之宗旨，在剝奪日本自從一九一四年第一次世界大戰開始後在太平洋上所奪得或佔領之一切島嶼；在使日本所竊取於中國之領土，例如東北四省、臺灣、澎湖群島等，歸還中華民國；其他日本以武力或貪欲所攫取之土地，亦務將日本驅逐出境；我三大盟國稔知朝鮮人民所受之奴隸待遇，決定在相當時期，使朝鮮自由與獨

〔註 1〕《美國對外關係文件》，FRUS1943，開羅和德黑蘭，美國威斯辛大學數位收藏，第 401 頁。

〔註 2〕《美國對外關係文件》，第 566 頁。

立。根據以上所認定之各項目標，並與其他對日作戰之聯合國目標相一致，我三大盟國將堅忍進行其重大而長期之戰爭，以獲得日本之無條件投降。〔註3〕

雖然目前各方對《開羅宣言》還存有異議，但不可否認的是，戰後履行日本領土處理方式的《波茨坦宣言》，其國際法理依據即為此「宣言」。

此「宣言」中雖然沒有明確言及「琉球」及「釣魚島」，但其所規定的「竊取於中國之領土」及「武力或貪欲所攫取之土地」之內容，成為戰後「被吞併的琉球」的處理，及海峽兩岸的「中國」，對被日本「偷偷竊取的釣魚島」要求權力的最初法理基礎。

在開羅會議上，美國總統羅斯福曾多次向蔣介石提出，要把琉球交給中國。23 日，美國總統羅斯福在與蔣介石商量日本投降後的領土處理問題時，首次涉及到琉球問題。根據美國官方公布的記錄，其內容如下：「總統（指羅斯福）……提及琉球群島問題並數次詢問中國是否要求該島。委員長（指將主席）答稱將同意與美國共同佔領琉球，並願將來在一個國際組織（即後來的聯合國）的託管制度下，與美國共同管理（該地）。」〔註4〕

復旦大學歷史系和斯坦福大學胡佛研究所合作的「宋子文檔案」系列新書《宋子文生平與資料文獻研究》中也記載，1943 年底開羅會議期間，羅斯福就琉球群島，對蔣介石說：「琉球係許多島嶼組成的弧形群島，日本當年是用不正當手段搶奪該群島的，也應予以剝奪。我考慮琉球在地理位置上離貴國很近，歷史上與貴國有很緊密的關係，貴國如想得到琉球群島，可以交給貴國管理。」〔註5〕

另外，在 1946 年顧維鈞發給國民政府外交部長王世杰的電報中，也曾回

〔註 3〕1943 年 12 月 3 日《新華日報》。開羅宣言原文收錄在美國國務院出版的美國條約彙編（參閱：charles i. bevans, treaty and other international agreements of the united states of america 1776~1949, vol. 3, multilateral, 1931~1945, Washington, d.c.: us），日本國會圖書館已經影印保存，網頁上也有原件掃描檔。另外在日本外務省所彙編的「日本外交年表並主要文書」下卷也有官方譯文。

〔註 4〕轉此自丘宏達，《琉球問題研究》，《政大法學評論評論》，1970 年 6 月，第 2 頁。原文參見：Foreign Relations of the United States, Diplomatic Papers: The Conferences at Cairo and Tehran 1943, Washington, D.C.: Government Printing Office, 1961, p.324。

〔註 5〕《宋子文檔案揭秘：羅斯福提出「琉球群島歸還中國」》，《新民晚報》，2010 年 5 月 21 日。

憶羅斯福有將琉球交還中國統治的意向：「回憶兩年前，羅斯福對鈞曾詢及我與琉球關係，並謂美無意參加代治，中國願意接受否。」〔註6〕

通過以上內容分析來看，羅斯福對「琉球」表態，表明美國在此時期（1943年），已經明確「琉球」不屬於日本，而有意將琉球交由中國治理。這也從另一角度說明，美國對歷史上中琉關係的密切有所瞭解，甚至承認中國在歷史上對琉球的「宗藩」關係，具有近代國家意義上的「主權」關係。

（二）《波茨坦公告》明確規定日本的領土範圍

《波茨坦公告》是中、美、英三國在戰勝德國後，致力於戰勝日本，以及履行開羅宣言等對日本的處理方式的決定。它是1945年7月26日在波茨坦會議上，由美國總統杜魯門、國民政府主席蔣中正和英國首相丘吉爾，聯合發表的一份公告，其名稱為《中美英三國促令日本投降之波茨坦公告》，簡稱《波茨坦公告》或《波茨坦宣言》。

公告宣布：盟國對日作戰將繼續到日本完全停止抵抗為止，日本政府必須立即投降。公告還規定了盟國接受日本投降的條件，即剷除日本軍國主義；對日本領土進行佔領；實施開羅宣言之條件，解除日本軍隊的武裝，懲辦戰爭罪犯；禁止軍需工業等等。

「波茨坦公告」方的三國為「中、美、英」，與「開羅宣言」的「中、美、蘇」不同，這有著深刻的背景。當時法西斯德國已經投降，日軍在亞洲和太平洋戰場屢遭失敗。而美國的原子彈已經試爆成功。美方認為不借助蘇聯的力量，促使日本投降的條件已經具備。急切希望蘇聯對日作戰之情況，已經轉為擔心蘇聯對日參戰，將會影響其獨佔日本及在遠東的戰略地位。

「波茨坦公告」的發出，使日本政府十分恐慌。還沒有來得急回應之時，8月6日、9日，美國分別在廣島和長崎長投下原子彈；9日，蘇聯對日作戰。日本政府被迫於10日通過中立國瑞士，向中、美、英、蘇發出乞降照會。8月15日，日本天皇發表接受《波茨坦公告》的停戰詔書，宣布無條件投降。

「波茨坦公告」第八條明確規定：「開羅宣言之條件必將實施，而日本之主權必將限於本州、北海道、九州、四國及吾人所決定其他小島之內。」〔註7〕

〔註6〕《紐約顧維鈞電》，《琉球問題資料》，臺灣中央研究院近代史研究所檔案館所藏，《外交部檔案》419/0008。

〔註7〕《波茨坦宣言英文原文與日文翻譯》，日本國立國會圖書館：http://www.ndl.go.jp/constitution/etc/j06.html

此條明確規定了日本的主權領土範圍，但「吾人所決定其他之小島」，是一個模糊的概念。而這個模糊的概念中，是否包含「琉球」及「釣魚島」，沒有明文規定。

（三）「琉球」在盟軍指令明確日本的領土範圍之外

「波茨坦公告」雖然明確了戰後日本領土的範圍，但「吾人所決定其他之小島」內容尚不明確，故盟軍於 1946 年 1 月 29 日發布「關於非日本領域各島嶼分離之文件」，來確定「其他小島」之範圍，這份文件即是「對日本政府指令（SCAP-N-六七七）」，其內容如下：

一、茲指令日本帝國政府停止其行使與停止其企圖行使在日本以外地域之政治的與行政的權限，及在該地域內之政府官吏雇員以及其他人員等之政治的及行政的權限。

二、除盟軍總司令部准許之場合外，日本帝國政府不得同日本以外地域之政府官員雇員以及其他人員等通信，但經總部准許之航行通信氣象關係之日常業務不在此限。

三、本指令之目的在規定日本領有日本四個主要島嶼（北海道本州四國九州）及對馬島、北緯三十度以北琉球（南西）群島（口之島除外）約一千以內之鄰近群島。

下列各島不屬於日本。

A. 鬱林島、竹島、濟州島。

B. 北緯三十度以南之琉球（西南）群島（包括口之島）、伊豆、南方小笠原、火山（硫黄）群島及其他所有在太平洋之上島嶼（包括大東群島、沖鳥島、南鳥島、中之島）。

C. 千島群島、哈火馬（？）（ハホマセ）群島（包括水晶、勇留、秋勇留、志發、多樂群島）、伊凡島（色凡島）

四、下列各地域應不屬於日本帝國政府之政治上及行政上之管轄。

A. 日本於一九一四年世界大戰開始接受委任統治或以任何名義奪取佔領之太平洋上之一切島嶼。

B. 東北四省（滿洲）臺灣及澎湖列島（ヘスカナール）。

C. 朝鮮。

D. 樺太。

五、關於日本之定義，除盟軍總部另有規定外，今後凡該部所須發之訓令、指令、備忘錄等，均以本指令所定為標準。

六、本指令內諸記載不得認為係盟國間波茨坦宣言第八項所述關於各島最後規定之政策。

七、日本政府對本指令規定日本以外地域有關日本國內之政府機關應準備向本司令部提出報告。

八、關於上列第七項所述各機關之全部紀錄須加保存以備本部之檢查。〔註8〕

該份指令除停止日本在本土及諸外佔領地的行政權外，主要明確規定了日本的領土範圍。此份文件中關於日本領土的規定，使原有的、被日本吞併的「琉球王國」被分解為兩個部分，即北緯三十度以北之琉球（西南）諸島屬日本（口之島除外），但北緯三十度以南之部分，並沒有明確的規定。這也就是說，在北緯25°40'～26°之釣魚島，不屬於日本領土，但具體屬於哪裏，沒有明確規定。

（四）麥克阿瑟的指令再次明確「琉球」及「釣魚島」不屬於日本

在盟軍指令下達幾天後，麥克阿瑟元帥在1946年2月2日再次下達指令，就「日本領土」再次進行明確，其具體內容如下：

一、日本領土限定於北海道、九州、四國、本州及附近之約一千個小島。

二、「南方」對馬及北緯三十度以北之琉球（西南）諸島屬日本，但「ケチノ（口之）」島除外。（ケチノ島疑係口永良部島）

除外之島嶼如下：

（甲）鬱林島、竹島、濟州島

（乙）北緯三十度以南之琉球諸島（包含口之島）伊豆、南方小笠原、火山群島及其他太平洋諸島（包含大東島群島、沖之島、南鳥島、中之島）。

三、「北方」除外諸島

（甲）千島諸島（約為北緯四十四度以北，東經百四十六度以

〔註8〕《日本疆域問題》，《盟總指定日本疆界》，臺灣中央研究院近代史研究所檔案館所藏，《外交部檔案》073.3/0006。

東)、マボマイ群島（水晶島、勇留島、秋勇留島、オヒベツ、多樂島）及色丹島。

四、「東方」除外諸島

（甲）日本委任統治諸島。

（乙）日本戰時佔領之太平洋諸島（如南鳥島)。

麥克阿瑟元帥的指令，全部內容就是規定與明確日本的領土範圍。與盟軍的「指令」有所不同的是，第四項「東方除外之諸島」中，規定為「日本委任統治諸島」及「日本戰時佔領之太平洋諸島」。由於這個指令沒有明確具體的時間概念，故似乎比「盟軍指令」的範圍更擴大些。

綜上內容分析來看，「開羅宣言」時期，中國本有要求收回「琉球」的時機和條件，但由於蔣介石在「琉球」問題上的曖昧，至使「開羅宣言」沒有公開提及「琉球」的歸屬，這為「琉球」未來的託管埋下了伏筆。「波茨坦公告」雖然規定了戰後日本的領土範圍，但沒有明確規定琉球將來的地位。筆者認為，此時期「琉球地位未定」，並不能影響到「釣魚島」，因在歷史上即1895 年以前，「釣魚島」本為中國之島嶼。而「宣言」及盟軍指令中，已經明確將臺灣歸還「中華民國」，故其所附屬的「釣魚島」，理所為中國領土。但由於「中華民國」交涉「琉球返還」的失敗，最終使「釣魚島」莫名其妙地成為了「琉球」的領土而被美國託管。

二、中華民國爭取「琉球返還」及「釣魚島」劃界

（一）琉球歸屬問題浮出水面

前文曾多次提到，在開羅會議期間，羅斯福有將「琉球」交還中國的意向，並向中國代表蔣介石提出。根據以上記載分析，羅斯福似對中國與琉球歷史上的宗藩關係有所瞭解與承認，並認為戰後中國有權力要求歸還琉球，同時，似乎也認為以蔣介石所代表的「中國」，在會議時可能會主張琉球應歸屬中國，但令人遺憾的是，蔣介石當時僅要求與美國共同管理琉球群島。

蔣介石究竟出於何種原因，筆者沒有深入的研究，推斷可能與「大西洋憲章」有關。此憲章中的「領土不擴大原則」以及「對國民意志的尊重」，可能是蔣介石沒有提出琉球領土要求的根本原因。

蔣介石早在抗日戰爭期間，就對琉球在中國國防上的重要性，有著深刻的認識：「以國防的需要而論，上述的完整山河系統，如有一個區域受異族的

佔據，則全民族，全國家，即失其天然屏障。河、淮、江、漢之間，無一處可以作鞏固的邊防，所以琉球、臺灣、澎湖……無一處不是保衛民族生存的要塞。這些地方的割裂，即為中國國防的撤除。」〔註 9〕從此上述內容分析來看，蔣介石早就從地緣政治上認識到，琉球對中國國防的重要作用。

但琉球與臺灣在歷史上與「中國」的關係是不同的。臺灣在歷史上明確為中國之領土，而琉球雖與中國有著宗藩關係，但在 1879 年被日本吞併以前，名義上是獨立的「主權國家」。如果蔣在此時對琉球有領土要求，可能會引起以前曾是中國屬國的國家的疑懼，也會起其他國家的反感，故蔣介石要求與美國共同佔領琉球。這也表明他認為中國對於琉球應該享有相關權利。

1945 年 4 月，美軍開始進攻琉球本島，6 月美軍佔領了整個琉球。8 月 15 日，美軍以琉球知識分子為核心組成了「沖繩諮詢會」，來負責琉球本島的民生工作。這表明日本投降之時，美軍已經完全接收了琉球。

1946 年 1 月 29 日，盟軍發布對日政府指令，規定日本領土為四個主要島嶼（北海道、本州、四國、九州）及對馬島北緯三十度以北之琉球群島（口之島除外）約一千個小島。根據該指令，北緯三十度以南之琉球，已經不再屬於日本。故琉球的歸屬問題再次浮出水面。

美國對琉球的未來也曾一度考慮。1946 年 4 月 16 日，麥唐納爵士在下院主張琉球是中國領土，中國應該收回琉球。〔註 10〕另外「當時美國若干官方人員認為，如果琉球群島轉移主權，應當交予中國或將該群島交聯合國委託管理，而中國單獨執掌行政事宜，則美國亦將同意。」〔註 11〕

以上美國方面於琉球歸屬上的表態，表明在琉球歸屬問題浮出水面後，美國有一部分以歷史上琉球與中國的關係為根據，支持中國收回琉球。這也是當時中國內部收回琉球論一時沸起之外部因素。

（二）「中華民國」政府欲意收回琉球

而此時「中國朝野幾乎一致的主張要收回琉球，用的字眼為『歸還』。理

〔註 9〕《中國之命運》，正中書局，1953 年，第 6～7 頁。

〔註 10〕《倫敦電報》，《琉球人對琉球歸之態度》，臺灣中央研究院近代史研究所檔案館所藏，《外交部檔案》419/0002。

〔註 11〕《琉球群島及其他自日本劃出島嶼處置問題》，《盟總指定日本疆界》，臺灣中央研究院近代史研究所檔案館所藏，《外交部檔案》073.3/0006。

由大概是：『琉球不論在歷史上，地理上，都應該是中國的。』」〔註12〕另外，「中華民國」政府也有利用「琉球革命同志會」等琉球內部的組織，「掌握琉球政權，冀於將來和會時，琉民能以投票方式歸我統治，或由琉球地方政府自內向外保持我在太平洋之鎖鑰。」〔註13〕

當時「中華民國」政府積極開始相關活動，密電駐琉紅十字會代表團收集相關資料（1946年11月26日）：「我國收回該群島領土主權之一切資料，似可密飭就地搜集，分電呈報國防部。」〔註14〕

在國內，1947年1月30日，長春縣參議院通過琉球應歸屬中國之決議案，並致電給國民政府主席蔣中正，請求政府早日收回琉球。

中央政府受此影響，策動「琉球同志會」，在1948年9月8日，向各省參議會發電，發起了全國各地自下而上的收回琉球運動。其電報內容如下：

> 全國各省市參議會公鑒：琉球為中國屬地，琉球人民即中國人民。琉球與中國，息息相關。自明萬曆三十七年日寇第一次侵琉以來，三百餘年間，琉球同胞，時受日寇凌辱，痛恨日寇，深入骨髓，誠欲食其肉而寢其皮。不幸至清光緒五年竟淪為日本郡縣，七十餘年間，琉球同胞日處水深火熱中，過著奴隸不如之生活，文字被滅，姓名被改，然而民族正氣長存，革命精神永固，琉球革命志士無時不與日寇作殊死鬥，以圖反抗強暴，復興民族，殺身成仁，前仆後繼，英烈史實，可以驚天地而泣鬼神。惟以祖國海洋遙隔，呼籲無門，僅有翹首雲天，吞聲飲泣而已。八年抗戰，日寇敗降，全琉人民，不分男女老幼，無不慶幸今後可以撥雲霧而見天日，重返祖國懷抱，呼吸自由空氣，享受幸福生活。茲者對日和會尚無確期，琉球歸屬問題，亦尚乏明顯決定，謹此籲請全國父母兄弟諸姑姊妹，深切注意：琉球與中國有千餘年關係，情同父子骨肉，琉球同胞歸還祖國之願望，誓必促其實現，絕不容任何人來分離；且從國防地理上說，琉球與祖國，更應

〔註12〕《論琉球歸屬問題》，《琉球問題資料》，臺灣中央研究院近代史研究所檔案館所藏，《外交部檔案》419/0009。

〔註13〕《中央執行委員會秘書處給王部長世傑之電報》，《琉琉問題》，臺灣中央研究院近代史研究所檔案館所藏，《外交部檔案》419/0005。

〔註14〕《為電轉紅十字會日本代表團來函請轉知物資供應局沖繩島儲整處由》，《琉球問題資料》，臺灣中央研究院近代史研究所檔案館所藏，《外交部檔案》419/0008。

成為一體，祖國無琉球，海防將遭威脅，琉球無祖國，民族將不能生存，琉球之應歸屬中國，於情於理，毫無疑義。全琉同胞，誓必繼續努力，爭取民族自由解放，敬乞全國同胞益加重視琉球問題，惠賜聲援與協辦，中琉同胞密切聯繫，共同努力，俾能早日達成歸還祖國之最後目標，國家甚幸民族甚幸。琉球革命同志會敬叩。〔註 15〕

在「琉球同志會」的呼籲下，其他各省市議會也陸續發電給國民政府，要求政府收回琉球。同年 12 月 31 日，永春縣參議會一致通過收回琉球之決議案。1948 年 1 月 14 日，北平市參議員將決議案，代電給南京政府外交部長王世杰，表示中央政府應表明收回琉球之意志。1948 年 1 月 21 日，崇安縣參議院發電；22 日，河北省臨時參議會；29 日，熱河省臨時參議會；2 月 5 日，湖南省參議會；24 日，江西省參議會；3 月 1 日，福建省汀縣參議會等，都通過琉球應予歸還中國的決議案，並將其公文寄給國民政府外交部，籲請盡快使琉球歸屬中國。〔註 16〕

雖然「中華民國」政府主張收回琉球，但對外卻沒有發布任何正式聲明。只是經由內部媒體積極表明中央政府對琉球的見解。而官方的正式表態，則是在 1947 年 10 月 18 日。當時行政院院長張群參加國民參政會駐會委員會第七次會議，提到琉球關係時，他表示：「琉球群島與我國關係特殊，應該歸還我國。」〔註 17〕這是國民黨政府要員首次明確表示對琉球領土態度。

如前所述，當戰後琉球歸屬問題再次浮出水面時，中國各地方政府似乎一致希冀琉球的歸還，當時的「中華民國」政府也為收回琉球，進行各種活動，探討琉球歸屬中國的可行性。同時，也密令外交部當局調查同盟各國對於琉球歸屬問題的想法，並就琉球回歸中國進行具體的研究分析。另外有相當多的檔案資料證明，當時國民黨意欲收回琉球之時，還就琉球的領土劃界問題及歸屬問題進行具體的研究。

（三）「琉球」與中國劃界中涉及到「釣魚島」

不管中國是否收回琉球，都必須先就「琉球」本身的範圍進行界定。當

〔註 15〕《快郵代電》，《簽請收回琉球》臺灣中央研究院近代史研究所檔案館所藏，《外交部檔案》019.12/0018。

〔註 16〕《琉球問題》，臺灣中央研究院近代史研究所檔案館所藏，《外交部檔案》419/0005。

〔註 17〕《琉球》行政院新聞局，1947 年，第 1 頁。

時的「中華民國」政府積極就此進行研究，提出自己的見解。

首先就「琉球」的區域範圍，見於國民政府外交檔案中的《琉球群島及其他自日本劃出島嶼處置問題》，這份文件用紙上注有「國防部第二廳」，故推斷可能為國防部所提出。它對戰後「琉球領土」的界定分為「琉球本部及其所屬島嶼」：

> （一）琉球群島本部原分為北中南三部，中部為沖繩群島（包括伊平屋諸島及慶良間群島）；南部為先島群島（宮古群島、八重山諸島、尖閣諸島位於東經一百二十三度至一百二十四度及二十五度三十分至二十六度間及赤尾嶼位於東經一百二十四度至一百二十五度北緯二十五度三十分至二十六度之間）；在日本佔領時代合稱沖繩縣北部諸島，可分為種子諸島、吐噶喇列島、奄美群島三部，過去均屬於九州之鹿兒島管轄。盟軍總部指令脫離日本之琉球群島範圍係在北緯三十度以南包括口之島在內即為琉球原有之區域。
>
> （二）琉球所屬東南之大東群島（北大東島南大東島及沖大東島）距大球約二百海里，為琉球之前衛，在行政系統上原屬琉球島（尸加九）郡管轄，故仍應屬琉範圍。〔註 18〕

值得注意的是，儘管此文件將「釣魚島」放在琉球領土範圍內，但卻將其經緯度細緻地標寫出來。

其次就琉球與中國的劃界問題，「中華民國」駐日代表團曾在《關於解決琉球問題之意見》，提出琉球與中國的劃界問題。此問題包括兩個部分：第一為琉球與日本之劃界問題；第二為琉球與中國之劃界問題，此部分涉及到「釣魚島」。其內容如下：

> （甲）本問題之焦點在於八重山列島及宮古列島是否應劃入琉球之範圍。對於此問題，我方似可提出如下之意見；此二島昔當1878 至 1880 年間中日交涉琉球問題時，日方因美總統格蘭特調停，曾建議將此二島割讓中國，因此二島位於琉球群島南部與中國領土相接近，規我國似可，根據此點要求將此二島劃歸我領土。

〔註 18〕《琉球群島及其他自日本劃出島嶼處置問題》，《盟總指定日本疆界》，臺灣中央研究院近代史研究所檔案館所藏，《外交部檔案》073.3/0006。

（乙）如八重山及宮古二列島未能劃歸於我，則尖閣諸島（位於東經一百二十三度至一百二十四度及北緯二十五度至二十八度之間）及赤尾嶼（位於東經一百二十四度至一百二十五度及北緯二十五度至二十八度之間）二地之劃歸問題似亦值得注意談。二地琉球史上未見記載，日本詳細地圖（如昭和十二年一月十日訂正發行之最近調查大日本分縣地圖並地名）雖亦載有該二地，然琉球地名表中並未將其列入且該地距臺灣甚近。目下雖劃入盟軍琉球佔領區，但究能否即認為屬於琉球，不無疑問。〔註19〕

從以上內容分析來看，「中華民國」政府對琉球的劃界，基本上是按照盟軍指令，但就中琉之界線，則有不同的考量。

要求「八重山列島」及「宮古列島」歸於中國，即是將中國與「琉球」的界線由歷史上的「黑水溝」，推到八重山宮古，而此種劃分要求的法理根據，是1880年時日本曾表達願意將此二列島劃給中國。另外，當時駐琉美軍以沖繩本島為主要統治區，位於琉球群島南部的宮古諸島及八山重諸島，尚未處於美軍的統治之下。

而值得我們特別重視的是，「中華民國」政府確定在上述要求不能達到之時，又退而要求將「釣魚列島」、「赤尾嶼」劃歸給中國，也就是欲將「釣魚島」作為中琉的邊界中方的一部，理由是「二地琉球史上未見記載」、「該地距臺灣甚近」等。從其理由來看，當時的「中華民國」政府，似乎對歷史上中琉以「黑水溝」作為邊界的事實並不清楚，另外，對日本偷偷竊取「釣魚島」的歷史更不瞭解，雖認為琉球歷史上沒有相關記載，但是否為中國領土，有疑問，也不敢確定，故不能理直氣壯地將原本為中國領土的「釣魚島」索回！

三、美國教唆菲律賓反對國民政府收回琉球

「中華民國」政府雖積極謀劃收回琉球，但基本上都是以民間議會的形式。由政府出面主張收回琉球，只有行政院張群院長在國民參政會時提及。張群此言並不是專門就琉球歸屬進行的，只是提出自己的見解，儘管這樣，國外馬上出現不同的聲音。

〔註19〕《關於解決琉球問題之意見》，臺灣中央研究院近代史研究所檔案館所藏，《外交部檔案》419/0009。

1947 年 11 月 15 日，「益世報」報導：「對我收回琉球要求，美認係『討價手段』，竟主張理論琉球歸日。」同一天的「東南日報」也同樣地報導「我要求收回琉球，美竟視為討價手段，認我在和會中可能讓步。」〔註 20〕

就連當時的戰敗國日本，也在 1947 年 11 月，以備忘錄的形式，向盟軍總部提出：「未來日本有機會要求收回琉球。」〔註 21〕筆者沒有查閱到此份文件的原檔，但記載出於「中華民國」外交部的文書，故推斷可能是日本政府，得到張群院長對琉球的發言之消息後，馬上向盟軍司令部表達自己對琉球未來的想法。而明確提出反對國民政府收回琉球的，則是菲律賓。

1947 年 11 月 3 日，《馬尼拉公報》第一版上登載記者 Rolph.G.Hawkins 的報導，稱「由菲律賓外交部職員方面探悉，菲律賓政府將反對中國收回琉球群島，菲外部人員並已準備採取步驟，在對日和會中提出反對，並在聯合國中表明其立場，蓋琉球之特殊地位足以影響菲律賓之安全，故菲律賓政府主張，如美國放棄琉球，則菲律賓將提議將該島交聯合國託管。又關於臺灣問題，則菲律賓政府主張民族自決云。」〔註 22〕

從此篇報導的內容分析來看，似乎是菲律賓政府反對「中華民國」收回琉球，但蹊蹺難解的是，此項報導揭出當日下午，菲律賓外長發表書面聲明，否認其事：「謂菲外部人員未發表此項聲明，亦未採取任何步驟，以反對中國之要求。」〔註 23〕

菲外長的「書面聲明」明確顯示，菲律賓方面似無反對「中華民國」收回琉球，但次日《馬尼拉公報》再次發表社論，「強調反對中國收回琉球，並主張臺灣民族自決，略謂菲外部之動議，似係繼籍中國行政院長張群最近發表收回琉球之主張而來，中國之理由不外該島在歷史上曾受中國一度之統治而已，張院長之聲明乃係用以試探國際政治輿情之動向者。琉球在經濟上，並無價值，惟在軍事上則價值殊大。此次戰事，已經證實美軍在該島犧牲流血，為數甚巨，戰後建設耗費亦多，為是，蓋朝鮮之民族自決，已成為世界問

〔註 20〕《琉球問題剪報》，臺灣中央研究院近代史研究所檔案館所藏，《外交部檔案》019.1/0020。

〔註 21〕《日本對琉球活動情形》，《簽請收回琉球》臺灣中央研究院近代史研究所檔案館所藏，《外交部檔案》019.12/0019。

〔註 22〕《菲政府反對中國收回琉球之內幕》，《琉球問題資料》，臺灣中央研究院近代史研究所檔案館所藏，《外交部檔案》419/0008。

〔註 23〕《菲政府反對中國收回琉球之內幕》，《琉球問題資料》，臺灣中央研究院近代史研究所檔案館所藏，《外交部檔案》419/0008。

題，臺灣人民或許願受中國統治，不過在國際會議中，應給臺灣人民以表示其意志之機會耳。」〔註 24〕

不但菲律賓方面，日本方面也於當時「發表收回琉球及共管臺灣之謬論」〔註 25〕。此消息記錄於臺灣中央研究院所收藏的外交部檔案《日本對琉球活動情形》中。筆者沒有查到更詳細的相關資料，但連日本都提出「共管臺灣」之言論，可推想這不太可能是出自日本政府的主張，而最好的隱形提議者，就是實際佔領琉球的美國。

而此推斷更由菲方報紙的主辦人得到證明。《馬尼拉公報》敢於與菲外交部相抗衡，自有其深刻之背景，即它是旅菲美國人所創辦。而報導之記者 Hawkins 的消息來源，是奉命研究對日和會菲方主張的菲外交部職員普羅帕度（Generoso Prorido）。

該人曾就此問題提出相關報告，內容屬秘密檔，沒有公開發表，但其在私人談話時曾有所流露。對於琉球問題，其主張交聯合國託管，認為「謹將歷史上該島曾受中國管轄，似不充分，若謂琉球為中國之屏藩，則該島亦係菲律賓之屏藩，以軍事而論，互有唇亡齒寒之感，故應以歸聯合國託管為是。」〔註 26〕

由於 Prorido 的言論早於張群發表談話之前，而其內容與《馬尼拉公報》又大致相同，故國民黨政府對未來菲律賓在琉球問題上的主張，持懷疑態度，也認為這可能出自美國的授意。

那麼美國為什麼不再願意將琉球交還給中國？筆者認為可能是出自以下幾個原因：

首先、戰後不久，同盟國各國尚未抹掉日本侵略之記憶，因此各國認為為阻止日本再侵犯，在日本附近需要軍事據點，美國國防部基於各國之意見，強硬主張美國不得放棄琉球群島。

其次、駐琉美軍在沖繩本島逐步建設軍事設施，逐漸擴大其規模，琉球已經逐漸變成為美軍在東亞的主要軍事基地。

〔註 24〕《菲政府反對中國收回琉球之內幕》，《琉球問題資料》，臺灣中央研究院近代史研究所檔案館所藏，《外交部檔案》419/0008。

〔註 25〕《日本對琉球活動情形》，《簽請收回琉球》臺灣中央研究院近代史研究所檔案館所藏，《外交部檔案》019.12/0019。

〔註 26〕《日本對琉球活動情形》，《簽請收回琉球》臺灣中央研究院近代史研究所檔案館所藏，《外交部檔案》019.12/0019。

第三、戰後美國雖單獨佔領了日本，但將日本改造為符合美國在亞洲和遠東戰略需要的附屬國，需要一段時間，故強大的軍事基地存在，可起著威懾作用。

第四、在冷戰格局下，蘇聯及中國與美國是敵對的，而琉球軍事基礎是美國形成對中國戰略包圍及對亞洲軍事威懾的基礎與保障。

第五、1945 年 9 月，美軍登陸韓國，朝鮮半島問題的羈絆，使美國意識到必須保有琉球的軍事基礎。

第六、國民黨政府在當時國內內戰吃緊，美國無法預知其未來，恐其自身難保殃及琉球。

基於以上幾點，儘管當時美國政府內沒有對琉球群島一致的政策，但駐琉美軍在沖繩本島逐步地建設軍事設施，逐漸擴大其規模，琉球變成為美軍在東亞的主要軍事據點與前沿陣地。而國民黨在大陸節節敗退，美國自不放心將「琉球」交還給「中華民國」。

四、風雨飄搖的「中華民國」政府態度的轉變

美國在挑唆菲律賓政府，以「臺灣民族自決」為利器，阻斷「中華民國」政府收回琉球的同時，又向國民政府的外交部門進行施壓。在外交部呈交給政府主席蔣中正及行政院長張群的《關於處置琉球群島之意見》中，言：「至於琉球群島，美對之亦甚注意，（近日）曾一再向我探詢態度。」〔註 27〕

另外，顧維均也向外交部發電表示：「兩年各方面情形已變，但美亦不贊成蘇聯染指。為中美計，最好改為聯合國託地，於若干年內助其獨立。但為應付蘇聯，請先由我根據歷史地理關係，要求為代治國，如蘇聯反對，改為中美代治，再不能同意，則最後先為聯合國直接代治，以圖根本打消蘇聯野心。但此層須先與美方密商，彼此諒解後，由我提出書面意見為妥。」〔註 28〕

根據這些資料分析來看，美國在戰後完全掌握了琉球歸屬問題的主導權，是唯一能夠決定琉球將來地位的國家。特別是在蘇聯與美國形成冷戰的態勢下，蘇聯可能有拿一些問題制衡美國。〔註 29〕在此情況下，作為美國盟友的

〔註 27〕《關於處置琉球群島之意見（附琉球問題節略）》，《關於處理琉球群島之意見》，臺灣中央研究院近代史研究所檔案館所藏，《外交部檔案》419/0011。

〔註 28〕《紐約顧維鈞電》，《琉球問題資料》，臺灣中央研究院近代史研究所檔案館所藏，《外交部檔案》419/0008。

〔註 29〕蘇聯似意欲就地中海及太平洋取得託管治協定，曾投反對票，並聲明根據該

「中華民國」，肯定無法忽視美國對琉球歸屬問題之意見。

根據王海濱在《琉球名稱的演變與沖繩問題的產生》中的研究，當時美國政府內部，對琉球未來的歸屬，沒有取得一致的意見，美國國務院和國防部的存在著嚴重的分歧，故對琉球的未來地位，沒有最後確定，但美國政府此時已經決定，在處理琉球地位的過程中，排除中國的影響。〔註 30〕

1948 年 4 月 24 日，「新民報」報導「我收回琉球議案，美國務院不評論。」〔註 31〕美國的相關資料筆者沒有查到，但單從此報導來看，表明美國政府不再願意承認「中華民國」政府對琉球有正當要求，故也可反證當時美國政府，已開始阻止中國收回琉球，並企圖單獨佔領琉球。

而此時期國民黨政府正處於風雨飄搖內戰吃緊之際，更需以美國為首的西方國家的支持，自不敢輕視美國之意見。同時，自身難保的「中華民國」政府，也認為目前討論「琉球的復歸」可能性也不存在，故當時民國黨政府外交部門，經反覆研究，以聯合國憲章為法理依據，尊重民族自決之精神為前提，以聯合國憲章中的國際託管制度，探討能否以「託管制度」來統治琉球群島。〔註 32〕為未來能夠有機會收回琉球創造條件。這樣即平息國內要求解決琉球問題之呼籲，同時也避免與其他國家的矛盾，特別是與琉球實際佔領國美國之間的暗鬥。

1948 年 3 月，「中華民國」政府外交部向行政院院長張群提交了《關於琉球問題審議結論摘要》，建議政府以單獨託管為主。其內容如下：

> 關於琉球問題之解決辦法，是資我國考慮之主張不外以下數端：
>
> 甲、歸還我國或交我託管
>
> 程序、一、我與美先行協商，先要求歸還，次主張由中國託管。因美已託管日前委任統治地，且可能託管小笠原、硫黃諸

項協定而成立託治理事會，為違反憲章，似存心力爭，意圖要挾，俾於將來處理美國屬地及日本太平洋島嶼時，堅持其要求作為取消反對之交換條件。參見：《紐約顧維鈞電》，《琉球問題資料》，臺灣中央研究院近代史研究所檔案館所藏，《外交部檔案》419/0008。

〔註 30〕王海濱，《琉球名稱的演變與沖繩問題的產生》，《日本學刊》，2006 年第二期，第 29～41 頁。

〔註 31〕《琉球問題剪報》，臺灣中央研究院近代史研究所檔案館所藏，《外交部檔案》019.1/0020。

〔註 32〕《籲請收回琉球》，臺灣中央研究院近代史研究所檔案館所藏，《外交部檔案》019.12/0019。

島，如再要求琉球託管，易遭反對，好似不能獲同意則可考慮准美國在琉球若干據點於一定期間內，建立軍事基地。

二、由對日和會決議琉球交中國託管。

三、中國提出託管琉球之協定草案提請聯合國核准。

乙、中美同共託管

丙、美國託管

丁、琉球為聯合國保護下之自由領土

辦法：一、盟國及日本承認琉球為自由區，並由聯合國安全理事會保證該區之完整及獨立。

二、自由區之總督或行政長官，由安全理事會任命之，總督人選且必須獲及中國之同意，總督不能為日人或自由區之公民，總督任期五年不能連任，薪津津貼由聯合國負擔。

三、自由區應絕對保持中立化，及非軍事化之原則，除及（沒）安全理事會訓令外，不准駐有武裝軍隊。

四、自由區不准有軍事組織或與任何國家訂立或商議任何軍事協定。

五、詳細辦法規定可比照脫里斯自由區議定。〔註33〕

從「摘要」內容分析來看，「中華民國」外交部參照聯合國託管制度的相關規定，認為有四種辦法，但其重點是探討由中國單獨託管琉球的可行性。其內涵為若聯合國承認中國以託管制度管理琉球，即是中國能夠以間接方式收回琉球，將來可以享有對琉球的領土主權，且可以在未來以合法程序，由美國移交琉球管轄權。

另外，外交部門也將最後的研究報告，上報給蔣介石及行政院長張群：

經本部慎重研究，琉球與我止於朝貢關係，種族、文化，亦非相同，況盟國在戰時曾有不為自身擴張領土之宣言。我如要求歸併琉球，理由似尚欠充分。惟琉球隸我藩屬，歷有年所（？），過去日本強行吞併，我國迄未承認，且地處我東海外圍，密近臺灣，國防

〔註33〕《關於琉球問題審議結論摘要》，《琉球問題資料》，臺灣中央研究院近代史研究所檔案館所藏，《外交部檔案》419/0009。

形勢，頗為重要，我似可主張由我託管，以扶植琉民之自治與獨立，必要時並可將其中大琉球一島，供給美方作為軍事基地，共同使用，此似可作為我對琉球之第一號辦法。

另有考慮者，琉球地瘠民貧，經濟上本難自足，我國今日實力未充，保衛及治理或恐難期周到，且美軍在攻佔琉球時，犧牲重大，近並建有永久性軍事設備，甚有作為該國在西太平洋基地之趨勢，我如不擬獨負託管責任，或美方不能同意由我託管琉球，此似可作為我對琉球之第二步辦法。〔註 34〕

從外交部提交給蔣介石的報告中可以看出，當時的「中華民國」政府，已經向美國妥協，認為要求收回琉球的「理由似尚欠充分」，不再要求收回琉球，而是要求成為託管國，以扶持「自治與獨立」，但也做出最後放棄之考慮，即是「我如不擬獨負託管責任，或美方不能同意由我託管琉球，此似可作為我對琉球之第二步辦法。」這就是說，當時「中華民國政府」內部，已經懷有最終由美國託管琉球的準備。

隨著國民黨敗退到臺灣，1950 至 1951 年美國對日和約時，「中華民國」政府沒有作為，任由美國處理琉球問題。

美國於 1950 年 10 月 20 日由國務院顧問杜勒斯向駐美大使顧維鈞提出對日和約七項原則節略，其中就琉球地位一節規定為：「同意將琉球及小笠原群島交由聯合國託管，以美國為治理國。」〔註 35〕後又於次年 3 月 28 日向顧維鈞提交對日和約初稿時，在第四條中將「琉球」未來改由美國自行決定是否要交「託管」:「美國得向聯合國建議，將……琉球群島……置於託管制度之下，並以美國為其管理當局。在提出此項建議並就此項建議，美國有權對此等島嶼之領土暨其居民，包括此等島嶼之領水，行使一切行政、立法及管轄之權力。」〔註 36〕而對於美國單獨對琉球的決定，「中華民國」政府表示「完全予以贊同」〔註 37〕。

〔註 34〕《關於處置琉球群島之意見（附琉球問題節略）》，《關於處理琉球群島之意見》，臺灣中央研究院近代史研究所檔案館所藏，《外交部檔案》419/0011。

〔註 35〕《金山和約與中日和約的關係》，《中日外交史料叢編》（一八），中華民國外交問題研究會，1966 年，第 10 頁。

〔註 36〕《金山和約與中日和約的關係》，《中日外交史料叢編》（一八），中華民國外交問題研究會，1966 年，第 15 頁。

〔註 37〕《金山和約與中日和約的關係》，《中日外交史料叢編》（一八），中華民國外交問題研究會，1966 年，第 32 頁。

綜上所述，在開羅會議期間，琉球歸屬第一次浮出水面，但由於蔣介石的失誤，致使在開羅宣言中琉球未來回歸「中國」的定位。二戰結束以後，「中華民國」政府也曾積極地主張收回琉球，這其中就包括了「釣魚島」，更在中琉劃界問題上，提出以「釣魚島」作為中國與琉球之中方邊界，但由於美國教唆菲律賓政府提出反對，並以「臺灣自決」相抗衡，至使風雨飄搖的「中華民國」，連退而要求將中琉分界線劃在「釣魚臺列島」以外的想法，也沒有實現。這樣「釣魚島」就被裹挾到「琉球群島」中，進而以「琉球」的一部分，最後被美國所託管。美國擔心「中華民國」政府自身難保，更怕蘇聯染指琉球，更提出日本對「琉球」有「剩餘主權」，這為日後將琉球交給日本埋下伏筆，更為「釣魚臺」之爭種下了隱患之種。

第三章　從「美日核密約」視角看「釣魚島」問題

1945 年日本無條件投降後，美國對日本的最初方針，是徹底解除日本的武裝，使日本不再成為對世界構成威脅的國家。但美蘇冷戰開始後，美國對日本的方針發生了根本性的轉變。特別是 1949 年新中國成立及 1950 年朝鮮戰爭的爆發，使美國防止日本的「共產化」成為首要議題。為了遏制共產主義發展的勢力，美國開始構想與日本聯合起來形成一個防共體制，這就是「日美安保條約」出籠的背景。「日美安保條約」的真諦，是美國將日本變成美國安全的屏障。而美國為加強日本的屏障作用，保持在西太平洋的核威懾能力，美日之間曾就將核武器運往或停靠日本，有過數次的秘密交涉，美日之間也曾有「秘密條約」存在，其中也涉及到「琉球的返還」及「釣魚島」問題。故「美日核密約」是研究戰後琉球「日本剩餘主權」的產生、美國最終將「琉球」交還給日本及「釣魚島」主權歸屬問題產生等，一個極為重要的視角。

一、四份「日美核密約」的名稱

「日美核密約」即為日美間存在的涉及核武器入境等內容的「秘密條約」。它已經在 2010 年 3 月 9 日，得到日本官方的承認。日本共同社在該日報導，負責調查「日美核密約」問題的日本外務省專家委員會，9 日向日本外相岡田克提交了認定三份密約的報告。隨後，岡田在記者會上承認了這些密約的存在，並稱 1969 年美國決定歸還沖繩時，雙方達成的允許美軍攜帶核武器再次進入沖繩的共識，「從一般常識來看也屬密約」。他指出過去美軍可能攜帶核武器進

入過日本，修改了以往歷屆政府所堅持的否定見解。〔註 1〕

調查日美存在核密約問題的資料共有四大部分。筆者搜集到記錄核密約交涉的這四份資料，分別為：

第一、1960 年 1 月安保條約修改時有關攜帶核武器進入的條約（1960 年 1 月の安保條約改定時の核持込みに関する密約）。

第二、1960 年美方就朝鮮半島有事時在日美軍可不經事前協商向朝鮮半島出擊作戰一事達成秘密協議（1960 年 1 月の安保條約改定時の朝鮮半島有事の際の戦闘作戦行動に関する密約）。

第三、1972 年沖繩返還時日方允許美軍在「有事」時將核武器運進日本的秘密條約（1972 年の沖縄返還時の有事の際の核持込みに関する密約）。

第四、1972 年歸還沖繩時達成的日方支付美軍基地恢復原狀費用密約（1972 年の沖縄返還時の原狀回復補償費の肩代わりに関する密約）。

日本方面最早披露密約存在的人是若泉敬。作為佐藤榮作的密使，若泉敬在歸還沖繩的談判中起了重要作用。從 1967 年開始，若泉敬多次前往美國，與基辛格就沖繩返還問題討價還價。1994 年出版的若泉敬回憶錄（《他策ナカリシヲ信ゼムト欲ス》文藝春秋 1994 年 5 月）對此事進行披露。2000 年，日本共產黨委員長不破哲三在國會公開證實密約存在的美國的一份官方文件。2008 年 11 月，日本 NHK 電視臺在節目中披露，1953 年朝鮮戰爭時期，美國搭載有核武器的「奧里斯坎尼」號航空母艦曾經停靠日本橫須賀港。日本民主黨新政府上臺後，對這四個密約進行調查。

日本外務省專家委員會提交的報告，認定了其中三份密約：分別為 1960 年修訂《日美安全保障條約》時達成的美國可攜核武器進入日本境內的密約；1972 年歸還沖繩時達成的日方支付美軍基地恢復原狀費用密約；關於朝鮮半島發生緊急事態時美軍出動的密約。而針對 1969 年美國決定歸還沖繩時，雙方達成的允許美軍攜帶核武器再次進入沖繩/的共識，專家委員會以其沒有在政府內交接為由，未予認定。但日本外相岡田克認為其「從一般常識來看也屬密約」

〔註 1〕《日本往屆政府謊言大白於天下——「日美核密約」被證實》，青年參考，2010-03-13 00:00。http://qnck.cyol.com/content/2010-03/13/content_3131023.htm

二、密約與「釣魚島」的關係

筆者認為這些密約一定與「琉球剩餘主權」及「沖繩還返」，特別是與「釣魚島」交還給日本有著密切的關係。而不被日本政府認定為密約的「1972 年沖繩返還時日方允許美軍在『有事』時將核武器運進日本的秘密條約」，與釣魚島返還關係最為密切。由於時間的關係，筆者還沒有查閱更多的資料，僅就「1972 年歸還沖繩時達成的日方支付美軍基地恢復原狀費用密約（1972 年の沖縄返還時の原状回復補償費の肩代わりに関する密約）」中，查到相關「釣魚島」的資料，整理如下：

1. 1970 年（昭和 45 年）10 月 12 日「琉球政府」提交給「愛知外務大臣的請求書」中，在其 12 項中，將「釣魚島」作為一個項提出。其影像如下圖所示：

12　尖閣列島問題について

米海軍および国際連合アジア極東経済委員会の調査によつて、尖閣列島周辺で有望な石油資源が埋蔵されていることが発見され、にわかに世界の注目を浴びるにいたりました。

沖縄県民が、その開発に大きな期待を寄せている矢先、中華民国政府は、米国のガルフ社に鉱業権を与え、そのうえ同列島の領有権まで主張しています。

尖閣列島は、明治２８年以来日本の領土として沖縄県八重山郡石垣村に属し、同列島の領有権については明白であります。

したがつて、日本政府は、中華民国政府の不当な主張を止めさせるための強力な折衝を行ない、かつ同列島の石油資源を国の責任において早期に開発されるよう要請します。

該影像基本內容為：「根據美國海軍及國聯亞洲遠東經濟調查委員會的

調查，發現釣魚島附近埋藏有大量的石油資源，這使此區域更引起世界的關注。沖繩縣民對此開發寄予很大的期待，但此前，中華民國政府給予美國ガルフ社礦業權，同時主張對該島擁有主權。『尖閣列島』自明治28年以來，作為日本的領土，屬於沖繩縣八重山郡石垣村，其主權非常明確。故請求日本政府應與中華民國政府進行強有力的交涉，使其停止其不正當權力，同時就該島嶼附近的石油資料，以國家的責任著手進行開發。」

這份資料顯示，在中美核密約交涉中，「釣魚島」問題，可能是以「琉球地方政府」提出的形式出現的，這是日本在歷史上一貫採用的方式。另外，資料還顯示，日本明確知道中華民國宣誓對該島群擁有主權，同時已經與美國相關公司進行合作。這也表明，美國在此前也默認「中華民國」對該島嶼的主權，否則不會允許美國公司與臺灣進行合作。

2. 1971年（昭和46年）3月20日，由美國局及條約局共同起草的文件《沖繩返還交涉全貌》，其中在「返還區域的界定及適用條約中」，涉及到「釣魚島」，其影像內容如下：

(1) 対米関係

前文、施政権返還及び返還地域の定義及び沖縄への条約適用関係については、客年12月12日付でわが方修正案を提示してある。これに対する米側の正式回答は、まだ示されていない。

(2) 対内関係

前文における共同声明の取扱い振り及び協定における尖閣諸島の取扱い方（下記(3)参照）は、いずれも国内における論議の焦点となるものとみられる。

從上述影像資料中可以看出幾點：

第一、即為當年日本要求美國返還「琉球」的不是主權，而是行政權。

第二、在1971年3月20日以前，美國還沒有正式回覆日本還給「琉球」

的具體區域。

第三、當時「釣魚島」的處理方式，已經成為日本國內議論的焦點。

而就返還的具體區域，美日之間也有不同的意見，這其中也涉及到「釣魚島」，其具體影像資料如下：

返還地域の定義（第1条）に関し、米案は、返還地域を「奄美返還協定の対象地域を除く北緯29度以南の南西諸島」という趣旨の表現としている。わが方よりは、(i)平和条約第3条地域から返還ずみの奄美、小笠原を差引いた部分が今回返還される琉球諸島及び大東諸島であるという定義を置くとともに、(ii)この地域を附属書において経緯度線をもつて地理的に表現するという案文を提示した。米側は、尖閣諸島が日本領土であるとの米政府の見解に変更はないとしつつも、経緯度線で囲む方式によつて協定上尖閣問題を表面化することはさけたいとしている。わが方は、経緯度線による表現の採用方その主張を変えておらず、米側は、何らかの妥協案を考えているものの如くであるが正式回答を行なつていない。（下記C参照）

此份影像資料內容為，美國當時想要返還的區域為「奄美返還協定區域以外的北緯29度以南的諸島。」日本方面則提出，根據和平條約第三條所定義的區域，應為沒有返還的奄美、小笠原群島的剩餘部分，及此次返還的琉球諸島及大東諸島。而這些區域的附屬書中，應有地理上經緯度標注附文。美國方面則認為「『尖閣諸島』為日本之領土，美國此見解沒有改變」，但如果在協議上以經緯度標注的方式來標注「釣魚島」，可能會使釣魚臺問題表面化。但日本方面堅持以經緯標注的方式，美國方面考慮其他的妥協案，沒有給日本政府正式答覆。

從以上影像資料分析來看，美國已經清楚地知道到將「釣魚島」交給日本，將引起國際間的矛盾升級，所以不想採用以經緯度標注的方式，而是採取蒙混過關之方式。最後雙方採取的方式是「尖閣諸島等現在美國施政權以下北緯 27 度以南西南諸島的各小島並沒有標注島名，而是採取『返還美施政權下之區域』之方式」。〔註 2〕

歷史上「釣魚島」不屬於琉球，為日本偷偷竊取之土地，戰後由於新中國的剛剛成立，沒有中方代表參加對日和約，才使美國在託管琉球時，將「釣魚島」納入其中，但於六十年代後，中國大陸與中國臺灣均主張釣魚島為我主權，而美國將琉球返還日本時，沒有明確說明交還「釣魚島」，故中國對「釣魚島」應還有主權。

3. 在 1971 年 5 月 11 日《沖繩返還問題（愛知大臣與美國公使會談）》中，涉及到美國堅持反對日本以經緯度標注「釣魚島」的態度及理由為：「美國基本的立場是，本著將施政地域交還給日本，沒有對歷史的及將來的領土的主張進行裁決，以避免將來向國際司法裁判所提出相關問題的事態發生。」而「日本察知美國的立場，故沒有要求將『尖閣群島』特別標識。」其具體內容如下影像：

〔註 2〕內閣官房內閣調查室監修，《對尖閣諸島問題各關係國的態度及言論》，世界經濟調查會編，第 119 頁。

沖縄返還問題
（愛知大臣・マイヤー大使会談）

昭和46. 5.11
アメリカ局北米第一課

11日の会談概要次のとおり。

（アメリカ局長、条約局長、赤谷大使、スナイダー公使ほか同席）

1. 協定前文

愛知大臣より、いまや米側の最終確認を待つのみと思う旨述べたのに対し、マイヤー大使より、これを肯定し、出先としては日本案でよいと思う旨付言した。

2. 返還地域の範囲（合意議事録）

愛知大臣より、昨日の米案は協定本文の繰返しのみであり、これに比してわが方第2次案（4月28日先方に手交せるもの）の方がよいと思うが、事務当局同志をしてなおよく詰めさせたいと述べたのに対し、先方は、米案はワシントンとしては非常に強く主張するもので変更の余地の少ない旨述べ、米国としては施政を行なつている地域を日本に返還するが、その際歴史的ないし将来の領土の主張の裁決（ADJUDICATION）を行なわず、将来国際司法裁判所に引出されたりする事態を避けることが基本的立場である旨主張した。これに対し当方より、そもそも日本側は米側の立場を察して尖閣諸島という地名の

特掲を求めず、また協定本文での返還地域の表
現の主張を譲つて合意議事録に同意したもので
あり、米側との間に基本的な差異はなく、従つ
て当方案の表現でも十分米側の立場はいかされ
ると思う旨指摘の後、双方とも事務当局に再検
討させることとした。

3 施設・区域及び特殊部隊

(1) 那覇空港よりのP3部隊

愛知大臣より、このことは本日の会談にお
ける4大重要問題(P3、請求権、財政条項、
VOA)の1つであり、日本側としてきわめ
て強く要望する次第なる旨を強調したところ、
マイヤー大使より、施設・区域についての日
本側の問題はよく分るが、1969年の共同

以上資料充分證明，在美國與日本的核密約中，涉及到「釣魚島」問題。而這些資料還可證明以下幾點：

第一、返還「釣魚島」曾作為「核密約」中美國滿足日本的一個交換條件。

第二、美國明知「釣魚島」在歷史上領土轉換形式為日本偷偷竊取，故認為其「在歷史上或將來可能有領土的爭議」。特別是先曾允許美國公司與臺灣合作開發該區域的石油資源，後終止其合同，也能從某個角度證明其認為「釣魚島」為中國所屬之理念，但後來改變態度將其與「琉球」一併交還日本，這也證明美國為了保有在東亞的核威懾力量及自身的利益，不惜否認「釣魚島」在歷史上屬於中國的事實，滿足日本對資源的渴求，這樣即達到支持同盟國日本，又為挑撥中日關係埋下隱患。

第三、美國為避免將來發生國際法庭調查之事件，強調歸還之區域為行政權，不是主權。另外，其歸還區域並沒有以經緯度的形式標注出來，而是以籠統的「『返還美施政權下之區域（27 度以南西南諸島的各小島）』之方

式。」這就給予我們可以反駁的理由，即為行政權不等於主權。歷史上「釣魚島」為日本偷偷所竊取，戰後中國從來沒有同意將「釣魚島」劃到「琉球」境內，故中國對「釣魚島」擁有主權的追述權，中日之間也可就「釣魚島」申述到國際法庭。

綜上所述，有關日美間存在涉及核武器入境等內容的「秘密條約」的傳聞，如今已得到日本官方的承認。即是在1969年美國決定歸還沖繩時，雙方達成的允許美軍攜帶核武器進入沖繩的共識，「從一般常識來看也屬密約」。美軍可能攜帶核武器進入日本，修改了以往歷屆日本政府所堅持的否定見解。調查日美存在四份核密約問題的日本外務省專家委員會最後提交的報告，認定了其中三份密約：分別為1960年修訂《日美安全保障條約》時達成的美國可攜核武器進入日本境內的密約；1972年歸還沖繩時達成的日方支付美軍基地恢復原狀費用密約；關於朝鮮半島發生緊急事態時美軍出動的密約。歷屆日本政府一貫否認存在密約。此份報告的提出，使政府的謊言與不誠實大白於天下，也使得美國與日本私自收授釣魚島的事實完全敗露

第四章　日本學者認為釣魚島是屬於中國的

中日兩國對釣魚列島主權存在爭議，這是眾所周知的事實。中國學者認為，釣魚島自古以來就是中國的領土，中國對該列島擁有無可爭辯的主權；而日方學者和官員也聲稱日本對該列島（日方稱為尖閣列島）的主權具有充足的歷史和法律依據。但日本學術界內部是不完全統一的，著名的歷史學家井上清等人主張釣魚臺是中國的，後期又有村田忠禧對日本釣魚島主權的主張提出強烈質疑。

一、為證明釣魚島為中國領土而研究的井上清教授

井上清認為「尖閣列島」已成為日本與中國之間嚴重的主權之爭的焦點。但作為歷史研究者的他，未曾見過記載這些島嶼為琉球王國領地的史料，故特別在 1971 年 11 月初去沖繩進行實地調查。

井上清通過調查認為：『尖閣列島』中的任何一個島嶼都不曾為琉球的領土。其正確名稱應稱之為「釣魚群島」或「釣魚列島」，是中國的領土。日本是在 1895 年甲午戰爭中佔有。命名為「尖閣列島」大概是在 1900 年由沖繩縣師範學校的教師黑岩恒命名的。

1968 年以後，在釣魚島群島海底發現有大油田，而其近海又是鰹、文鰩魚等魚類豐富的漁場。因此，這一群島不僅在經濟上十分重要，在軍事上也極為重要。如果在這裡建造軍事基地，就等於把槍口架到了中國的鼻子底下。美軍早在 1955 年 10 月和 1956 年 4 月，就分別在該群島中的黃尾嶼（日本稱

之為久場島)、赤尾嶼(日本稱為久米赤島或大正島)島上建造了轟炸射擊演習場。1972 年 5 月 15 日,日本政府決定在美國將這裡「歸還」給日本之時,即將它納入防空識別圈內,並表示將在這些群島中最大的釣魚上建立電波基地。這裡既可做導彈基地,也可建潛艇基地。

井上清認為這些群島的經濟價值和軍事價值越大,日本統治階級要將其攫為已有的野心和欲望也越強烈,利用島嶼主權問題把日本人民誘入虛假愛國主義和軍國主義的危險性也就越大。

1970 年 9 月,這些島嶼尚在美軍管轄之下時,日本政府就曾派出海上自衛隊,恫嚇正在這一海域作業的中國臺灣省的漁船隊,干擾其捕魚作業。1972 年 5 月 12 日政府又做出決定,5 月 15 日以後,若臺灣省或其他地方的中國人進入這一海域,則以違反出入境管理令論處,強制其離境;再者,若他們登陸修造建築物,則適用於刑法中的侵犯不動產罪,由海上保安部隊和警察予以取締(《每日新聞》1972 年 5 月 13 日)。製造了一個中國人「非法入境」的騙局,為把人民逼上反中國和虛假愛國主義的舞臺。正因為如此,充分表明有關這個島的歷史事實和國際法原理,對爭取亞洲和平,反對軍國主義的鬥爭來說,是一個刻不容緩的重要事情。

中國主張釣魚島群島不是無主地,自古就是中國的領土,而且現在仍是中國的領土。對於中國的這一主張,日本沒有根據歷史進行科學、具體地反駁,而是武斷地加以否定,造成日本佔有的既成事實。這是日本帝國主義侵略外國領土、煽動虛假愛國主義的開端。因此,可以毫不誇張地說它是關係到日本人民命運的大事。目前沒有一個團體正式決定反對日本政府掠奪中國領土釣魚島群島,並開展反對運動的。

井上清教授認為:「領土問題最能刺激國民的感情。自古以來,反動統治者往往捏造領土問題,煽動人民掀起虛假的愛國主義狂熱。死灰復燃的日本軍國主義也是妄圖通過蠻橫無理地堅持「尖閣列島」的「主權」,把日本人民捲進軍國主義的大游渦之中。」

極為痛心的井上清教授又重新開始研究釣魚島群島的歷史,主要傾注於瞭解日本政府在明治維新以後,是在什麼形勢下,採用什麼手段佔有釣魚島群島的。研究主要有兩個課題;第一是證實釣魚島群島並非無主之地而是中國領土這一事實;第二是揭露了日本佔有釣魚島群島的經過和事實。

二、井上清認為釣魚島自明朝以來就是中國的領土

井上清教授認為「日共」及《朝日新聞》的社論所言之「『尖閣列島』自古以來在日和中的文獻上就『有所見』，但都沒有明確表示那些島嶼是中國領土。」之觀點為信口雌黃。因為在 1867 年明治維新以前，中國、日本都不會出現關於「尖閣列島」的島嶼記錄，因為這個名稱還不存在。但關於釣魚島及其附近島嶼，在 1785 年林子平出版的《三國通覽圖說》附圖——「琉球三省併三十六島之圖」中，將之明確標注為與中國同樣的顏色。

井上清教授通過研究認為，在琉球的文獻中，釣魚島群島的名稱也只出現過兩次。一次是在琉球王國執政官向象賢於 1650 年所著的《琉球國中山世鑒》卷五中；另一次是在琉球出生的大儒學家、地理學家程順則於 1708 年所著《指南廣義》的「針路條記」一章及附圖中。但井上清教授認為，在《琉球國中山世鑒》裏，自中國冊封使陳侃的《使琉球錄》中摘錄了由中國福州至那霸的航行記事，其中出現了「釣魚嶼」的名稱，而並非向象賢本人所書。另外，程順則的書是第一部向清朝皇帝和清政府介紹福州至琉球的往返航線、琉球的歷史、地理、風俗、制度等的書。寫有釣魚島情況的「福州往琉球」的航線記事，依據了中國的航海書及中國冊封使的記錄。當時，程是以清朝皇帝陪臣的身份（皇帝之臣為中山王，程是中山王之臣，所以他是清朝皇帝的臣下之臣，故稱陪臣）寫的這本書。因此，這本書雖說是琉球人所著，但從社會學、政治學的角度來看，它是一本地地道道的中國書。

井上清認為，日本及琉球在 1867 年以前實際上沒有一份脫離了中國文獻而獨自言及釣魚島群島的歷史文獻，這不是偶然的。對琉球人來說，這些島嶼不過是散落在從中國福州到那霸來的航線上，此外沒有任何關係。因風向和流向的影響，從福建、臺灣去釣魚島群島是順風、順流，而從琉球去則是逆風、逆流。以當時的航海技術，除極為例外的特殊情況外，一般是不會從琉球去這些島嶼的。所以，琉球人有關這個列島的知識，只有先通過中國人才能多少有些瞭解。他們沒有能獨自記述有關這些島嶼情況的條件，同時也沒那個必要。與琉球及日本方面正相反，中國方面有許多關於釣魚島群島的文獻資料。明、清時代的中國人對這個列島十分關心，這是因為琉球冊封使回國時要經過列島附近。另外，15、16 世紀的明朝政府為了防備倭寇對中國沿海的襲擊，必須對東海的地理情況瞭如指掌。

井上清教授認為至少中國在 16 世紀中葉，「釣魚島」就有了中國名字。

如釣魚島（或稱釣魚嶼）、黃毛嶼（或稱黃毛山，後又稱黃尾嶼）、赤嶼（後又稱赤尾嶼）等等。被認為是 16 世紀所著、作者不詳的航海指南《順風相送》一書中的福州至那霸航線指引記中，就出現過釣魚島群島。但這本書的寫作年代不詳。年代清楚的文獻有 1534 年從中國福州東渡去琉球的、明朝皇帝的冊封使陳侃所著的《使琉球錄》。書中寫道：「使節一行乘船，是年 5 月 8 日，自福州梅花所出外洋，向東南航行。在雞籠頭（今臺灣基隆）海面轉向東，10 日過釣魚嶼。十日，南風甚疾，舟行如飛。然順流而下，（舟）卻不甚動。過平嘉山，過釣魚嶼，過黃毛嶼，過赤嶼。目接不暇……十一日夕，見古米山（琉球記載為久米島），乃屬琉球者。夷人（在冊封使船上做工的琉球人）船上雀舞，喜抵家鄉。」〔註 1〕

繼陳侃之後，1562 年的冊封使郭汝霖在他的《重編使琉球錄》中寫道：1562 年 5 月 29 日，自福州出洋，「閏五月初一日，過釣魚嶼。初三日至赤嶼。赤嶼乃界琉球地方山也。再一日若有風，即可望姑米山（久米島）矣。」〔註 2〕

井上清教授認為陳、郭兩篇使錄，是記錄釣魚島情況的最早期的文獻，並對奧原敏雄所提出的質疑進行了反駁：陳侃將久米島說成「乃屬琉球者」，郭獨霖把赤嶼寫作「界琉球地方山也」，這也是很重要的。在這兩個島之間有條水深約 2000 米的海溝，沒有任何小島存在。所以，陳自福州東渡那霸時最先到達的琉球領土是久米島，故寫到這裡即是琉球領土；郭將中國東端的小島赤尾嶼說成是琉球地方以此為界的小山，表明他們是在以不同的角度記述同一件事情。這說明當時不僅中國人，而且任何琉球人也明白：久米島是琉球領土的邊界，赤嶼以西不是琉球的領土。

另外，幾乎與陳侃、郭汝霖同一時代的胡宗憲編纂的《籌海圖編》（上有 1561 年的序文）。卷一《沿海山沙圖》的「福七」至「福八」記載了福建省羅源縣、寧德縣沿海的各個島嶼。其中有「雞籠山」、「彭加山「、「釣魚嶼」、「化瓶山」、「黃尾山」、「橄欖山」、「赤嶼」，由西向東排列著。這些島嶼位於福州以南的海面上，從臺灣的基隆海面向東排列著，所以它無疑也包括釣魚島群島。

這個圖表明，釣魚島群島位於福建沿海的中國島嶼中。《籌海圖編》卷一

〔註 1〕《釣魚島（尖閣諸島）問題研究資料彙編》，勵志出版社、刀水書房，2001 年，第 6 頁。

〔註 2〕《釣魚島（尖閣諸島）問題研究資料彙編》，第 8 頁。

收錄了整個遭受倭寇襲擾的中國沿海地圖，以西南到東北為序，但中國領土以外的地區都沒有編入，所以，找不出只有釣魚島群島不是中國領土的根據。

井上清教授據此認為，1971 年 12 月 30 日，中華人民共和國外交部發表聲明，聲明指出：「早在明代，這些島嶼就已包括在中國的海上防禦區域內了。」其根據可能也是這張圖。實際上通過這張圖便可知道釣魚島群島是處在當時中國防禦倭寇的防區內的。並認為「日共」所謂防禦區域與主權不是一回事的議論是狡辯的一派胡言。

三、井中清認為清代的記錄證實釣魚島是中國的領土

通過上面的論述，井上清教授認為，能夠證實早在明朝時代，就已經有釣魚島群島是中國領土的記錄，並且在三個 16 世紀中期的文獻中，都清楚地將這裡與別國領土區分開來，這決不是偶然的。這可以肯定中國人在發現釣魚島群島、給它命名的當初，就把這裡認做是自己國家的領土了。其中最大的釣魚島，緊靠海岸處險峻的山崖林立，島上最大的平地按當時的技術水平也放不下幾個人。他們不會想到要對這樣一塊彈丸之地予以特別重視，但從他們特意將其列入沿海防禦圖來看，他們也沒有認為這裡是無主地。那時，中國的東南沿岸受到倭寇的欺辱，由於與倭寇的緊張關係，中國人在東南沿海的本國領土與外國領土的區別上不得不十分敏感。

清朝的第一任冊封使是 1663 年進入琉球的。第二任冊封使汪楫，1683 年出使琉球。在他的使記《使琉球雜錄》卷五中，有篇關於在赤嶼與久米島之間的海上，舉行避海難祭祀的記事。文中明確記載這裡是「中外之界也」，是中國與外國的疆界。他這樣寫道：

> 24 日（1683 年 6 月），及天明見山，則為彭佳山也。……辰刻過彭佳山，酉刻遂過釣魚嶼。……25 日見山，應先為黃尾後為赤尾，然未久遂至赤嶼，不見黃尾嶼也。薄暮，過郊（或作「溝」），風濤大起。投生豬羊各一，傾五斗米之粥，焚紙船，鳴鑼擊鼓。請軍士披甲露刃（披上盔甲，戴上頭盔，拔出戰刀），伏於船舷，作禦敵之狀，久之始止。
>
> 在那裡，汪楫問船長。
>
> 「問：郊之義何也？」（「郊」的意思是什麼？）
>
> 對方回答，「曰：中外之界也。」（中國和外國的分界。）

汪楫又問道；

「界何以辨？」（怎麼分辨那個界線呢？）

「曰：揣度耳（只有推測）。然頃者恰當其所臆度也（不是胡亂推測）。」〔註 3〕

井上清教授對上述引文作了具體的解釋，即釣魚島群島位於中國東海大陸架的南部邊緣地區，呈東西排列。群島的北側水深不足 200 米，海水蔚藍。群島南側以南的海溝，水深驟然達到了 1000 多米至 2000 米以上。黑潮經過這裡由西向東流過。特別是赤尾嶼，它的南側緊靠深海溝，這裡海上風大浪高。淺海的蔚藍與深海的黑潮形成了海水顏色的鮮明對比。清朝初期，這一帶被稱為「溝」或「郊」，也有稱為「黑溝」、「黑水溝」的。冊封使的船經過這裡時，都要獻上豬、羊等祭禮，舉行避海難的祭祀，這似乎成了一個慣例。

關於「過溝祭」的情況，除汪楫使錄外，在 1756 年出使琉球的周煌的《琉球國志略》、1800 年出使琉球的李鼎元的《使琉球錄》及 1808 年出使琉球的齊鯤的《續琉球國志略》中都有記載。在這些文獻資料中，汪楫的使記把過溝祭描述得最為詳細，還將「溝」寫為「郊」。明確記述了那裡不僅僅是海難多發處，還是「中外之界也」，這一點十分重要。另外，船長向初到這裡的汪楫所解釋的「郊」的意思，我想也應該是中國航海家們的普通認識。

再者，周煌在《琉球國志略》卷十六「志餘」中，重新證實了一些以前使錄中他感興趣的、引起他重視的記述。其中他概括了汪楫的記事，寫道：「問溝之義，曰中外之界也。」也就是說，在文字上也明確記載著他和汪楫都認為赤尾嶼和久米島之間是「中外之界」，赤尾嶼以西是中國的領土。

不僅如此，汪楫之後、周煌之前的使節徐葆光（1719 年出使琉球），在他所著的著名的《中山傳信錄》中，也證實了這個「界」。徐葆光先後用了 8 個多月的時間研究琉球情況。《中山傳信錄》就是這樣寫成的，所以他的記述可信度極高，出版後不久便傳入日本，並出現了日文版本。並且，這本書和前面提到的《琉球國志略》成為日本人在當時至 1867 年前瞭解關於琉球情況的最主要來源。書中引用程順則的《指南廣義》，說明了福州至那霸的航線。這條航線與以往冊封使的航線相同，都是出福州，向雞籠頭，經花瓶、彭佳、釣魚各島的北側，從赤尾嶼至姑米山（久米島）。但徐葆光給姑米山注上了「琉球西南方界上鎮山」幾個字。

〔註 3〕《釣魚島（尖閣諸島）問題研究資料彙編》，第 10 頁。

對於這個注解，以前討論釣魚島問題的臺灣學者和日本的奧原敏雄等都認為是《指南廣義》的作者程順則本人所注。井上教授為此查看《指南廣義》的原著，沒有這樣的注解，故認為它是引用者徐葆光所注。如果徐葆光將久米島寫成琉球的「西南方界」，那就不正確了。八重山群島的與那國島位於琉球列島的最西端，而且那裡比久米島更靠南。所以正確的琉球的西南邊界應該在八重山群島。《中山傳信錄》的作者也是知道這一點的，他把八重山群島明確地說明為「此乃琉球極西南屬界也」。他既然知道卻仍然給久米島注上「琉球西南方界上鎮山」的注解，說明這個「鎮」字有著重要的意義。

所謂的「鎮」，指的是鎮護國境、村界的鎮，「鎮守」的鎮。從中國的福州，經釣魚島群島進入琉球領地必經久米島。該島是鎮護硫球國境的島嶼，所以說明上用了「界上鎮山」幾個字。又因為這裡位於以沖繩本島為中心的琉球列島的西南方，故寫為「琉球西南方界上鎮山」。單純從地理上看，八重山群島位於全琉球的最西南，所以把它用「此乃琉球極西南屬界也」和久米島區分開來。

總之，中國人徐葆光（或琉球人程順則）用「西南方界上鎮山」的注解，說明了久米島是往來中國與琉球時的國境。這個「界」的另一方是中國，與郭汝霖的「赤嶼乃界琉球地方山也」的「界」是同一意思。

四、日本先知者也明確記載釣魚島為中國領土

井上清教授通過明朝的陳侃、郭汝霖、胡宗憲及清朝的汪楫、徐葆光、周煌、齊鯤的著作等中國方面的文獻進行考證，得出「至少從 16 世紀以來，中國方面就清楚地記載著，中國與琉球的國境在赤尾嶼與久米島之間。釣魚群島不是琉球的領土，也不是無主地，而是中國的領土。」後，又通過日本方面的文獻資料進行印證，會更加清楚這個結論是正確的。

首先，井上清教授羅列的日方文獻資料就是前面提到過的林子平的《三國通覽圖說》中的附圖。

《三國通覽圖說》及附圖，是 1785 年由「秋東都須原屋市兵衛梓」最先出版的。井上清教授親自在東京大學附屬圖書館看到「琉球三省及三十六島之圖」畫在一張寬 54.8 釐米、長 78.3 釐米的紙上。圖中央題有「琉球三省及三十六島之圖」，左下方有一行「仙臺林子平圖」的署名小字。這張地圖是彩色印刷的。東北角是日本鹿兒島灣附近至其南方的「吐葛喇」列島，

被塗為灰綠色；自「奇界」（鬼界）島向南，奄美大島、沖繩本島至宮古、八重山群島的原琉球王國的領地被塗成了淺灰色；西面的山東省至廣東省的中國本土塗上了淡紅色；另外，臺灣及「澎湖三十六島」被塗成了黃色。圖上還印有從福建省的福州到沖繩本島的那霸的南北兩條航線。南航線上由西向東排列著花瓶嶼、彭佳山、釣魚臺、黃尾山、赤尾山。這些島嶼都徐上了與中國本土一樣的淡紅色。北航線上各個島嶼就更不用說，顏色也和中國本土的一樣。

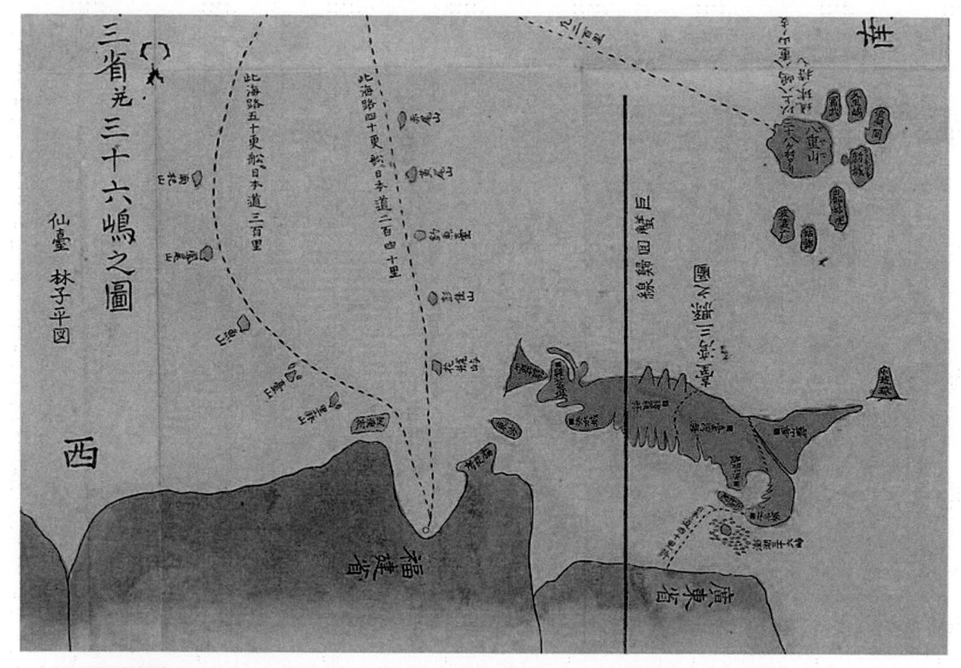

從這張圖上可以看出林子平是把釣魚島群島看作中國領土的，這是一目了然，毫無疑問的。圖與文章不同，它沒有牽強附會進行解釋的餘地。《圖說》的附圖中還有一張叫作「三國通覽輿地路程全圖」，是「為觀察朝鮮、琉球、蝦夷並樺太、堪察加、臘虎島等數國接壤形勢的小圖」。它是以日本為中心，北至堪察加，南至小笠原，西至中國，範圍很廣的地圖，可稱得上是東亞全圖。在這樣的一張地圖上，居然清楚地畫有釣魚島群島這個芝麻大小的島嶼——許多比它大得多的島嶼卻沒畫上，並被塗上了與中國本土相同的顏色。對林子平的《圖說》來講，明確各國的範圍及邊界是至關重要的，所以釣魚島群島可能就成了不能省略的了。

林子平在序文裏寫道：「此數國之圖小生不敢杜撰……，琉球原有《中山傳信錄》為證」，可見他的琉球圖是根據《中山傳信錄》裏的地圖繪製的。然而，他不是囫圇吞棗地、毫無分辨地接受《中山傳信錄》的觀點。林子平研究了《中山傳信錄》及當時日本人研究琉球的權威著作——新井白石所作的《琉球國事略》等，同時加上了自己的見解，才寫出了《圖說》並繪製了地圖。

《中山傳信錄》中的圖沒有按國分色，而林子平卻用色彩把它們分開了。對此，琉球政府的聲明說：「《中山傳信錄》中記載三十六島之外不是硫球領土。所以，林子平就把在此之外的釣魚島群島機械他用色彩區別開來，把它當做了中國領土。這種資料沒有價值。」面對這樣的託辭實在讓人哭笑不得，林子平決不是「機械地」區分，這在圖上一看便知。他把十分明確的中國領土臺灣、澎湖塗成了與中國本土不同的顏色，而把釣魚島群島塗上了與中國本土相同的色彩。由此看來，他並不是將三十六島以外的所有島嶼都塗成了與中國本土相同的顏色。林子平認真研究了《中山傳信錄》，並根據上面的久米島是「琉球西南方界上鎮山」的說法，認為這裡就是中國與琉球的分界點，對在此之前的釣魚島群島是中國領土一事深情不疑，並特意用不同的色彩明確地加以區別。實際上，《中山傳信錄》中對姑米島的注解，與郭汝霖、陳侃使記的記述相同，久米島以東是琉球的領土，而西面的各個島嶼是中國領土。用漢語方式表達也是極其自然的。

井上清教授還對此份地圖進行再調查：我在《歷史學研究》2 月號上寫釣魚島的沿革時，尚未見到 1785 年（天明 5 年）版的《三國通覽圖說》及附圖，那時我用的是 1944 年東京生活社出版的《林子平全集》第二卷版本，其附圖沒有按國家用色彩分開。所以我只能指出在林子平的地圖上釣魚島群島和琉球是有區別的。現在一看原版，這不是將中國領土部分用色彩清清楚楚地標出來了嗎？

井上清教授還對林子平《三國通覽圖說》附圖的各版本進行了調查研究，認為京都大學附屆圖書館的谷村文庫裏，還有兩種「琉球三省併三十六島之圖」的江戶時代彩色抄本。上面雖然沒有寫著是抄自「林子平圖」或「《三國通覽圖說》附圖」，但一看便知是抄自林子平的。其中一種圖（暫稱為甲圖），將《圖說》的 5 張附圖放在了一組圖中，被臨摹在結實的日本紙上，筆跡出自同一人之手。那 5 張附圖是蝦夷、琉球、朝鮮、小笠原各圖及前面提到的「觀察數國接壤形勢的小因」。抄本把琉球塗成了茶紅色，中國本土及釣魚島群島等為淡茶色，日本為深綠色，臺灣、澎湖被塗成了黃色。另外一種圖（暫稱為乙圖），琉球為黃色，中國本土和釣魚島群島為淡紅色，臺灣為灰色，而日本被塗上了綠色。另外，在谷村文庫中有三種《三國通覽圖說》附圖的「朝鮮八道之圖」抄本。其中的一種是和琉球甲因為一組的。另一種紙質與琉球乙圖的一樣，筆跡似乎也出自同一人之手，並且琉球圖和這張朝鮮八道圖上都印有可能是原收藏者的相同的朱印。剩下的一種是原版的精細臨摹品。據推測一定還有與它一組的琉球圖的其他抄本。如果是這樣的話，除原版之外，《三國通覽圖說》的附圖 5 頁一組的抄本至少應該有三種。京都大學國史研究室還有一種「琉球三省併三十六島之圖」的江戶時代的彩色抄本。

井上清教授認為，林子平因編寫出版《三國通覽圖說》及《海國兵談》，受到了幕府的處罰，這些版本也被沒收了。林子平是日本近代民族意識的先驅者。他認為，仔細瞭解日本周邊的地理，對日本的國防來說迫切需要，這些緊要的知識不能只掌握在少數幕府的達官貴人或武士階層手裏，而應「無貴賤、無文（官）武（官）」，普及到「本邦之人」——整個日本民族，這是關係到日本防衛的大問題。因此，他出版了《圖說》這部書，為了使人能對不同國家的位置關係一目了然，附圖還採用了彩色印刷。林子平代表著日本人民近代民族意識的覺醒，得到了人民的廣泛支持。他的《海國兵談》、《三國通覽圖說》雖然被禁止出售發行，但人們還是爭相傳看，流傳甚廣。

另外，《三國通覽圖說》早在 1832 年就被德國的東洋學者哈因利士·庫拉普勞托譯成了法文，在西歐發行；附圖也用同原版一樣的彩色印刷。由此，我們可以看到，這本書在國際上受到何等的重視，連西歐人也知道釣魚島群島是中國領土。

林子平是日本民族覺醒的先驅，他認真充分地研究了集當時中國人、琉球人以及日本人研究琉球地理成果之大成的徐葆光、新井白石等人的著作，為向日本的所有人宣傳民族防衛意識，嘔心瀝血，撰寫並出版了這部書。這部書頂住了德川封建統治者的鎮壓，在愛國主義知識分子中間廣為流傳，並引起了國際上的重視。就是在這樣一部書的附圖裏，明確地記載著釣魚島群島是中國的領土。日本竟然昧著良心說「釣魚島群島是無主地」。

五、井上清認為高橋莊五郎的釣魚島島名研究有意義

井上清說他見到了兩本觀點不同、但很有意思的雜誌。一本是《朝日新聞》社發行的《朝日亞洲評論》第 10 號，是「尖閣列島」問題特輯；另一本是臺灣的《學粹》雜誌社編寫的《學粹》第 14 卷第 2 期的「釣魚臺是中國領

土專號」(今年(1972年)2月15日發行)。我並不想逐一介紹並評論這些論文，只想寫兩三點由此而生的感受，以作為本文的補充。

在《朝日亞洲評論》高橋莊五郎論文的「所謂尖閣列島是日本領土嗎」一節中，引用了東恩納寬惇為證明琉球諸島原來就是日本領土這一觀點所作的「沖繩」以及其他島名是以日語命名這一事實的意義的論述，指出這一推理方式也適用於釣魚島群島，這些島嶼都是中國名字。

釣魚島群島在明、清時代雖為無人島，但決不是無名島。它有一個恰當的中國名字。在國際法上成為「先占為主」的對象的「無主地」島嶼，一般不僅是無人島，但也是無名島。在大海中與世隔絕的無人島若沒有任何國家的語言對其命名，則可視其為無主地。但如果它有一個正式的名稱，則大多屬於對其進行命名的國家的領土。

釣魚島群島在明、清兩代是中國人前往琉球的航標。在由福州駛向琉球時，首先都是以這些島嶼為目標。而要以這些島嶼為目標確定航線，就必須確定這些島嶼的位置，並進行命名。就這樣，釣魚島群島由中國人起了個漢語名字，並將此事記錄在中國官方史料中流傳了下來。而且這些島嶼與在中國沿海且明顯為中國領土的島嶼一脈相連。不僅如此，在更遠的海中，與這些島嶼遙迢相望的島嶼是用琉球語命名的，很明顯屬於琉球領土，與用漢語命名的釣魚島群島截然不同。在這種情況下，不僅是中國人，就連硫球人也不會認為這些用漢語命名的島嶼是「無主地」。況且歷史上有兩份史料明確記載著有中國名字的赤尾嶼和有琉球名字的久米島之間「為中外之界」；在江戶時代，在記載這些島嶼的日本人的惟一史料《三國通鑒圖說》附圖中也明確指出這裡是中國領土。因而，從這點來說，也難稱之為「無主地」。

高橋的論文使井上清明白了島名的重要性。但對於該論文中提出的釣魚島群島可能是日本根據《馬關條約》第二條從清政府搶過來的這一疑問，我卻持否定態度。正如高橋所指出的那樣，接收臺灣、澎湖列島及其附屬島嶼確實「僅是一種極為草率的形式上的接收」。因此我在寫那篇後來發表在《歷史學研究》2月號上的論文時，曾和高橋有著相同的想法，但正如在本文第十二、十三章中所述，現在我認為該島是在掠奪臺灣的同時——嚴格地從時間上來說，是在比掠奪臺灣稍早的時候，而且與掠奪臺灣在政治上有著密不可分的聯繫——在沒有任何合法或非法的條約的情況下從清朝竊取的。如果說這些島嶼是根據《馬關條約》第二條的規定，作為臺灣附屬島嶼（不是地理意義上的）和臺灣一起割讓給日本的，則無法解釋這些島嶼為何不屬臺灣總督的管區，而是歸沖繩縣所管。從明治 18 年以來天皇政府竊取該島的全過程來看，不能不說竊取該島與甲午戰爭的勝利密不可分，而與《馬關條約》的第二條並無直接關係。

井上清還對奧原敏雄發表在《朝日亞洲評論》中的「尖閣列島與領土歸屬問題」一文很感興趣，這篇文章完全暴露出了「尖閣列島」為日本領土論者的帝國主義強盜邏輯。他寫道，「在首先佔有無主地時，要證明國家的領有意志，根據國際法的規定，並不一定需要諸如內閣會議決議、告示之類依據國內法律表示正式納入本國領土的手續。在依據先占原則獲得土地時，最重要的是實際控制，如能通過這一事實證明國家的領有意志就已足夠了。」他還寫道：「考慮到尖閣列島的自然環境以及其不適於居住性，可以說即使日本並沒有實際佔有，只要能證實國家的統治力量一般性地達到了該地，就可以充分主張該島在國際法上屬於日本。」

另外，井上清還引證《學粹》雜誌中所刊登了能夠進一步證明拙見的文獻，即方豪所寫的「《日本一鑒》和所記釣魚嶼」一文。

該文記載，1555 年，為對付倭寇，明朝的鄭舜功奉浙江巡撫之命被派往日本，在九州住了 3 年，回國後寫成了《日本一鑒》一書。在該書的第三部《日本一鑒桴海圖經》中，有一首《萬里長歌》，說明了由中國廣東至日本九州的航線。其中有一句：「或自梅花東山麓，雞籠上開釣魚目。」鄭本人對此進行注釋，其大意是由福州梅花所的東山出海，以「小東島之雞籠嶼」（臺灣基隆港外的小島）為航標航行，就可駛向釣魚嶼。他在注解中寫道：「自梅花向澎湖之小東渡航」，「釣魚嶼乃小東之小嶼也」。當時明朝的統治實際上到達不了小東（臺灣），基隆及其附近幾乎是海盜的老窩，但從所有權上來說，臺灣自古就是中國的領土。在明朝的行政管區中，澎湖島在福建省的管轄之下，澎湖島巡檢司管轄著臺灣。鄭舜功明確記載了釣魚嶼為臺灣的附屬小島。釣魚島為中國的領土，由此可以清楚知道。此類史料，中國的歷史地理學家肯定發現了不少。

在《朝日亞洲評論》特集的卷首語「勿使尖閣成為日中正常化的障礙」一文中，作者極力妄圖抹煞「尖閣列島」在歷史上是中國領土這一事實。這篇文章給讀者的印象是：現代中國似乎主張歷史上中國最大的版圖所包容之處都是現在中國的領土。並且該雜誌編輯部所編的「尖閣列島問題年史」是從 1872 年日本政府封琉球國王尚泰為琉球藩王開始的，而對於此前的自陳侃使錄以來有釣魚島為中國領土記載的很長一段時期，都隻字未提。這完全是對歷史的抹煞。

據此年表稱，明治 18 年 9 月，沖繩縣令呈文內務卿，要求將此劃歸沖繩管區並建立國標。這是無稽之談。事實是，內務卿為建立國標，密令沖繩縣進行調查，對此，沖繩縣以此處可能是中國領土這一調查結果為由，提議緩建國標。此事本文也已詳細論述過了。

此外，該年表還寫道，1886 年 3 月，「海軍水路部的《環瀛水路志》發表了對尖閣列島的調查結果」。據此看來，這似乎確實是日本海軍獨立調查得來的結果，但實際上卻正如本文已明確指出的那樣，是抄譯《英國海軍水路志》的記述而來的。該年表中還稱：1896 年 4 月 1 日，「沖繩縣施行敕令第十三號，沖繩縣知事把尖閣列島列入八重山郡，指定其為新國有地（魚釣島、久場島、南小島、北小島）」。敕令第十三號云云等的荒謬之辭，本文已作辯明。

《朝日亞洲評論》在如此抹煞歷史的同時，還對現在的事實進行了歪曲：「大多數關心國際問題的日本人，都不願提尖閣問題。可能是顧慮到會醜化中國或使生意蒙受損失。但有意見卻不說，並非為取信之道。」云云。

關心國際關係的專家、歷史學家不願提及「尖閣」問題這也是事實。我把關於該問題的論文投到《歷史學研究》之後，總編因發表了這篇論文，在委員會受到了圍攻。要把考證出釣魚島群島在歷史上是中國領土而非無主地的學術論文發表在專業雜誌上也並非易事。

發生此類事情·並非由於日本人顧忌到中國。恰恰相反，而是因為他們必須看日本統治考、報界、右翼及日本共產黨的臉色行事。若要嚴格地以事實和道理來講，無論是從歷史學還是國際法的角度，都不能說釣魚島群島是無主地，日本也不能根據無主地的規定對該島擁有領屑權。但如果不這樣說，就會遭到「損害國家利益」、「賣國奴」之類的中傷和迫害。領屬問題越尖銳，仗義執言就越容易受到迫害。在選舉議員時，仗義執言不一定能獲得選票。豈止如此，那些認為日本人沒有克服自身的虛假愛國主義以及認為其民眾的領土欲過強的人，對因在釣魚島問題上仗義執言可能會使選票大跌而害怕得不行。由於那些想成為議員候選人的政客及其政黨全都這麼認為，因此他們有的人像共產黨一樣，拼命大叫「尖閣是日本領土」，煽動「虛假的愛國主義」以撈取選票；而不甘墮落至此的人都沉默著。學者也並非是害怕中國，而是顧忌日本的國家主義和日共，害怕仗義執言，只有緊守「沉默是金」的箴言。

聲稱反對「立場低下的國家主義」的《朝日亞洲評論》完全無視這些島嶼的歷史，不僅沒有刊登任何歷史論文，就連其年表中也斷然刪掉了說明該島為中國領土的事件，並在前文的卷頭語中煽動說：「專家們，不要被歷史所拘泥，大聲疾呼：這裡是日本的領土吧！」

面對這種危險的情況，提倡反帝、反軍國主義及日中友好的人們挺身而出，渴望著公開宣講事實。「尖閣問題的歷史事實如何，在法律上淮是正確的，我們不太清楚，只能保持沉默」——不要再找此類藉口了，不明白就調查研究，然後暢所欲言。這不是一個以不清楚就可以搪塞過去的問題。在現實中是否反對日本帝國主義、軍國主義，是一個事關我們日本人民前途的決定性問題。

第五章　高橋莊五郎認為日本的釣魚島主權主張存在著諸多的疑點

高橋莊五郎曾為中日友好協會專務理事，在 1979 年出版了《尖閣列島筆記》（東京青年出版社出版）。高橋莊五郎在該著作中首先論述了尖閣列島究竟是不是無主地，接著根據對地名的驗證，提出日本擁有尖閣列島的領有權問題。高橋莊五郎研究認為由於組成列島的各島嶼名稱不確定，而且對無人島、環礁的實效控制也存在著問題，日本只是因統治臺灣而把該島列入到日本版圖，這不能不說是對無主地的實效支配，也不是先占。而且，由於尖閣列島是臺灣的附屬島嶼，所以在甲午戰爭中由於割讓，才成為日本領土。這一見解與井上清的主張基本相同，與中國的立場也是一致的。另外，他還就日本學界的一些觀點進行了批駁。

《尖閣列島筆記》收錄了高橋莊五郎大概 10 年間研究的相關記錄。高橋莊五郎認為日本國內就釣魚列島的歸屬問題，不論政府還是各黨及各媒體，其主張都不可思議地一致，彷彿一點懷疑的地方都沒有。北方領土問題，有很多的德川幕府與俄羅斯交涉的記錄，諸如下田條約、樺太千島交換條約等公文書類。因些就日本放棄「千島的範圍」，國際法學者之間有各種各樣的意見。釣魚島和北方領土雖為一樣的問題，但在釣魚島問題上不存在著爭議。

但是，認真調查釣魚島問題，就會發現日本的主權主張，存在著諸多的疑問。這也是「尖閣列島筆記」出版的目的，想讓更多的日本國民知道這裡存在的問題。

就釣魚島日中之間的主張完全不同。日本方面主張釣魚列島在國際法上，是根據「無主地」占為國有的，不是臺灣的附屬島嶼，因此不受「波茨坦宣言」的約束，沒有必要還給中國。中國方面則認為，釣魚島、黃尾嶼、赤尾嶼、南小島及北小島是臺灣的附屬島嶼，不是無主之地。

日本方面內閣的外圍團體南方同胞援護會「尖閣列島研究會」，用一年的時間在沖繩本島及石垣島收集日本主權主張的根據與資料。作為其結論，開始主張日本是根據「無主地先占」而領有釣魚列島。並且，從此以後日本政府也主張是由「先占」而將釣魚島編入領土。

此其說因為成為日本釣魚島的主權主張，還不如說作為領土取得法的根據，除了無主地以外再沒有其他的藉口，所以只好專心收集「先占」的根據。而且確實給人以專心收集的感覺，這此可以從南方同胞援護會機關報《季刊沖繩》第五十六期上表現出來。釣魚島因石油資源被廣泛注目之時，外務省將釣魚島編入領土之時，連一本說明的小冊子都沒有。關於釣魚島正確的地圖也沒有，連其位置都沒有用經緯度表示出來。沒有政府的公示，更沒有沖繩縣的告示，因此一般國民都不知道。

因石油資源釣魚島成為焦點問題之時，高橋莊五郎正好正在從事中國石油的研究，對黃尾嶼及赤尾嶼的島名，報有疑問。這是因為在福建省到臺灣周邊叫「嶼」的小島特別多。「嶼」一般是中國島名使用的。美國施政權下的琉球政府的公文中，也使用中國的島名，連沖繩返還協定的附屬文書中也是這樣用的。因此，這些島嶼的固有名稱就是「黃尾嶼」與「赤尾嶼」。

日本政府主張無主之地「先占」，但實際上釣魚島並不是無主之地，即使古賀辰四郎由於有很多開發釣魚島的實效證據，它也是日清戰爭的結果，因此，那不能成為日本主權主張的證據。重要的是，它是日清戰爭的結果，那時沖繩與臺灣之間已經沒有國境線。

在中日和平友好條約交涉過程中，日本方面強烈主張希望中國方面承認釣魚島的日本所有權，但是，在這個問題上，日中之間的主張是完全不同的，中日之間一致認為需要花費大量時間認真商談，如果將釣魚島作為日中和平友好條約前提的話，那麼條約的締結可能需要十至二十年或更遲，現實證明這是不符合雙方的利益的。

高橋莊五郎認為應當擱置釣魚島問題，日中之間儘量盡早締結和平友好條約，在國士館大學奧原敏雄教授在雜誌《中央公論》上發表《尖閣列島的主權根據》之時，高橋講他保持了沉默。奧原教授自己也覺得日中和平友好條約是必要的，因此主張先擱置釣魚島問題。

一、高橋莊五郎就釣魚島名稱所進行的深入研究

（一）釣魚島在哪裏？

日本政府於 1900 年 9 月 11 日內閣會議中所提出的「無人島所屬相關之件」中，確定北緯 24 度 32 分 30 秒、東經 31 度 19 分，離南大東島約 87 海里的無人島，正式命名為「沖大島」，決定將其編入到沖繩縣尻郡大東島的區域內。但對於釣魚島群島，日本政府一直到現在（1979 年），也沒有正式確定其經度及緯度，這是令人不可思議的。釣魚島為北緯 25 度 46 分 30 秒、東經 123 度 29 分，黃尾嶼位於北緯 25 度 55 分、東經 123 度 40 分。這是非常明確的，但日本政府卻沒有向外公布。

1971 年 4 月 22 日的《日本經濟新聞》報導稱：「政府沒有報導尖閣列島的島名及經緯度，是因為沖繩還返協定中沒有明記。」該報認為其理由為：「沖繩施政權返還之時，返還那塊土地，是返還協定的主要支柱。外務省內部認為，就返還的區域來說，必須記載具體的島嶼，如果這樣的話，就必須明確記載尖閣列島，這勢必引起對該諸島持有主權主張的中國強烈反對。如果明記具體島嶼，並在地圖上進行標識，一定成為紛爭的種子。因此，協定中，並沒有就返還地域進行明確標記。」

但日本政府似乎對其所主張釣魚島一點問題都沒有本為日本領土沒有信心。如果主權主張證據確鑿的話，就沒有必要害怕中國的反對，但是日本政府卻在沖繩返協定中，將釣魚島群島隱去了。

在海上保安廳水路志的海圖中描繪了釣魚島群島的地位。這張海圖中，原封不動使用了黃尾嶼、赤尾嶼等中國的島名。這兩個島嶼是在沖繩返還「了解覺書」中，作為美軍設施來注明的。

（二）釣魚島島名的由來

高橋莊五郎在 1972 年《朝日亞洲評論》第二號上發表了《所謂尖閣列島是日本的嗎？》一文中曾言，日本對釣魚列島有「尖閣列島」、「尖閣諸島」、「尖閣群島」、「尖頭諸嶼」等各種稱呼，地圖及海圖中其稱呼也是不確定的，另外，由於人的不同，其稱呼也不相同。在陸軍陸地測量部，叫「尖閣列島」，海軍水路部的海圖中，又稱為「尖頭諸嶼」。而且，即使是現在，日本政府究竟是稱為「列島」、「諸島」、「群島」，也沒有正式的確定，所以，

現在也不得不稱其為「所謂尖閣列島」。

「尖閣列島」的稱呼，是 1900 年 5 月由沖繩縣師範學校教諭黑岩恒，去沖繩與清國福州之間的「蒼海一粟」之無人島時，對受古賀辰四郎的拜託，從日本來進行調查的宮島幹之助（工學士）言，「此列島還沒有統一的名稱，這在地理學上是極為不便的，余竊以為，可新設名稱為『尖閣列島』。」黑岩恐怕是從《英國海軍水路志》中的「Pinnacle group」中獲得啟示，稱之為「尖閣列島」的。黑岩所說的「尖閣列島」包括釣魚島、尖頭諸嶼、黃尾嶼，其主要根據是來自於 1897 年日本海軍出版的海圖，並且，「尖頭諸嶼」是指南小島、北小島及數個拳頭一樣的小島，它不包括赤尾嶼。

恐怕黑岩在渡航到無人島之前，就釣魚島、黃尾嶼，一定讀過一些文獻及調查報告，諸如《英海軍水路志》、《日本海軍水路志》、《琉球國略史》，1885 年 9 月大城永保向沖繩縣廳所提交的報告《釣魚島》，還有同年 10 月由西表島到釣魚島進行調查的石浜兵吾的報告，及同年 11 月共同運輸公司出雲丸林鶴松艦長提交給沖繩縣廳的「釣魚島一島六礁」的報告。

黑岩在《尖閣列島探索記事》中有這樣的記載：「魚釣嶼」＝釣魚島也稱為釣魚臺，或許稱之為「和平山」，在海圖上標記為「Hoa pin su」。並且沖繩縣人所進行的本島探索歷史中來看，古來因「ヨコン」之名而被沖繩人所知。當時「久場島」這個名稱，是指釣魚島東北部的黃尾嶼，近年來，不知道什麼原因，將其顛倒，將黃尾嶼說成為「ヨコン」，將釣魚島說成是「久場島」，我不認為這是一種突然的改變。

黑岩恒是在宮島停留，在黃尾嶼進行調查之時，進行釣魚島探查的。他乘「永康丸」來釣魚島，進行了近兩天的短期探查。黑岩主要專注於地質的探查及動物標本的採集等地質上的事務。1902 年 12 月，臨時沖繩縣土地整理事務局，根據最初的實地測查製作了地圖。如果該圖就是《季刊沖繩》第五十六號第 96 頁所刊載的話，這是與黑岩恒探查記相符合的。黑岩恒的此次探查，給山脈、溪流等取了各自的名稱。釣魚島最高峰取名為「奈良原嶽」（沖繩縣知事奈良原繁的姓），將南小島的西岸，取名為「伊沢泊」（伊沢彌喜太的姓），南小島東部的岩命名為「新田立石」（黑岩的同事新田義尊的姓），北小島與釣魚島之間的水道，命名為「佐藤水道」（永康丸的佐藤和一郎船長的姓）。

特別是所謂的「尖閣列島」，即沖繩縣與福州間散在之無人島，是 1900

年黑岩恒因「地質學上的不便」自己所取的命名，這不是日本政府正式公開命名的，日本政府也從來沒有正式追認過。

（三）「尖閣列島」的島名

「尖閣列島」的島名完全沒有確定。1969 年 5 月在美國施政權下，根據石垣市長的命令，在釣魚島群島建立了標柱。其島名為「魚釣島、久場島、大正島、南小島、北小島、沖之南岩及飛瀨」。但這並不是日本政府公示的正式島名。這其中正式的名稱只有「大正島」。大正島在沖繩被稱為「久米赤島」，中國的島名叫「赤尾嶼」。1921 年 7 月 25 日第一次作為國有地設定了地籍，島名為「大正島」。赤尾嶼在中國古文書中被寫成「赤嶼」。釣魚島群島的地質構造的主體是由砂岩層的堆積岩構成，但「大正島」卻是水成岩構成的，基本沒有樹木，僅能有雜草生存，因其岩肌裸露，中國將之稱為「赤嶼」或「赤尾嶼」，琉球將之稱為「久米赤島」。「尖閣列島」的各島，並不是像硫黃島、沖大島等，是用敕令來命名島名的，所以，即使日本政府在釣魚島成為問題之時，也沒有將島群島各島正式命名來強調領有主張，還「尖閣列島」、「尖閣諸島」的沒有一貫性。中國主張釣魚島、黃尾嶼、赤尾嶼、南小島、北小島等的島嶼為中國的神聖領土，而在日本則為「尖閣列島」。只是 1972 年 5 月外務省情報文化局的小冊子《尖閣諸島》，才第一次提出島名。但這也不是正式的公布。

1978 年 10 月 25 日，出席東京記者招待會的中國副總理鄧小平，就釣魚島問題提問回答時稱：「我們稱『尖閣列島』為釣魚島，就這此島嶼我們之間的稱呼不同，雙方的看法也完全相反，但在實現中日邦交正常化之時，我們雙方都不要觸及這個問題。」（《北京週報》，1978 年第 43 號。）

當因石油資源釣魚島成為問題之時，研究中國石油的我首先產生的疑問，就是島名問題。這是個直接樸素的問題，進行調查研究之時，發現確實存在著重大的問題。

「シマ」這個字，有州、島、嶼等，而「礁」是潛在的岩。日本名中的「シマ」可以使用「島」這個字，但在日本沒有把嶼寫成「シマ」的。福建省、澎湖列島及臺灣省，叫「嶼」的島有 29 個，中國的古地圖中更多。但「尖閣列島」中有「黃尾嶼」，也有「赤尾嶼」，而且這個「黃尾嶼」、「赤尾嶼」在美國施政權下的琉球政府公文書中原封不動地被使用。1969 年 5 月 1 日的《美軍射擊演習地域及範圍》中，將之寫成為 Kjma Jima，Kobi Sho，

Sekibi Sho。另外，在 1969 年 12 月 23 日琉球政府農林局長提交給八重山地方長官的《爆炸演習》的通知中，其場所也說成為「以黃尾嶼為中心半徑一海里」。1970 年 4 月 4 日的通知中，也是將演習場說成為「黃尾嶼」。從 1970 年 7 月 7 日至 16 日之間，琉球政府建立了五個「不法入域防止警告板」，有兩個在釣魚列島的黃尾嶼及赤尾嶼，其建立後的覆命書的寄出地址就寫的是「黃尾嶼」、「赤尾嶼」。根據 1968 年美軍八重山群島的面積及人口調查，「Sekibi」、「Kobi」因為是無人島，所以沒有寫上面積。因為是無人島，這裡只是美軍用作射擊演習場。

為什麼沖繩的美軍包括琉球政府都使用黃尾嶼、赤尾嶼這樣的中國島名呢？

我認為原因十分簡單。戰後日本非正式向聯合國司令部提出的釣魚島群島，就是赤尾嶼、黃尾嶼、北島、南島及釣魚島，日本海軍水路部的海圖因此也使用赤尾嶼、黃尾嶼。

琉球政府所使用的公文書，其「尖閣列島」的島名也是「魚釣島、黃尾嶼、赤尾嶼、南小島及北小島」，這與中國所說的「釣魚島、黃尾嶼、赤尾嶼、南小島及北小島」，只有「魚釣島」與「釣魚島」是不一樣的。中國語中，釣魚就是日語的「魚を釣る」。在岩波新書中，登載有西園寺公一所著的《釣魚迷》，此人是釣魚狂，在這裡是「熱中釣魚」的意思。我認為，把中國語的「釣魚島」說成「魚釣島」是至極當然的。

「尖閣列島」除了這五個島嶼之外，還有沖之北岩、沖之南岩及飛瀨。它們就像米粒大小的岩礁，難於清楚其面積，也沒有測量過。這些礁岩有日本水路志裏出現，最早是在 1919 年，以前沒有。

那麼沖繩人是怎麼樣稱呼他們的？

根據牧野清的《尖閣列島小史》的記載，不論古老的八重山人，還是現在，都將釣魚島稱為「イーグンクバジマ」。「イーグン」就是釣魚島，「クバジマ」就是「久場島」。「イーグン」就是釣魚時用的魚叉，我想可能是從島的形狀而來。「クバジマ」是因為蒲葵（クバ）生長茂盛，所以才取的這個名子。

但奧原敏雄教授則認為：「釣魚臺與黃尾嶼古來就被稱為『ユクン・クバジマ』。『ユクン』就是魚島的意思，因為魚釣島當時為日中兩國的好漁場。」（《尖閣列島》，《沖縄タイムス》，1970 年 9 月 3 日號。）

藤田元春認為「ユクン」是「ユーク（琉球）的」略語，也就是「琉球的クバ島」的意思。

在沖繩蒲葵（クバ）不是單純的樹木，是與宗教信仰有關的樹木。而且宗教信仰起著社會生活的規範作用。還有，在日常生活中，蒲葵的葉子也是經常被使用，諸如團扇、笠、弔桶、席子及蒸鍋中的墊布等。蒲葵的纖維，還可以用作繩索、刷子及「サバニ」船的帆。而且飢餓之時，也可以吃蒲葵嫩芽，它的纖維是古代琉球衣服的主要原料。

那麼與那國的人們怎麼樣稱呼「尖閣列島」？

他們稱之為「北國」。沖繩方言中，北為「nisi」。西稱之為「iri」，南稱之為「hwee」，東稱之為「agari」。與那國的漁夫或許因為捕魚曾經漂流到釣魚島。石垣市來的村吏說，在石垣的與那國的人們，不知道將「尖閣列島」叫「イーグンクバジマ」。從與那國到臺灣有 72 公里，是沖繩最邊上的島。1893 年 8 月，青森縣士族笹森儀助去與那國探險，那時的人家有 381 戶，人口有 2120 人。

筆者曾向石垣的人問，在琉球是不是稱之為北小島。那個人詫異地回答是「北小島」（キタコジマ）。如果是這樣，被稱為「北小島」，可能是在琉球被強行廢藩置縣後，從日本來的學者或工作人員，及探險以後的事情。1900 年黑岩恒在《尖閣列島探索記事》中，也稱之「南小島」、「北小島」。在沖繩的人中間，通常是寫成「シマグワー」。「北小島」寫成為「ニシ・シマ・グワー（nisi sima gwaa）」。グワー（gwaa）在接尾語中就是「小」的意思。

沖繩出身的著名歷史學者東恩納寬惇（1882～1963）在他的著書《概說沖繩史》中，強調了在主權問題上島名的重要性。1879 年明治政府以武力為背景進行琉球處分之時，琉球王對有朝貢冊封關係的中國求助。因此何如璋駐日公使為了幫助琉球，主張琉球為中國的。東恩納寬惇對於這種主張，以「島名」來進行反駁。

東恩納認為所謂的「おきなわ」，就是「沖之島」的意思。這是從九州南端開始的按次序「口之島」、「沖之島」、「先之島」這樣排下來的，最南端的為「波照間島」，這是基本沖的走向（永良部）及系列而命名的。並且，這些名子都是日本名而不是中國名。

沖繩的各島都是以「沖」命名，諸如伊江島、水納島、瀨底島、與那國島、西表島、來間島及久高島，這些都是日本名。可是「尖閣列島」中，「沖的北岩」、「沖的南岩」及「飛瀨」為日本名，這是由 1915 年海軍水路測量班，給粟米粒大的岩礁所起的名稱（《日本水路志》1919 年刊），所以，東恩納所說的，是另外的問題。

那麼「黃尾嶼」、「赤尾嶼」是日本名，還是中國名呢？這此島嶼固有的名稱明確為中國名。它與臺灣省附屬之花瓶嶼、棉花嶼、彭佳嶼處於相連的位置上。1895 年 6 月 10 日古賀辰四郎向政府提出的《官有地拝借願書》中，提出借用「久場島（黃尾嶼）」全島，看其照片上古賀在「久場島」所立的標柱為「黃尾島古賀開墾」。古賀一定認為「久場島」為沖繩子人的島名，島有固有名稱為「黃尾」。琉球政府的公文書中也使用「黃尾嶼」、「赤尾嶼」的島名，不也是因為認定其為固有之島名嗎？！

特別是在日本政府主張「尖閣列島」的領有權後，沒有確定構成群島的各個島嶼的島名。這是非常奇怪的。但仔細考慮就沒有什麼奇怪的了。自認為自己為東洋『俾斯麥』的明治軍國主義頭目伊藤博文總理，在日清戰爭大勝的前題下，連澎湖列島到臺灣全部都據有了，當然不需要確定「尖閣列島」這樣看不上眼的小島的島名。

1945 年接受「波茨坦公告」向聯合國軍隊無條件投降的大日本帝國，更是沒有任何的想法。也沒有想到「尖閣列島」會在 1960 年因石油的發現而成為大的問題。

釣魚島群島各島的稱呼：

中國的島名	釣魚島	黃尾嶼	赤尾嶼	南小島	北小島			
黑岩恒《尖閣列島探索記事》1900 年	釣魚嶼	黃尾嶼		南小島	北小島			
臺灣《南西諸島水路志》1941 年	釣魚島	黃尾嶼	赤尾嶼	南小島	北小島	沖之北岩	沖之南岩	
石垣市尖閣群島標柱 1969 年	魚釣島	久場島	大正島	南小島	北小島	沖之北岩	沖之南岩	飛瀨
沖繩美國民政府	Uotsuri	Kobi Sho or Kuba-Shima	Sekibi Sho or Akalji ma or aisho Jima	Minami-Koshi ma	Kita-Koshi ma			
美國施政下的琉球政府	魚釣島	黃尾嶼	赤尾嶼	南小島	北小島	沖之北岩	沖之南岩	

內閣沖繩北方對策廳	魚釣島	黃尾嶼	赤尾嶼						
明治政府	魚釣島	久場島	久米赤島						
沖繩返還協定了解覺書		黃尾嶼射擊演習場	赤尾嶼射擊演習場						
現在日本政府	尖閣列島或者尖閣諸島								

二、高橋莊五郎認為釣魚島等島嶼自古以來就是中國的領土

日本首相佐藤榮作強行在日本國會通過沖繩返還協定過程中，狂妄地叫囂中國的釣魚島等島嶼是日本領土，這是日本軍國主義和美帝國主義互相勾結，共同吞併中國領土的陰謀。

據共同通信報導，佐藤在 11 月 9 日的參議院預算委員會上，聲稱「尖閣列島（譯注—即中國的釣魚島等島嶼，以下同）作為琉球列島的一部分，是美國施政權下的地區，按照此次協定明確寫明返還日本」。同時，日本的外相福田赳夫也宣稱：「這個列島是日本的領土」、「當然也包括它的防衛問題」。

（一）歷史事實無法改變

釣魚島等島嶼自古就是中國領土本來沒有絲毫懷疑的餘地，佐藤的做法雖然無理，但是卻引起了很大喧囂，更早地暴露了日本反動政府奪去中國釣魚島的侵略野心。絲毫改變不了歷史事實。

中國明朝為了對抗倭寇的入侵、擾亂，1556 年，任命胡宗憲為討伐倭寇總督，擔負討伐沿海各省倭寇的軍事責任。釣魚島、黃尾嶼、赤尾嶼等島嶼，當時包含在中國海上防衛的範圍。在中國明、清兩王朝派遣琉球使者的記錄和地志中，這些島嶼屬於中國，中國和琉球的境界是赤尾嶼和古米島，即現在的和久米島間地域之證據更加具體明確。

1879 年中國清朝的北洋大臣李鴻章和日本就琉球問題歸屬交涉時，中日雙方都承認琉球由三十六個島嶼組成，釣魚島等島嶼完全不在此範圍內。釣魚島等島嶼屬於中國數百年後，日本才在 1884 年發現這些島嶼。當時日本政府雖然侵略、吞併的野心膨脹，但是最後還是沒有馬上伸出黑手，直至 1895

年，甲午戰爭中國失敗跡象明顯之時，才竊取了這些島嶼。隨後，日本政府強迫清朝政府簽訂馬關條約，將臺灣及其所有附屬島嶼，割讓給日本國。

以上所述的若干歷史事實充分證明，釣魚島等島嶼自古就是中國領土，是附屬於中國臺灣的領土。所謂的尖閣列島屬於琉球一部分的謬論，只是暴露了日本反動派的野心而已。

（二）美日反動派的無用的舉動

基於美國返還沖繩協定，將其所佔領的中國領土釣魚島等島嶼納入到返還區域中，極其荒謬。第二次世界大戰後，日本帝國主義將臺灣及澎湖島返還給中國。但是，附屬於臺灣的釣魚島等島嶼卻被日本轉讓給美國佔領。這本來就是違法的。第二次世界大戰後，美國佔領了日本的沖繩。他們全面地無條件地將釣魚島歸還給日本是理所當然的事情。他們沒有將違法佔領的中國領土釣魚島等島嶼納入到返還區域的權利。

佐藤政府為了要將這些島嶼據為己有，除了歪曲歷史事實，強調強盜邏輯之外，為了製作領有這些島嶼的既成事實，採取了各種各樣的陰謀活動。1970 年 7 月，一艘琉球沿岸的巡視艇（筆者注一五〇噸的傭船第三白洋丸）駛向釣魚島等島嶼方向，非法設立了表示屬於琉球的標誌（筆者注：用日、中、英文表示的警告版，上寫：琉球列島以外的居民進入需要通告）。同年 11 月，日本反動派和蔣介石一夥沆瀣一氣，採取將這些島嶼的領有權擱置，先共同開發的伎倆，試圖掠奪這些島嶼附近的海底石油資源。

1971 年以來，隨著沖繩返還協定的簽字，佐藤政府再三聲稱釣魚島等島嶼是日本領土，從美國返還沖繩施政權之時，就揚言武力守衛釣魚島，公然決定將釣魚島等島嶼納入到日本的防空識別圈中。這表明日本軍國主義試圖再次非法武力佔領中國領土。

美日反動派對中國領土釣魚島所做的一切，再一次雄辯地表明，返還沖繩協定是大欺詐，繼承美帝國主義非法佔領沖繩、不僅使日本全部沖繩化，還鼓勵日本軍國主義的對外侵略、擴張，並加以支持。

中國人民堅決支持日本人民迅速、全面地、無條件返還沖繩的要求，絕不容許日本軍國主義乘機侵略、吞併中國領土，不允許美日反動派乘機離間中日兩國人民，中國人民一定要解放臺灣。中國人民一定要收回釣魚島等臺灣附屬島嶼。美日反動派無論玩弄什麼手段，都是徒勞的。

1969 年 11 月，佐藤與尼克松的會見時，雖說協商建設美軍軍事基地，表面上無核返還，美國返還的只是施政權，但沖繩美軍基地卻依然被他們使用。在共同聲明中強調，臺灣的安全對於日本來說是極為重要的要素，另外，朝鮮對日本的安全也極為重要。這份聲明讓中國、朝鮮及亞洲各國對日本的軍國主義復活產生了嚴重擔心。中國發出了日本軍國主義復活的警告。

哈利狄（Jon Hallidae）和麥庫・馬克（Gavan McCormack）著的《日本的衝擊》（實業日本社刊，一九七三年，原著 Japanese Imperialism Todae。）一書，用帝國主義概念考查先進資本主義各國的資本家為了政治、經濟利益，滲入第三世界的政治、經濟、社會、文化全過程。這本書的激進的作者們的目的在於，明確如何地、在何種程度上再現出來無法維持從軍事上統治亞洲的日本資本家們的嘗試。在此書中，提出了作為寶貝的釣魚島的「尖閣列島」周邊、臺灣海峽的石油問題。1971 年 10 月發表的日本政府資源白皮書中，公開言：「儘管投入了大約 2 億 2000 萬美元，制定了二十一個開發計劃，其中，現在進行商業開發的公司僅有一個阿拉伯石油公司」。日本對黃海和東中國海的石油、釣魚島的石油，非同尋常的關心，但是，1970 年 12 月，中國發表了新華社電，明確表明完全掌握釣魚島所發生的一切，絕不默認這種情況的決心。

三、高橋莊五郎從地圖的角度看釣魚列島的歸屬

高橋莊五郎還從地圖的角度，來探討日本「無主地先占」理論的缺陷。既然外務省主張釣魚島為「無主先占」，那麼日本並沒有就釣魚列島的各個島嶼的島名進行公式化的確定，即使在沖繩返還協定的附屬文件中，仍然還是使用中國所命名的島名。既然主張是無主地，就應當當時公開地確定島名，在地圖上也要明確標記。但現在我們所看到的卻不是這樣的，下表為昭和以來出版的地圖，很多沒有標注釣魚島。

日本地圖記載「釣魚列島」的實際情況表：

地圖書名	發 行 者	出版年月日	著 者 等	
1. 大日本読史地図	（合）冨山房	昭和 10.6.20	故吉田東伍他	無
2. 東洋読史地図	（合）冨山房	昭和 18.4.24	�内亙他	無
3. 日本歴史地図	全國教育図書（株）	昭和 31.10.25	全國教育図書（株）	無
4. 標準世界地図	人文社	昭和 37.4.30	全國教育図書（株）	無

5. NEWWORLDATLAS	全國教育図書（株）	昭和 39.2.1	全國教育図書（株）	有
6. 社會科中學生の地図	（株）日本書院	昭和 37.2.8	田中啟爾	無
7. 高等地図	（株）日本書院	昭和 37.4.20	田中啟爾	無
8. 高等地図	（株）日本書院	昭和 38.2.8	田中啟爾	無
9. 最新高等地図	（株）日本書院	昭和 39.2.8	田中啟爾	無
10. 最新高等地図	（株）日本書院	昭和 44.1.15	田中啟爾	無
11. 新詳高等地図	（株）帝國書院	昭和 32.12.15	帝國書院編集部	無
12. 新詳高等地図	（株）帝國書院	昭和 37.1.20	帝國書院編集部	無
13. 中學校社會科地図	（株）帝國書院	昭和 42.3.25	帝國書院編集部	有
14. 高等地図張	（株）二宮書店	昭和 41.1.15	青野壽郎他	無
15. 高等地図張	（株）二宮書店	昭和 45.1.20	青野壽郎他	無
16. 高等地図張	（株）二宮書店	昭和 47.4.10	青野壽郎他	有
17. 世界原色大百科事典	小學館	昭和 42.7.10		無
18. ジャポニカ	小學館	昭和 42.7.10		有
19. 社會科中等地図	（株）三省堂	昭和 38.1.15	三省堂編集所	有
20. リーダースダイジェスト最新世界大地図	日本リーダースダイジェスト社	昭和 40.3.1		有
21. 新日本分県地図	（株）國際地學協會	昭和 45.10.1	（株）國際地學協會	有

注：出版年為昭和、有無是指釣魚列島記載的有無。

四、高橋莊五郎認為「古賀辰四郎發現釣魚島」之說完全錯誤

高橋莊五郎還就釣魚島的發現者進行了探討：

沖繩的人們說釣魚列島是由古賀辰四郎發現的，這僅僅是一種傳說，完全是錯誤的。根據甲午戰爭結束之時《熊本日日新聞》的報導，伊沢彌喜太郎發現了鳥島（釣魚列島），這也是錯誤的想法。與其說是發現，還不如說是他們第一次看到釣魚島，這個錯誤，已經被歷史所證明。

無論是古賀還是伊澤，即使是八重山古老的傳說中，去所謂叫「イーグン・クバ島」（釣列群島）之時，這個群島的各個島名，也都是使用中國人命

名的島名。而且，這些島名在中國及琉球的古文書中，都非常清楚地記載著。標有 1885 年 9 月 22 日的日期沖繩縣令西村舍三提交給外務卿的文書當中，也使用「釣魚臺、黃色嶼、赤色嶼」的島名。

1372 年明太祖給琉球的中山王察度招書之時，琉球的北山、中山、南山三王就開始嚮明朝納貢。1402 年中山王統一了三山，1404 年明太祖的冊封使來琉球。釣魚列島位於琉球與中國頻繁往來的交通道路上，另外十五世紀以來，琉球似乎就與東南亞的菲律賓、泰國、馬來西亞、越南、蘇丹、蘇門答臘、爪哇島、滇緬等地有著廣泛的貿易，釣魚島周圍，就如同海上繁華的「銀座」。從福州到那霸所有的船隻，南方諸島的貿易船，也必須要經過「釣魚島—黃尾嶼—赤尾嶼」這個從久米島到那霸的航路，釣魚列島是這樣被廣泛悉知的。特別是從琉球到中國的船，全部都必須到福州，因為在福州有「琉球館」。琉球王朝也因貿易而繁榮。根據沖繩記錄：「從琉球到南方的貿易船，『暹羅』船最多，連同『五八船』，合起來大概有 104 艘，實際上可能達到 150 艘左右。」(《日本文化地理》，講談社，第十七卷。)

琉球對中國極盡禮數，中國也認為琉球為守禮之國。琉球向中國朝貢，中國冊封琉球王。薩摩藩的島津義久，想要擁有琉球對中國貿易的利權，步豐臣秀吉的後塵，從德川家康重新獲得了「征伐琉球」的許可，1609 年對琉球進行了征討，將琉球置於「附庸國」之地位，收奪了琉中貿易之利益。

不僅如此，島津還收奪了琉球的物產。薩摩藩要求琉球，年貢米 9000 多石、芭蕉布 3000 多反、琉球上布 60 反、下布 10000 反，唐苧 13000 斤、「い草のむしろ」38000 枚，「しゆろ縄」100 方。八重山的上布，是非常漂亮的傳統的布。女人們將麻纖維紡成線，再進行染製，夜晚在專門設立的「番所」中，在役人的監督下，進行紡制。白天與男人同樣在地裏勞動的女人們，即使夜晚，也不能休息。一個晚上只能織出一尺。美麗的八重山布，織入了女人們的怨恨。這是平凡社出版的《日本殘酷物語》中所記載的。

……

琉球的稅制並不是統一的，稅也可以以物來代替。特別是宮古及八重山的農民，被人頭稅及名子制度所束縛，過著苦難的生活。所以，對被生活所迫人們來說，對「尖閣列島」完全處在其關心之外。雖說古賀辰四郎發現了釣魚島，也不會有什麼興趣，因為與他們的日常生活沒有任何關係，即使沒有釣魚島，他們也可以生活。

第六章　村田忠禧教授主張釣魚島為中國的固有領土

2004 年 6 月，正當日本政府制定所謂「西南島嶼有事」對策之時，日本僑報社出版了橫濱國立大學教授村田忠禧《如何看待尖閣列島・釣魚島》的小冊子，對日本對釣魚諸島主權的主張提出了強烈的異議。村田忠禧《如何看待尖閣列島・釣魚島》觀點如下：

一、尖閣列島的島嶼是屬於中國的

村田教授經大量搜集及進行認真的史料研究，得出如下幾點認識：

第一，釣魚島群島不是「無主地」。明代以來各種各樣的中國地圖和文獻都把釣魚島、黃尾嶼、赤尾嶼標注在中國的版圖內。1562 年，明朝的胡宗憲、鄭若曾編纂的《籌海圖編》卷一收錄的《福建沿海山沙圖》、卷二收錄的《福建駛往日本針路（梅花東外山至大琉球那霸）海圖》均將釣魚島群島標在中國版圖內。與此相同的還有施永圖編纂的（武備秘書）卷二中收錄的《福建海防圖》（此書編纂於 1621 年～1628 年）。

第二、琉球國資料所記載的領土範圍不包括釣魚島群島。1701～1724 年，蔡鐸及其子蔡溫編修了琉球國史《中山世譜》，明確記載了琉球的領土範圍由 3 府 5 州 34 郡、另有 36 島組成。3 府即中山府、山南府、山北府。34 郡為中山府 5 州 10 郡、山南府 15 郡、山北府 9 郡，此即「明以來，中華人所稱琉球三山三十六島者也」。而琉球 36 個屬島並不包括有釣魚島。

第三、明、清王朝冊封使多有關於釣魚島群島的記述。日本明治維新前，琉球是一個獨立的國家，分別得到中國明、清王朝的冊封。在新的琉球中山王登基之時，都要舉行中國皇帝的冊封儀式，只有這樣才能表明他的正統性。明、清王朝先後向琉球派出過24次冊封使。這些冊封使回國後都要將經過及琉球的情況寫出奏章，向皇帝報告。例如，1534年的冊封使陳侃在奏章中寫道：「過平嘉山，過釣魚嶼，過黃毛嶼，過赤嶼，目不暇接，一晝夜兼三日之路。夷舟帆小，不能相及矣，在後。十一日夕，見古米山（即今久米島），乃屬琉球者。夷人鼓舞於舟，喜達於家。」這裡值得注意的有兩點，一點是明確記載了釣魚島群島的名字，另一點是與陳侃同行的「夷舟」上的人認為看到了久米島，就認為進入了琉球國的境內，所以特別高興。

歷史史實證明，從明代到清代中國的冊封使前往琉球之際，均以釣魚島群島作為航道上的標記，過了釣魚島群島，越過赤尾嶼與久米島之間的海溝，才開始進人琉球。中國明白這一點，琉球也明白這一點。

二、日本借甲午戰爭勝利趁火打劫

村田教授認為，被日本稱為尖閣列島的島嶼並不屬於琉球。日本佔有這些島嶼是1895年借甲午戰爭勝利之際進行的趁火打劫行為，決不是堂堂正正的行為。

其一、日本史料所記載的琉球領土也不包括釣魚島群島。1768年，日本學者林子平在其所編著的《三國通覽圖說》一書中，收錄了一張「琉球三省併三十六島之圖」，把琉球、日本、中國及臺灣分別著色標示，在圖中繪有的釣魚島群島的著色上，完全與中國的福建、浙江為同一顏色。日本德川幕府在統一全日本後，於1644年至1647年間繪製了一幅全國地圖。這幅圖中的琉球國地圖由奄美諸島、沖繩本島、先島諸島3張組成。在先島諸島地圖中，連位於先島諸島的宮古島北邊的珊瑚礁都清楚地標了出來，其中不包括釣魚島群島。這是當時琉球、日本和中國的共同認識。

其二、日本明治政府不同意在釣魚島群島建立航標。1871年，日本明治政府廢藩置縣，確立中央集權的國家體制。琉球國1609年遭日本島津藩的進攻，開始從屬於中國變為屬於中國和日本。日本推行中央集權體制後，琉球直接由明治政府領屬，但同時明治政府仍承認清朝對琉球的領屬關係。1880年，日本提出與清朝分割琉球的「分島、改約」問題。方案建議將宮古、八重山列島歸清朝，沖繩以北諸島則歸日本。清朝未接受此方案。

1885 年 9 月，沖繩縣知事根據日本內務省的命令，「調查沖繩縣與清國福州間散在的無人島」，以在上面建立航標。西村舍三知事在調查後的報告中提出：釣魚島群島業經中國人分別予以命名，「如踏查後建立航標，恐有問題」。時任日本內務大臣的山縣有朋也認為，在釣魚島群島建立航標，「以目下之形勢，似非合宜。」

1890 年、1893 年沖繩縣知事又提出將釣魚諸島置於自己管轄範圍的要求，都被明治政府擱置起來。日本明治政府之所以一再否決在釣魚島群島建立航標，原因主要在於不摸清朝實力的底，不想為這幾個本屬於中國的小島引起外交紛爭。

事實上，日本在通過戰爭「領有」釣魚島群島後，完全忘記了在那裡設置航標的事情。日本人真正在該島建立燈塔，是在 1978 年由右翼團體青年社所為。

其三、日本乘甲午戰爭勝利趁火打劫侵佔臺灣和釣魚島群島。1894 年，日本挑起甲午戰爭。清朝政府戰敗。戰中，日本大本營對於進攻中國的目標發生分岐，一種意見主張直接進攻北京，一種意見主張先鞏固佔領地區，爾後再作打算。日本首相伊藤博文列席大本營會議，建議陸軍以少量部隊扼守已佔領的地區，以主力協助海軍攻取威海，消滅北洋艦隊，打開向天津、北京進攻的道路，另一方面出兵佔領臺灣。大本營採納了他的意見。1895 年 3 月，日本聯合艦隊攻佔澎湖。清政府不得不與日本訂立城下之盟，把臺灣割讓給日本。關於釣魚島群島問題，當時日本政府《關於尖閣列島領有權的基本見解》是這樣說的：1885 年以來，政府通過沖繩縣地方當局對尖閣列島以各種方式進行再三調查，確認那裡不僅是無人之島，而且沒有任何清國的管轄痕跡。在對此予以慎重確認的基礎上，1895 年 1 月 14 日的內閣會議決定於島上建立航標，以正式編入我國領土。

村田教授認為，盛氣凌人的明治政府認為對臺灣和沖繩縣之間的釣魚諸島，無須實行軍事佔領，只要宣布歸沖繩管轄，建一個航標就可以了。日本政府這種主張很明顯是不成立了。村田還指出，琉球的歸屬是明治政府與清政府之間一直未解決的問題，但既然甲午戰爭日本佔領了臺灣，「所以琉球問題也就隨之解決了」。

三、領土問題成為激發狹隘民族主義的口實

村田教授指出，現在，在日本國會審議中，尖閣列島或釣魚島群島的名詞不斷出現。出最多的是 1978 年，達 91 次之多。20 世紀 90 年代後半期至 2001 年，6 年間年均出現 26 次。日本國會審議之所以屢屢涉及釣魚島群島，「是利用尖閣列島問題強調中國的軍事威脅」。

2004 年 2 月，美國副國務卿理查德．阿米蒂奇在日本記者俱樂部會見記者時說：由於有「舊美安全保障條約」，所以當日本施政下的領域一旦受到攻擊，美國將視為對其自身的攻擊。這句話在日本和美國均引起輿論的關注，被稱為「阿米蒂奇原則」

這句話之所以引起關注，其原因，一是在於他使用了「日本施政下的領域」。這一概念，其中的奧妙之處就是包括了釣魚島群島；二是在於這句話是對「過去美國政府在這一問題上的暖昧態度的修正」。例如，克林頓政府就明確表示對尖閣列島不承擔「安全保障條約」所規定的防衛義務。村田教授強調，在釣魚島群島問題上不能受阿米蒂奇及其信徒的言論挑動。他反問道：「日本與中國為這些無人居住的小島發生爭執，究竟對誰有益？」

村田教授在他的文章結尾指出：「舊本和中國的國家關係還處於初級階段，為了達到高級階段，需要我們雙方不斷努力。」

具體文章如下：

尖閣列島．釣魚島爭議——對 21 世紀人們智慧的考驗

村田忠禧

一、前　言

在討論尖閣列島．釣魚島這一存在於日本與中國間的領土問題時，我想有必要先溫習開拓 20 世紀歷史的優秀先輩們在處理這一問題時的智慧。具體舉出以下幾點：

首先，應向日中邦交正常化時周恩來總理的對處方式學習。1972 年 7 月 28 日，在同當時公明黨委員長竹入義勝會談之際，他指出「不必觸及尖閣列島問題。與邦交正常化相比，這不是問題。」〔註 1〕最近，公布了竹入筆記中

〔註 1〕關於日中邦交正常化問題周恩來總理與竹入公明黨委員長會談紀要《朝日新聞》1980 年 5 月 23 日，（竹入筆記）《日中關係基本資料集 1949 年～1997

關於這一會談記錄更詳細的內容，其中談到：「不必觸及尖閣列島問題。到現在為止，竹入先生是不是也不關心呀？我也不關心。但是在那石油問題上，歷史學者認為是問題。日本的井上清先生很熱心。不要把那一問題看得那麼重」。〔註2〕

周恩來在這裡特意舉出當時京都大學教授井上清的名字，是在促對方瞭解他的研究成果，這是值得注意的。

其次要向鄧小平先生的處理方式學習。1978 年 10 月下旬，為交換日中和平友好條約的批准書，鄧小平副總理訪問日本。25 日在日本記者俱樂部會見各國記者的時候，記者團中有人針對尖閣列島問題提出質疑。鄧小平作了以下的回答：

> 尖閣列島我們叫做釣魚島，這個名字我們叫法不同，雙方有著不同的看法，實現日中邦交正常化之際，我們雙方約定不涉及這一問題。這次談中日和平友好條約的時候，雙方也約定不涉及這個問題。從中國人的智慧來看，現在只有考慮用這種辦法處理。因為一旦觸及了這個問題就說不清楚了。倒是有些人想在這個問題上挑些刺，來障礙中日關係的發展。我們認為兩國政府把這個問題避開是比較明智的。這樣的問題放一下不要緊，等十年也沒有關係。我們這一代人的智慧還不夠。我們這一代解決不了，但下一代比我們有智慧。那時也許可以找到大家都能接受的解決方法。〔註3〕

不論在日本與中國邦交正常化的時候，還是在接著締結和平友好條約的時候，中國方面都提出了不觸及這一問題的方案，日本方面同意，於是採取了最優先改善兩國關係與發展的方針。鄧小平談到的「我們這一代人的智慧還不夠。我們這一代解決不了，但下一代比我們有智慧。那時也許可以找到大家都能接受的解決方法」的話，已經過去了四分之一世紀，今天，我們生活在 21 世紀的人是不是有智慧了呢？是不是有了比周恩來和鄧小平等前輩們的見解和處理方法更聰明的辦法了呢？

年》，霞山會發行，第 414 頁。

〔註 2〕東京大學東洋文化研究所田中明彥研究室數據庫《世界與日本》中日中關係資料集 http://www.ioc.u-tokyo.ac.jp/~worldjpn/

〔註 3〕前引《日中關係基本資料集 1949 年～1997 年》，霞山會發行，第 527 頁。

二、歷史的事實如何

（一）最近的研究成果

前面提到的井上清的研究成果是指 1972 年 10 月在現代評論社發行的《「尖閣」列島——釣魚諸島的歷史的解明》，但是這個出版社已經不存在了。而第三書館在 1996 年 10 月刊行的《「尖閣」列島——釣魚諸島的歷史的解明》一書中只收錄了井上清先生的《釣魚諸島的歷史與所有權》一文，所以現在還可以利用。

無論在日本還是在中國，從這一島嶼的所有權問題發生以來，都在各自的立場上發表了許多的論文和著作。這些年來，新出版的著作中特別值得注意的有以下幾種。

中國方面

鞠德源著《日本國竊土源流　釣魚列嶼主權辯》上下冊　首都師範大學出版社 2001 年 5 月

這是一部詳細而且豐富地介紹了目前保存在日本與中國的史料、圖版的巨著，可以說是論述這一問題時是必須要閱讀的。

另外，作為國家圖書館的北京圖書館也編輯出版了所藏的有關琉球的檔案資料。即：

《國家圖書館藏琉球資料彙編》上中下冊，2000 年 10 月。

《國家圖書館藏琉球資料續編》上下冊，2002 年 10 月。

這是很重要的原始資料集。

日本方面

浦野起央編《釣魚島（尖閣諸島）問題　研究資料彙編》，刀水書房，2001 年 9 月。

浦野起央著《尖閣諸島・琉球・中國　日中關係史》，三和書籍，2002 年 12 月

這本書的作者在後記中表明這是他「與北京大學的研究者通過共同研討資料和共同研究的結果」，是「站在客觀的立場上敘述，不代表特定的意識形態講話」。確實，這本書大量地介紹了日本與中國方面關於這一問題的研究著作和論文，但是我發現其中的記述未必像作者說的那樣客觀。特別不可思議的是，作者聲稱與北京大學的研究者交流過，可是居然連一年前就在中國出版了的鞠德源的上述著作都全然沒有提到過。

另外，與領土問題沒有直接關係的中國福建省琉球列島交涉史研究調查委員會編《中國福建省・琉球列島交涉史研究》（第一書房，1995 年 2 月）是關於福建與琉球的交涉史的日中共同研究報告書。

（二）中國文獻中關於釣魚島的記載

關於這些島嶼的領有權問題的關鍵之一，在於是不是「無主地」的問題。

明代以來各種各樣的中國的地圖和文獻都把釣魚嶼、黃尾嶼、赤尾嶼標注在中國的版圖內。特別是明代為防備倭寇和海盜侵入，政府實施海禁，即禁止非官方貿易，發布了將福建、廣東的沿海一帶的居民強制性地遷移到內陸的「遷界令」，對沿海的海防相當注意。〔註 4〕確保沿海的安全是國家的重要的任務，在應當保衛的沿海島嶼中，也包括釣魚嶼、黃尾嶼、赤尾嶼。關於這一點已經有許多研究者指出了。具體的例證如 1562 年，明代的胡宗憲、鄭若曾編纂的《籌海圖編》卷一收錄的《福建沿海山沙圖》和卷二收錄的《福建使往日本針路（梅花東外山至大琉球那霸）》。這兩幅圖在前述鞠德源著《日本國竊土源流　釣魚列嶼主權辯》的下冊中收錄了，為圖 5 和圖 6。與此相同的還有施永圖編纂的《武備秘書》卷二中有《福建海防圖》（1621 年～1628 年），在鞠德源的著作中收錄為圖 10。

琉球在日本明治維新後作為沖繩縣由明治政府管轄，而在此之前是獨立國，分別得到明、清王朝的冊封。在新的琉球中山王就任之際，都舉行中國皇帝的冊封儀式。只有這樣才能表明他的正統性，這是不可缺少的儀式。明、清王朝向琉球共派出過 24 回冊封使，這些冊封使都要將派遣的經過和琉球的現狀寫成《使琉球錄》等報告向皇帝提出。冊封使從當時與琉球間唯一窗口的福建省福州（最初為泉州）出發，前往琉球的那霸。當時的船是帆船，利用夏至前後的西南風在海上航行。釣魚嶼、黃尾嶼、赤尾嶼這些位於大陸架邊緣的一個個島嶼是保證安全航海的重要的目標，所以在《使琉球錄》中多次出現關於這些島嶼的記載。而在這些記載中，值得注意的是都認識到：過了赤尾嶼，就到了「古米山」（現在的久米島），開始進入了琉球的境內。

現存最早的報告是 1534 年作為冊封使訪問琉球的陳侃寫的，有如下記載：

> 過平嘉山，過釣魚嶼、過黃毛嶼、過赤嶼。目不暇接，一晝夜

〔註 4〕關於中國的海防政策參照盧建一著《閩臺海防研究》，方志出版社，2003 年 3 月出版。

> 兼三日之路。夷舟帆小，不能及，矣在後。十一日夕，見右〔古〕米山，乃屬琉球者。夷人歌舞於舟，喜達於家。夜行徹曉，風轉而東，進寸退尺，失其故處。又竟一日始至其山。有夷人駕船來問，夷通事與之語而去。〔註5〕

這裡值得注意的是，與冊封使陳侃的船同行的乘琉球船的琉球人們認為看到了古米山（久米島）就是回到故鄉了，所以特別高興，而久米島上有琉球的官員在等待著從中國來的使節。

1606年作為冊封使的夏子陽所寫的《琉球錄》中也說，看到久米島後，琉球人認為到家了而特別高興，久米島上的頭領出來迎接，奉獻了幾隻海螺。〔註6〕

徐葆光的《中山傳信錄》（1719年）（見《國家圖書館藏琉球資料彙編》中冊36頁）中在「姑米山」上注為「琉球西南方界上鎮山」，另外還記載「福州五虎門至琉球姑米山共四十更船」。很明顯，這是將久米島作為與琉球的分界。

周煌的《琉球國志略》（1756年）〔註7〕中描繪了一張《琉球國全圖》，清楚地畫了從琉球最南端的「由那姑呢」（與那國島）到最北端的「奇界」（喜界島）的各個島（本島及附屬《國家圖書館藏琉球資料彙編》的36島），西端是「姑米山」，而釣魚嶼、黃尾嶼、赤尾嶼等這些不屬於琉球的島嶼都沒有被畫進去。在介紹琉球地理的「輿地」部分，對「姑米山」的記載是：「由福州至國必針取此山為準」。（《國家圖書館藏琉球資料彙編》中冊838頁）。

記錄了1756年全魁、周煌的航程的潘相的《琉球入學見聞錄》（《國家圖書館藏琉球資料彙編》下冊361頁）中寫道：「十二日見赤洋（可能是赤尾嶼）。是夜過溝祭海。十三日，見姑米山。姑米人登山舉火為號。舟中亦舉火以應之。十四日，姑米頭目率小舟數十，牽挽至山西，下椗」。這裡記載了靠近久米島時琉球方面出迎的情況。

從這些事實看出，從明代到清代，中國的冊封使前往琉球之際，很清楚以釣魚嶼、黃尾嶼、赤尾嶼作為航道上的目標，琉球的領域是從久米島開始。越過存在於赤尾嶼與久米島之間的海溝，就開始進入琉球了。對此，中國方

〔註5〕陳侃：《使琉球錄》，《國家圖書館藏琉球資料彙編》上冊，27頁。
〔註6〕夏子陽：《琉球錄》，《國家圖書館藏琉球資料彙編》上冊，425頁。
〔註7〕周煌：《琉球國志略》，《國家圖書館藏琉球資料彙編》中冊，644～645頁。

面和琉球方面都是很清楚的。

（三）琉球方面資料所記載的琉球範圍

作為記載歷代琉球國王治世的歷史書，蔡鐸 1701 年編纂，由其子蔡溫 1724 年改訂的《中山世譜》中明確記載了琉球的範圍。據其記載，琉球本島由三府五州十五郡（應為 25 郡）組成，所謂三府是中頭的中山府五州十郡，島尾的山南府十五郡，國頭的山北府九郡，另外有 36 島。即「明以來，中華人所稱琉球三山六六島者也」。〔註 8〕

（四）日本方面資料所記載的琉球範圍

眾所周知，1768 年，林子平在其《三國通覽圖說》（這裡的三國指蝦夷地、朝鮮、琉球）中收錄了一張《琉球三省併三十六島之圖》，其中把琉球與日本、中國，以及臺灣分別著色表示。在圖中繪有釣魚臺、黃尾山、赤尾山，但與福建、浙江是同一種顏色。

德川幕府在統一全國後，於正保年間（1644 年～1647 年）命令各藩以六寸為一里的比例尺繪製各地地圖以製作全國地圖。作為薩摩藩的島津私家文書保存下來的薩摩國地圖和琉球國地圖保管在東京大學史料編纂所中。東京大學史料編纂所史料集發刊 100 週年的紀念活動時，2001 年 12 月在東京國立博物館中公開展覽了這一地圖的原尺寸臨摹品。琉球國地圖由奄美諸島、沖繩本島、先島諸島三張組成，都是邊長 3 米到 6 六米的巨大的手繪圖。這幅地圖連位於先島諸島的宮古島北邊的珊瑚礁都清晰地畫了出來，因此不能不感歎當時測量的精度。1609 年島津藩進攻琉球以來，琉球國開始從屬於中國與日本兩國，琉球國與清國的境界不能不清晰。這一繪圖描寫的無疑是當時琉球及附屬的 36 島。〔註 9〕

屬於琉球的島嶼是 36 個，而其中不包括釣魚嶼、黃尾嶼、赤尾嶼，這是當時琉球、中國和日本共同的認識。從地理的角度看也是十分容易理解的。釣魚嶼、黃尾嶼、赤尾嶼都位於大陸架的邊緣，周圍是 200 米以下的淺海。而再前往久米島開始的琉球各島，則必須通過一條深達 1000～2000 米的海溝，而且有黑潮。小船是很難渡過去的。而琉球本島與先島諸島間分布了許多島，由淺海相連，琉球的人們可以乘小船自由往來，所以能夠形成 36 島之

〔註 8〕蔡溫：《中山世譜》，《國家圖書館藏琉球資料續編》下冊，19～20 頁。
〔註 9〕東京國立博物館，東京大學史料編纂所：《超越時間的故事》，2001 年。

間的網絡。當時西班牙的貿易商曾記載說：沿先島諸島前進的話，要「每天夜間可以到陸地睡覺」。儘管有這麼安全的航線，為什麼冊封使必須要沿釣魚嶼—黃尾嶼—赤尾嶼—久米島這一路線前往那霸呢？因為不是民間貿易，而是代表國家的使節，當然要求他們走正式的路線。而不會是別的原因。這說明當時的領海意識是明確的，所謂的「無主地論」是不成立的。

三、明治政府的公文所反映的日本領有的過程

1871 年 8 月 29 日，日本明治政府推行廢藩置縣，確立中央集權制的國家體制。本來與島津藩有領屬關係的琉球王國因此直接由明治政府領屬了。但是這時琉球國同清朝的原來的關係也被承認，所以保持了兩屬關係。

1871 年 11 月，發生了琉球的漁民漂流到臺灣被當地居民殺害的事件，明治政府以此為口實，在 1874 年 2～12 月出兵臺灣，向清朝索取了 50 萬兩的撫恤銀而告成功。

1875 年，明治政府斷絕了琉球王與清朝的朝貢、冊封關係，將琉球王遷到東京居住，到 1879 年 4 月則廢除了琉球藩，改為明治政府直接管轄的沖繩縣。

當然，清朝方面並未接受日本對琉球的合併，琉球內部也有抵抗的勢力。

1880 年，日本與清朝之間圍繞日清修好條規的追加條款問題進行聯絡，發生了日本與清朝之間分割琉球的「分島、改約」問題。日本方面提出宮古·八重山群島歸清朝，沖繩群島以北歸日本的方案。而清朝最終沒有接受，到 1880 年末，交涉破裂。於是，日本與清朝之間關於琉球的所屬問題一直沒有解決而遺留下來。

鴉片戰爭的失敗暴露了清朝的虛弱，因此列強像鬣狗撲向獵物一樣地不斷向中國進攻。1884 年 6 月法國在越南向清朝軍隊開戰，7 月法國艦隊進攻福州，10 月進攻臺灣的基隆，被劉銘傳擊退。法國軍隊在 1885 年 7 月從澎湖島撤退，中法戰爭終於結束。

清朝同法國打仗的同時，還必須處理日本正在支持在朝鮮的金玉均等開化派的甲申政變和福建的福州的不穩定的局面。在福州的琉球館有反對日本統治琉球的琉球人，他們能向清朝政府傳達日本在沖繩（琉球）的動向。1885 年 9 月 6 日的《申報》以「臺島警事」為題報導說：「謂臺灣東北邊之海島，近有日本人懸日本旗於其上，大有佔據之勢，未悉是何意見，姑錄之，以俟後聞」。這是在呼籲警惕日本在臺灣東北邊海島的動向。

日本內務省當時確實給沖繩縣令西村舍三發了一份內部命令：「調查沖繩縣與清國福州間散在之無人島」，其目的是要在上面建立國標。對此，沖繩縣令西村舍三在 1885 年 9 月 22 日提出了「久米赤島外二島調查報告」，其中稱：

「釣魚嶼、黃尾嶼、赤尾嶼各情形與中山傳信錄之記載相符，當無可懷疑。清國向中山王冊封之際使船均詳細掌握，分別給予名稱，以其作為前往琉球之航海目標。故此次與大東島相同，如踏查後直接建立國標，恐有問題」。這裡，對內務省的意向表示了擔心。

外務卿（井上馨）的意見反映在以下文件中：

1. 明治十八年（1885 年）沖繩縣久米赤島、久場島、魚釣島、國標建設之件

近來，清國報紙傳言我國政府欲佔領清國所屬臺灣地方之島嶼，呼籲清政府之注意。故在此之際，對此等小島我擬採取暫時不輕動，避免不必要紛爭之措施為宜。〔註 10〕

就是說，對於日本的企圖，清朝已經有所警惕。

而內務卿（山縣有朋）對此則有下述結論：

2. 於沖繩縣與清國福州之間散在無人之島嶼建設國標之件

秘第 128 號內，秘密呈報關於無人之島建設國標之事。沖繩縣與清國福州之間散在無人之島嶼調查，已如另紙呈報。然沖繩縣令申請建立國標事，涉及與清國間島嶼歸屬之交涉，宜趁雙方合適之時機。以目下之形勢，似非合宜。與外務卿商議致沖繩縣令。〔註 11〕

這裡提出時機「似非合宜」，但是如果劉銘傳不能擊退法軍，清國對臺灣統治的薄弱點暴露出來的話，日本在 1885 年左右建設國標是十分可能的。

後來在 1890 年 1 月 13 日、1893 年 11 月 2 日，沖繩縣知事又提出將釣魚島劃入自己管轄範圍的要求，都被明治政府擱置起來。但是，1894 年日本發動了甲午戰爭，到日本即將勝利的 1895 年 1 月 14 日，內閣會議做出了認可建立國標的決定。

井上清的論文《釣魚諸島的歷史與領有權》中介紹了明治 27 年（1894 年）

〔註 10〕外務省外交史料館，外務省記錄 1 門政治／4 類，國家及領域，1 項，亞細亞帝國版圖關係雜件。

〔註 11〕公文別錄・內務省・明治 15 年～明治 18 年・第四卷・明治 18 年 12 月 5 日。

12 月 27 日內務大臣野村靖給外務大臣陸奧宗光的秘密文書（《日本外交文書》，第 23 卷），這就是秘別第一三三號文書。但是在檢索附屬於日本國家檔案館（國家公文書館）「亞洲歷史資料中心」的網頁（http://www.jacar.go.jp）時，不知為什麼找不到 12 月 27 日的文書。在這裡介紹井上所引用的內容：

3. 秘別第一三三號

關於久場島、魚釣島上建立航標之情況，沖繩縣知事之呈報已如別紙甲號所述。明治 18 年與貴省曾有商議後致沖繩知事之指令，已如別紙乙號所述。而今與當年之情形已經不同，故已另行文向閣議提出申請，謹與貴省商議。

內務大臣子爵　野村　靖

外務大臣子爵　陸奧宗光殿〔註 12〕

現在我們從上述ＵＲＬ那裡看到的不是這一文書，而是另外向內閣會議提出被接受的 1895 年 1 月 12 日的文書，內容是：

4. 關於在沖繩縣下八重山群島之西北久場島、魚釣島上建立航標之事

秘別第一三三號　關於航標建設之件　沖繩縣下八重山群島之西北久場島、魚釣島向為無人之島，然近來有人嘗試至該處捕魚。故該縣知事擬對該處實施管理，申請將上述各島置於同縣管轄之下設立國標。因上述各島歸該縣管轄已被認可，故應允其建設航標。

呈請閣議。

於是，1 月 14 日，內閣會議決定建設航標。關於這一時期的情況，井上清先生以歷史學家的銳利的目光進行了分析，以下引用先生的一段長文。

> 1885 年左右，由於害怕清朝的抗議，外務省（對在釣魚諸島建設航標）提出了異議，因此山縣內務大臣的領有釣魚諸島的陰謀沒有得逞。1890 年對於沖繩縣的申請，政府也沒有給予回答。1893 年沖繩縣再度申請也被政府束之高閣。但為什麼後來內閣會議居然通過了建設航標的決議呢？其實，答案就在內務省給外務省的協議文中，因為裏面談到「如今與當年（明治 18 年外務省反對時候）之情形已經不同」。（中略）
>
> 1890 年也好，1893 年也好，政府都還沒有開始對清朝的戰爭。

〔註 12〕井上清著：《《「尖閣」列島——釣魚諸島的歷史的解明》》，現代評論社，115 頁，1972 年 10 月發行。

而 1894 年古賀提出願意開拓釣魚島的時候，不是在甲午戰爭前，就是在戰爭剛剛開始的時候，日本還沒有對清朝取得全面的勝利。而到了這一年的 12 月初，日本已經肯定取得了決定性的勝利，作為政府的講和條件的一項，日本決定向中國索取臺灣。這是與奪取釣魚島相關聯的「事情」，所以同以前的情況有決定性的不同了。〔中略〕

而在清朝方面，總理衙門的恭親王早在 10 月初就主張收拾敗局早些講和了。到 11 月初，作為抗戰派的北洋大臣李鴻章也主張早些講和了。

在這種情況下，從 11 月末開始到 12 月初，大陸開始了冬季的嚴寒，對中國採取什麼樣的戰略，在大本營中發生了分歧。一種意見主張乘勝追擊直抵北京，另一種意見主張冬季暫時收兵鞏固新佔領的地區，等待春天再度進攻。

這時的首相伊藤博文雖然是文官，但是根據天皇的命令列席由陸海軍人構成的大本營會議。12 月 4 日，他批判了上述關於冬季作戰的論爭，向大本營提出了自己的戰略意見。其要點是：

進攻北京的主張確實痛快，但不過是說說而已，不可實行。而留在剛剛佔領的新地方什麼也不做，是消耗士氣的愚蠢策略。現在日本應當做的是：必須以少量的部隊控制佔領地，以其他的主力部隊，由海軍給予協助，進攻扼守渤海灣的威海衛，全面消滅北洋艦隊，以保證將來向天津、北京進攻的道路，另一方面出兵佔領臺灣。即使佔領臺灣，英國等外國也決不能干涉。最近我國國內的輿論也高呼講和之際一定要中國割讓臺灣。為此，預先進行軍事佔領是最好的。（春畝公追頌會《伊藤博文傳》下）

大本營聽從了伊藤博文的意見。進攻威海衛的戰鬥從 1895 年 1 月下旬開始，2 月 13 日，以日本陸海軍的壓倒性的勝利而告終。在這期間，開始佔領臺灣的作戰準備，1895 年 3 月中旬，聯合艦隊繞過臺灣的南端進入澎湖列島，攻佔了那裡的各炮臺。接著以此為根據地進行進攻臺灣的準備。這時日清談判正在進行，由於已經確保清朝割讓臺灣了，聯合艦隊於 4 月 1 日向佐世保返航。〔註 13〕

〔註 13〕公文類聚・第十九編・明治 28 年・第二卷・政綱一・帝國議會・行政區・地方自治一（府縣會・市町村制一）（1895 年 1 月 12 日）。

對於天皇政府來說，這時是奪取釣魚諸島的極好的機會，政府和大本營的決定是根據首相伊藤博文的戰略，在決定佔領臺灣方針的同時做出的。1885 年的時候，政府害怕在釣魚諸島上公開樹立國標會引起清朝的疑惑乃至紛爭，而現在日本在釣魚諸島上樹立航標，清朝無力表示抗議。即使抗議也不過是形式上的事。政府已經決定進行佔領臺灣的作戰，講和之際肯定是要清朝把臺灣割讓出來的。盛氣淩人的明治政府認為對於臺灣和沖繩縣之間釣魚島那樣的小的無人島嶼都無需實行軍事佔領，只要宣布歸沖繩縣管轄，建立一個航標就可以了。」〔註 14〕

日本政府《關於尖閣列島的領有權的基本見解》是這樣說的：

> 1885 年以來，政府通過沖繩縣地方當局對尖閣列島以各種方式進行再三調查，確認那裡不僅是無人之島，而且沒有任何清國的管轄痕跡。在對此予以慎重確認的基礎上，1895 年 1 月 14 日的內閣會議上決定於島上建立航標，以正式編入我國領土。〔註 15〕

但是，從上面介紹的事實來看，日本政府的這種主張很明顯是不成立的。

關於沖繩（琉球）的歸屬，作為明治政府來說本來是沒有與清朝之間解決的問題。但是日本已經以佔領臺灣為目標了，所以通過 1894～1895 年的戰爭，將琉球的問題一併解決了。

四、被編入日本的領土之後

日本政府做出在「久場島魚釣島」建立航標的決定，目的不僅僅是佔領這些島嶼，而是其佔領臺灣和澎湖島的計劃的一部分。所以在下關條約上達到了佔領臺灣和澎湖島這一目的後，居然完全忘記了在久場島和魚釣島上建立航標的事。所以石垣市為表示地籍而建立標柱其實是在內閣會議的決定通過 74 年後的 1969 年 5 月 10 日。琉球政府對這些島嶼發布的領有宣言是在 1970 年 9 月 10 日。因為那時突然發現這一地域有出產石油的可能性，因此才主張對那一區域擁有領有權。

對這一點的反應，中國政府也有些相同。因為臺灣的回歸是最受關注的問題，所以開始對那些無人島嶼沒有表示關心。

《人民日報》1953 年 1 月 8 日在《琉球島人民反對美國佔領的鬥爭》中，

〔註 14〕井上清前引書，119～121 頁。

〔註 15〕《關於尖閣列島的領有權的基本見解》，http://www.mofa.go.jp/mofaj/area/senkaku/

把尖閣列島包括在琉球群島中。

「琉球群島散佈在我國臺灣東北和日本九州島西南之間的海面上，包括尖閣諸島、先島諸島、大東諸島、沖繩諸島、大島諸島、土噶喇諸島、大隅諸島等七組島嶼，每組都有許多大小島嶼，總計共有五十個以上有名稱的島嶼和四百多個無名小島，全部陸地面積為四千六百七十平方公里。」

同一時期日本的國會審議中，在政府方面的委員的自相矛盾的答辯中，也說日本方面並不關心這些無人島。〔註16〕

如1954年2月15日參議院水產委員會上，政府方面的說明員（立川宗保）在回答詢問時說：

關於名為「海路易」的演習場，我也不清楚在什麼地方，我想是在漁釣島（正確的應為魚釣島）吧！

1954年3月26日參議院大藏委員會的記錄中也有下列內容：

○成瀨幡治　是麼，是魚釣島吧。是里印島嗎？是在日本的領海裏，但是那裡是什麼樣？

○政府委員（伊關佑二郎）　那是不是成了行政協定的問題，我想說的是……是沖繩以南的地方吧。我對那裡一點也不清楚。」

那些地方當時在美國的統治下，所以儘管是本國的領土也只能做這樣的含糊的答覆。

在黃尾嶼、赤尾嶼建立了美軍的射擊場，1971年12月15日，在參議院本會議上，外務大臣福田糾夫還對此表示感謝：

有人質問允許美國軍隊在尖閣列島上建立射擊場？這個問題嘛，A表已經提供了美國軍隊射擊場的情況。但這正說明尖閣列島是我國的領土，作為完全的領土施政權這次歸還日本了。所以有美國軍隊的射擊場正是我國領土的證據。

如前所述，日本也好，中國（包括臺灣當局）也好，是在瞭解到這些島嶼的周邊海底有可能出產石油的情報後，開始強調自己的領有權。而在這之前，兩國間沒有圍繞領有權發生爭論。

兩國的地圖也很清楚地表明了上述情況。無論是中國（包括臺灣當局）的地圖把釣魚嶼、黃尾嶼、赤尾嶼明確地標在中國的領土內，還是日本文部省審定的地理教科書中用尖閣列島的名稱表示這些島嶼，都是1972年領土問

〔註16〕國會會議錄檢索系統 http://kokkai.ndl.go.jp/

題發生以後的事。

從這些處理方式來看，在「固有的領土」的主張上，日本政府和中國政府都有些不夠磊落。也是自然的。

五、領土問題成為激發狹隘民族主義的口實

目前，日本的國會的議事錄已經在因特網上公開了，所以我們坐在家中就可以讀到那些內容。

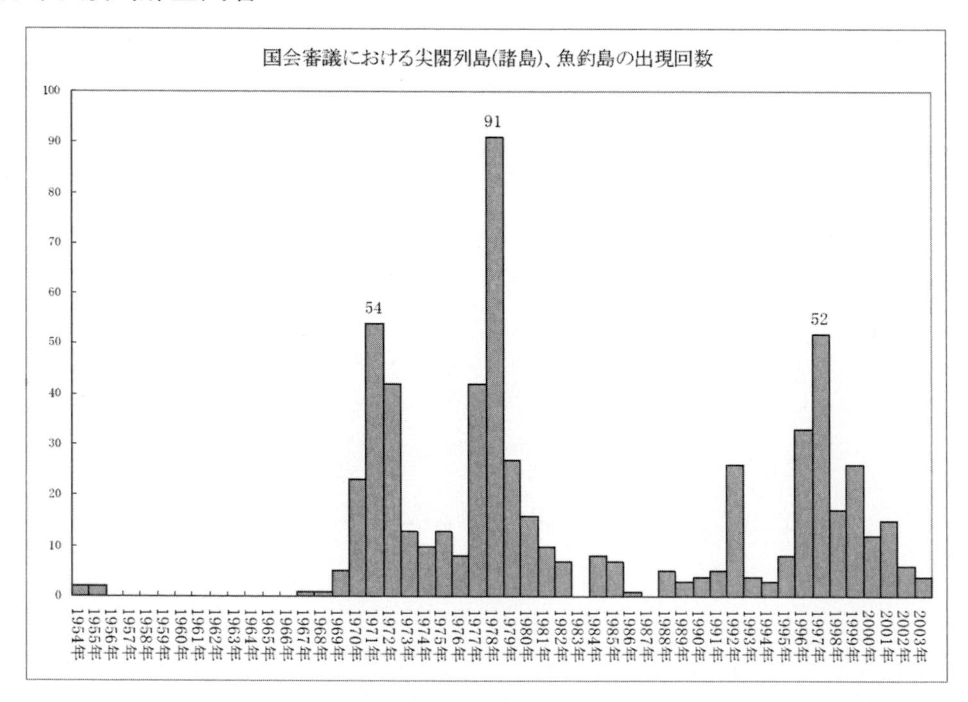

在日本國會審議中，尖閣列島（諸島）、魚釣島這些概念出現最多的時候是在 1978 年（91 次），這與日中和平友好條約的簽訂及領海法有關係（前一年 42 次，也很多）。

僅次於這一年的是 1971 年（54 次）、1972 年（42 次），都是與沖繩的收回及日本邦交正常化有關的領有權問題。

值得注意的是，90 年代後半期，從 1996 年到 2001 年，每年都有 10 次以上（6 年間每年平均 26 次），而以 1997 年（52 次）為最多。

國會審議的內容是與所謂的「中國威脅論」有關的問題在增加。如 1997 年 3 月 25 日眾議院安全保障委員會中，作為參考人出現的原統合幕僚會議議長佐久間一這樣說：

接著說中國，我認為其國家政策近年逐漸鮮明起來，即以增強

國力為其國家目標，用日本過去的話來說，就是富國強兵。社會主義體制下的經濟力的發展就是他的國家目標。

另外，1992 年，中國軍隊的任務在歷來的主權防衛的基礎上加上了海洋權益的防衛。同一年，制定了領海法，眾所周知把我國的尖閣列島包括在那一領域中。從這些情況來看，中國肯定是以向海洋挺進為目標了。

國際社會無論怎樣勸告中國，她的軍事力量的近代化和向海洋挺進的動向也是不會改變的。因為那是中國的國家的目標，而且也有為確保其能源的背景。

那麼，說到中國的軍事力量，有種種的議論。例如美國，因為其自己的軍事力量很強大，所以對中國的軍事力量的評價並不那麼高。但是，同樣的中國的軍事力量，在周圍的各國看來，就是非常強大的了。我們應注意到這些認識上的差距。

另外，中國還有諸如臺灣問題，還有香港回歸問題，新疆維吾爾地區和西藏等許多內政的問題。這些固然是內政問題，但是一旦在臺灣海峽行使武力的話，就不僅僅是中國的內政問題了，對於包括我國在內的有關國家來說，就具有了國問題的性質。」

從這裡可以看出，他是在利用尖閣列島問題強調中國的軍事威脅。

實際同樣的傾向在中國的《人民日報》的報導中也可以看到。

以「釣魚島」為主題詞從《人民日報》中檢索，發現從 1966 年到 2003 年，出現次數最多的是 1996 年，共 40 次，然後是 1997 年的 13 次，1999 年的 8 次。這一時期，日本和中國都是互相將對方視為對手強調警戒論和威脅論的時期。這是 90 年代後半期，日本與中國都僅強調愛國主義，民族主義風潮強化的結果。

進入 21 世紀後，2001 年是 0 次，2002 年兩次，2003 年增加到 7 件。剛剛進入 2004 年，1 月 21 日的人民網公布了由原來和現在的駐日記者評選的中日關係的十大新聞，看後我吃了一驚。按照得票的多少，第一位是「釣魚島問題再度引起風波，中國民間人士組織保衛釣魚島行動」〔註 17〕確實，日中間這一問題沒有解決，兩國政府間的見解不一致，但能在 2003 年中日關

〔註 17〕人民網，中日論壇 http://japan.people.com.cn/2004/1/20/2004120182435.htm

係的十大新聞中排第一位嗎？這樣看來，是人民網在有意識地強調這一輿論吧。另外，與人民網上記者的投票不同的是網民的投票，第一位是齊齊哈爾發生的遺棄化學武器的傷害，第二位是小泉首相參拜靖國神社問題，第三位是釣魚島問題。

同時檢索了日本的《朝日新聞》中以尖閣列島或尖閣諸島為主題詞的報導，1996 年 220 件，1997 年 111 件，1998 年和 1999 年都是 29 件，與中國出現的趨勢相似。2000 年 15 件，2001 年 11 件，2002 年 6 件，有逐漸減少的傾向。但是與中國一樣，在 2003 年增加到 28 件。從 1984 年到 2004 年 2 月初，總計 604 件。〔註 18〕

在本文已經寫就的 2004 年 2 月 5 日，《朝日新聞》發表了專欄撰稿人船橋洋一以《阿米蒂奇原則的誕生》為題撰寫社論。船橋洋一一直關注中日間的領土問題，自 1996 年來，在《朝日新聞》的《見解》欄中 6 次發表了意見。第 6 次的見解是從以下的話題引起的：〔註 19〕

> 美國副國務卿里查德·阿米蒂奇 2 日在日本記者俱樂部會見記者時說，由於有日美安全保障條約，所以當日本施政下的領域一旦受到攻擊，美國將視為對其自身的攻擊。其實這就是條約第 5 條共同防衛的內容，沒有什麼新意。
>
> 但是，美國國務院的東亞專家提醒我說：阿米蒂奇在這裡使用的不是「日本」或「日本的領土」的概念，而是使用了「日本施政下的領域」（administrative territories）這一概念，其發言的含意是指尖閣諸島（中國名，釣魚島）。
>
> 他還補充說：這是對「過去美國政府在這一問題上的曖昧態度的修正」。
>
> 所謂「過去美國政府的態度」，是指在中日間就尖閣諸島領有的問題上，美國一直持「中立」姿態，克林頓政府的方針是在尖閣諸島問題上不承擔安全保障條約規定的防衛義務。阿米蒂奇則修正了這一態度，明確地稱「日本施政下」的尖閣諸島受到攻擊的話，美國負有防衛的義務。這可以說是「阿米蒂奇原則」由此誕生了。

船橋在最後說：

〔註 18〕《朝日新聞》網頁 http://www.asahi.com/

〔註 19〕船橋洋一：《阿米蒂奇原則的誕生》《朝日新聞》2004 年 2 月 5 日 13 面。

在解決朝鮮問題的六方協議正在進行的時候，不應用拙劣的方法刺激中國。

但忍讓也是有節制的。作為海洋國家的日本，我們必須認識到要明確地從國家利益與安全保障的角度思考應當守什麼，讓什麼的問題，思考將來如何同中國共同描繪對海洋共存的構想。日本要以行動告訴中國忍讓的底線，總對中國講「以心換新」或動以「側隱之情」只能適得其反。中國正在考驗日本意志的強硬度。

首先，應當公布包括中國深入尖閣諸島的領海，在海洋調查方面的違反的事例，希望中國政府採取善意的回答與處理。

然後，如果這一局面繼續下去的話，只能對在尖閣諸島試圖非法登陸的外國船隻實施捕獲的方針。把這一點通報中國政府。

日本政府以向伊拉克派兵的形式，突破了迄今為止的防衛政策，接著是對東亞一再發表這樣的話。但是，不能受阿米蒂奇及其信徒船橋洋一的言論的挑動。日本與中國為這些無人居住的小島發生爭執，究竟對誰有益？讓頭腦冷靜下來思考一下就會明白。

六、對生活在21世紀的我們智慧的考驗

綜上所述，作為歷史事實，被日本稱為尖閣列島的島嶼本來是屬於中國的，並不是屬於琉球的島嶼。日本在1895年佔有了這些地方，是借甲午戰爭勝利之際進行的趁火打劫，決不是堂堂正正的領有行為。這一歷史事實是不可捏造的，必須有實事求是的認識和客觀科學的分析態度。但是有的人打著研究的旗號，實際上是有意地隱瞞事實。對學者的論點也要分析，包括對筆者的研究，希望也要本著這樣的原則。

我們容易把政府、政黨、媒體的見解作為正式的見解而予以接受，但是那些見解並不一定代表真理。對於我們來說，最重要的是真實、真理，而不是國家的利益。國家有時掩蓋對本國不利的事實的傾向，在這一點上，政黨和媒體也有同樣的問題。

對尖閣列島・釣魚島等問題不要孤立地看，要放在沖繩問題、臺灣問題等整體的演變中來看，要把過去的歷史與今天的現實結合起來分析。

在領土問題這樣的國家間的見解對立的情況下，需要傾聽對立的意見，保持用冷靜和平的方式解決問題的態度。不冷靜地思考，立即用狹隘的民族主義，用偽裝的愛國主義煽動情緒是絕對要不得的。在這一問題上，我們應

當向周恩來和鄧小平學習，應當意識到，我們還沒有超越他們的智慧，這是需要我們反省的。

日本同中國的國家關係還是處於「初級階段」，為了達到高級的階段，需要我們雙方不斷的努力。

第七章　日本學者認為日本竊取了中國的釣魚島

一、井上清認為日本政府故意無視歷史事實

井上清教授提出日本單方認獨佔「釣魚島」的所謂法理依據，即：「1970年8月31日，在美國琉球民政府監督下的琉球政府立法院起草了《關於申請尖閣列島領土防衛的決定》。這是在釣魚島群島主權鬥爭中，日本方面首次公開主張對該群島擁有主權。」該決定在談到這裡為日本領土的根據時說：「尖閣列島原本就屬於八重山石垣市宇登野城的行政區域。戰前，該市的古賀商店在島上經營伐木業和漁業。對該島擁有主權是毋庸置疑的。」在立法院決議的影響下，琉球政府於同年9月10日發表了《關於尖閣列島主權及大陸架資源開發權的主張》的聲明，進而在17日又發表了《關於尖閣列島主權》的聲明，闡述了主張對這個列島擁有主權的根據。

井上清教授詳細羅列了日本政府狡辯歪曲「釣魚島」的所謂歷史根據：

> 隨後又列舉了一些史料：
>
> 1. 這些島嶼是在14世紀後半葉，因中國人而知其存在的。中國皇帝承認了琉球國王的王位，為賜予王冠及官服而向琉球派遣了使節——冊封使。冊封使往來於中國的福州和琉球的那霸之間，在當時的記錄中，如《中山傳信錄》、《琉球國志略》等，寫有這些島嶼的名稱。另外在琉球人編寫的《指南廣義》的附圖和《琉球國中山世鑒》中也能看到。

這些文獻不過是將其作為航線上的目標，只是在航海日誌、航海圖，或吟誦旅途風情的漢詩中權且使用了「尖閣列島」的島嶼名稱。林子平的《三國通覽圖說》，書中將釣魚臺、黃尾嶼、赤尾嶼（所謂的尖閣列島中的島嶼——井上注）當做中國領土。但據林子平本人講，《三國通覽圖說》所依據的原著是《中山傳信錄》，他是將傳信錄中的琉球三十六島圖與航海圖合二為一，編輯成了《三國通覽圖說》的。當時把琉球三十六島的地圖上沒有記載為琉球領土的釣魚臺、黃尾嶼等，機械地作為中國領土用色彩區分開了。然而從傳信錄的航海圖中，看不到表示這些島嶼是中國領土的任何證據。」

總而言之，這個列島「在 1895 年（明治 28 年）之前，是不屬於任何國家的領土，換句話說，它是國際法上所說的無主地」。

2.「1879 年（明治 12 年）日本在沖繩施行了縣政。在 1881 年（明治 14 年）發行、1883 年（明治 16 年）修訂的、由內務省地理局編纂的《大日本府縣分割圖》中，「尖閣列島」未被注上島嶼名稱。到那時這裡還是無人島。1884 年（明治 17 年），古賀辰四郎開始在這裡採集信天翁的羽毛和海產品。「為了對這種事態的發展採取相應的措施，沖繩縣知事於 1885 年（明治 18 年）9 月 22 日首次上書內務卿，要求建立國標，同時申請派出『出雲丸』號船進行實地勘查。」

3.「1893 年（明治 26 年）11 月，沖繩縣知事以同樣的理由，再次上書內務及外務大臣，請求該縣的管轄方法和修建標樁事宜。為此，1894 年（明治 27 年）12 月 27 日，內務大臣就向內閣會議提案一事與外務大臣磋商，外務大臣對此沒有提出異議。」因此，「1895 年（明治 28 年）1 月 14 日，內閣會議作出決定，依照沖繩縣知事的請求修建標樁」。

4.「基於內閣會議的這個決定，1896 年 4 月 1 日，以在沖繩縣施行敕令第 13 號為契機，開始籌劃在國內法上編入該列島的措施。〔註 1〕

另外，井上清教授還就日本政界出現的所謂「日本政府外務省的統一見解」、「《朝日新聞》社論」、「日本社會黨的統一見解案」、「日本共產黨的見

〔註 1〕井上清著，賈俊其、于偉譯：《釣魚島．歷史與主權》，第 6～7 頁。

解」等等許多政黨、報刊關於「尖閣列島」為日本領土的論點進行了分析，認為都是將對「尖閣列島」擁有主權的基礎，放在了1895年日本政府內閣決定佔有之前這裡是無主地上。但他們卻提不出任何史料的科學證明。井上清教授認為這些跟風似的觀點，不是科學地、具體地調查歷史事實，而是完全站在軍國主義政府一邊，「把現代帝國主義的『無主地』概念毫無科學根據地強加在封建中國的領土問題上，企圖抹殺掉對自己不利的歷史。」〔註2〕

二、井上清駁斥釣魚島「無主地先占為主的法則」

井上清上認為，從16至18世紀，中國人、琉球人及日本人就琉球和釣魚島群島撰寫了許多優秀文獻，這些文獻資料都一致表明釣魚島群島是中國領土。但是日本某些人卻利用漢語文章表達方式和現代法律條文的差異，肆意進行至曲，並認對所謂「國際法上的無主地先占為主的法則」予以駁斥。

這個所謂的「國際法」是什麼東西呢？京都大學教授田畑茂二郎在他的現代日本標準國際法解釋叢書《國際法》(一)(有斐閣《法律學全集》)中，對國際法的成立做了如下論述：

西歐的近代主權國家間「為了維護和擴大自己的勢力，展開了激烈的權力鬥爭」。為了防止權力鬥爭無休止地激化下去，「要制定一個合理的規則加以限制，因此，便產生了國際法」。這個「合理的規則」，井上清教授認為是「強者的利益」。這一點在「無土地先占為主的法則」中就體現得非常明顯。田畑茂教授還寫道：

> 「與戰爭問題一樣，現在一個刺激近代初期的國際法學者思維的問題是隨著新大陸、新航線的發現，國家間為掠奪殖民地、獨霸國際通商而展開的鬥爭。」面對這種日趨激化的殖民地掠奪，「為共同規範國家間的行為」，廣泛地展開了關於國際法的討論。在先占為主的法則提出後・它做為一個新的獲取領地範圍的權利得到了承認。為了「對他國而言把本國的行為當做是正當行為」而提出的「法則」，就成了「國際法」，這實際上是推行對強國有利的理論。「無主地先占為主」的理論就是一個典型例子。

西班牙人、葡萄牙人不斷侵佔美洲、亞洲、非洲及太平洋上的島嶼，把它們變為自己的領土，將其殖民化，而這期間所通用的便是「發現優先」的

〔註2〕井上清著，賈俊其、于偉譯：《釣魚島・歷史與主權》，第8頁。

原則。當荷蘭、英國作為競爭對手出現，並在實力上超過西班牙、葡萄牙時，荷蘭的法學家古勞契斯便炮製出了「先占的法則」，這是一個對荷蘭、英國極為有利的理論，不久它又變成了「國際法」。

先占的「法則」是如何迎合歐美殖民地主義、帝國主義的利益的呢？從「無主地」的定義上便可略知一二。田畑茂教授的前輩、國際法學者、東京大學名譽教授橫田喜三郎在他的《國際法》（二）中寫道：無主地「最明白不過的定義是無人的土地」。但「國際法上的無主地不僅僅是無人的土地，即使已有人居住，但那塊土地不屬於任何一個國家，也是無主地。西歐各國搶先佔有前的非洲就是一個很好的例子。那裡居住著未開化的土人，這些土人沒有構成國際法上的國家，那片土地也只能是無主地」。這不又是現代歐洲的所謂主權國家隨意下的定義嗎？根據這個「法則」，他們可以肆無忌憚地侵略全世界，欺壓各個民族。

橫田還對「先占法則」解釋道：「從 15 世紀的新發現時代至 18 世紀初，在發現新大陸或島嶼時，宣告這裡是本國領土並懸掛國旗，建立十字架或標柱，這樣就等於取得了這片領土。」但是在 19 世紀，僅這樣做就不行了。「多數國家主張先占必須是現實佔有並實行統治，這逐漸成了各國的一貫做法」。「至遲是在 19 世紀後期，國際法上確定了先占必須是有實效性的」。「所謂先占必須是有實效性的是指現實佔有土地，設立有效統治權力。為此，某種程度的行政機關是必要的。尤其是為維護秩序。要有警察力量，很多時候還要有一定數量的兵力。」

這也就是說，使用軍事、督察等實力奪取並保持的便是贏家。如此看來，這是近代西歐列強為了使其掠奪其他國家、民族的領土正當化而精心編造出的「法則」。現代帝國主義繼承了這一「法則」，並把它當做國際法通用。現在用這個「法則」來衡量中國封建王朝時代的領土有無合法性，這樣做的本身就是無視歷史，就是現代帝國主義的蠻橫不講理。

在西歐各國所謂的領土先占的「法則」中，16、17 世紀也規定過發現新土地的人就是主權所有者。如果適用這個「法則」，釣魚島群島非中國莫屬。為什麼這麼說，因為經確切證實，這裡是中國人發現的，並給它起了中國名，而這個名字，在中國的冊封使錄等正式記錄中，有過反覆記載。並且，琉球王國的非中國派宰相向象賢也在其王國的年代記中引用了中國使錄中關於釣魚島群島的記錄，並予以承認。日本近代民族主義的先驅者林子平也承認這一事實。甚至西歐的東洋學者也很重視林子平所著的書。也就是說，國際上也承認釣魚島群島是中國的領土。16 世紀乃至 18 世紀就是中國領土的土地，卻要適用於 20 世紀帝國主義的「國際法則」，以主要條件不足為由，重新將它定為「無主地」，這是萬萬不能容許的。

假如把現代帝國主義「先占必須是有實效性」的「法則」運用到釣魚島群島上的話，在這個小小的無人島上設立行政機構，對明、清時代來說不僅是不可能的，而且也毫無意義。對於現代的先占為主問題，橫田教授做了如下論述：根據先占土地的狀況，有時也不能照搬這個原則（有實效性統治的原則——井上注），有時也是沒必要的。譬如像無人島這種地方，設立行政機構，放置警力、兵力，就沒有實際必要，在無法居住的地方，自然也無法設置那些東西。

明、清時代的釣魚島群島就是這種無法定居的無人小島。所以要想在那裡找出「有效性統治」的遺跡，是不可能的，這是不言自明的。橫田講道：「在這種情況下，為了不使無人島成為海盜的巢穴，在附近的陸地或島上設置行政機構和警力，實行行政管理，必要的話，可派遣軍艦和飛機，時常巡視，這樣做也就足夠了。」

這樣做在現在是不成問題的，然而在既沒有「軍艦、飛機」，也沒有雷達和無線電通信的過去是無法想像的。況且「人都無法居住的小島」，也不可能成為「海盜的巢穴」，所以也沒有必要到這裡「時常巡視」。那麼，明、清時代的中國人怎樣做才能滿足這些條件呢？怎麼才能在釣魚島群島留下「實效性統治的痕跡」呢？明、清時代的中國人惟一能留給後世的，就是確定這個島的位置、給它命名、指示到那裡的航線，並把這一切都記錄下來，並且，「這樣做就足夠了。」

明朝政府還做了更多的事，在將釣魚島群島納入海上防禦區域、系統地論述防禦侵寇策略的《籌海圖編》中，標出了釣魚島群島的位置和其所轄區。這也就是橫田教授所說的「在附近的陸地或島上設置行改機構和配備警力……」。

據此，井上清教授認為，明、清兩代的中國政府和中國人民沒有必要按現代帝國主義的「國際法則」說明「先占」釣魚島群島。他們肯定做夢也不會想到，在他們死後幾百年的 20 世紀，會有人利用「先占法則」對他們的領土說三道四。正因為他們確信這裡是自己的領土，才明確地留下了現代帝國主義的先占謬論所不能否定的歷史事實。

三、日本學者認為日本趁甲午戰爭日本確立對琉球列島的獨佔

在 1872 至 1879 年琉球處置時期，天皇政府在解決邊境的歸屬問題和確定自己的統治領域的同時，還竭力向外擴張。除「琉球處置」以外，按時間先後，還有以下事件：

1873 年 9 月至 10 月，政府內部對征韓論展開辯論，西鄉隆盛等的征韓派失敗。

1874 年 2 月至 12 月，侵略臺灣。

1875 年 5 月，與俄羅斯簽訂千島、樺太交換條約。自幕府末期開始的在樺太的日俄邊境線之爭，以日本讓步結束。日本放棄了對樺太南半部早已持有的所有權利，該島全部劃入了俄羅斯版圖。同時作為補償，俄羅斯把千島列島中得撫島以北的諸島讓給了日本，這些島嶼再加上擇捉島以南的日本原有領土，千島列島已全部歸日本所有。當時，無論是這些島嶼的經濟價值，還是其軍事地理的重要性，都遠不及南樺太。

1876 年 2 月，朝鮮被迫簽訂「日朝友好條約」及其附帶的附屬貿易章程。日本想通過侵略弱小鄰國來彌補損失，補償其被強大的俄羅斯奪走的領土利益，挽回一些國家威信。同時該條約的簽訂與前文所述的「琉球處置」也有著千絲萬縷的聯繫。

1876 年 10 月，日本通告世界各國，小笠原諸島由日本政府管轄。在幕府末期，英國和美國都聲稱是本國人先登上這片無主地的，主張對該島擁有主權，並因此一度與日本關係緊張。從近代國際法則的角度來看，英、美的理由並不比日本的遜色，如果他們始終堅持自己的權利，日本是不可能獨佔此地的。但是當時的美國政府中有一種比較流行的論調，即在遠離本土的地方擁有領土是不利的。因此 1873 年，美國全面放棄了擁有小笠原島所有權的主張，轉而支持日本。英國仍舊堅持自己的權利，但它從全亞洲政策的長遠目光來看，認為與其為了太平洋上的小島與日本搞僵關係，還不如索性讓給它，以此把日本拉到英國一邊加以利用，使其成為大英帝國在東亞的前哨更有利。因此，自 1875 年起，英國也就默認了日本的主張。日本這才得以獲得佔有權，並進行了上述通告。

通過上述的各年大事可以看出，日本政府無法與俄羅斯、英國和美國對抗，只能一味地讓步，或是撿些小恩小惠而已。另一方面對朝鮮國、清政府及琉球國則始終採取高壓、擴張政策，力圖擴大自己的勢力範圍。但實力的

缺乏又使其心有餘而力不足。儘管琉球王國不得不放棄了與中國的關係，其領土被日本「處置」即吞併了，但日本原本的打算卻是：如中國提出某些條件，則讓出一部分土地給清政府。

清政府數百年來一直把琉球王國視為自己的屬國，日本實施「琉球處置」，禁止琉球王向清朝朝貢時，清政府曾進行了抗議。1879 年 4 月 4 日，日本完全吞併了琉球；5 月 10 日，清政府通告駐北京的日本大使宍戶璣，表示不承認日本的處置。日中兩國間就琉球的所有權問題展開了長達一年半時間的交涉。其間，適逢美國前總統格蘭特在東亞旅行，曾在清政府的請求下嘗試在日中之間進行調停。清政府首先提出了一個三分方案，即把琉球北部的自 17 世紀以來一直由島津藩管轄的奄美群島歸日本領屬，中部的以沖繩本島為主的群島歸還給前琉球王並恢復其王國，南部的宮古、八重山群島則歸中國領屬。

日本拒絕了這個方案，並打算把琉球當作與清政府進行討價還價的資本。也就是說，如果清政府同意其已給予或將給予其他各國的「通商上的方便」——在中國內地進行通商的自由等——日本人也一律均享，並將此作為追加條款補入「日清友好條約」的話，作為補償，日本將二分琉球：宮古、八重山群島歸中國領屬，沖繩群島以北則歸日本領屬。

對於日本的所謂「分島、改約」方案，清政府內部意見不一。但當時清政府正好在伊犁與俄羅斯發生邊境糾紛，因此向日本讓步，盡快解決琉球問題，密切日中關係以孤立俄羅斯的想法在清政府的總理衙門中佔了上風。1880 年 10 月，總理衙門與宍戶大使根據日本的提案議定了分島、改約的條約案。

但後來，在清政府內部，北洋大臣李鴻章強烈反對分島、改約，因此中國代表未能在議定的條約案上簽字。11 月 1 日，中國方面通知宍戶大使說：對於分島、改約案，在皇帝聽取南洋、北洋兩位大臣的意見後，決定加以修改再行正式通告日本方面。宍戶指責中方出爾反爾，於 1881 年 1 月 5 日，向中國遞交了一份口氣強硬的文書，大意是「貴國拒絕我國好意，主動毀棄兩國代表議定的事項，今後在琉球處置問題上我國將永不接納貴國的異議」，之後便憤然回國。

在宍戶回國後，外務卿井上馨命駐天津領事竹添進一郎與李鴻章舉行非正式會談，以探其虛實。竹添於 1881 年 12 月 14 日與李舉行了會談，並向外務省詳細地報告了其過程，同時，還發表自己的看法說：李的真實意圖是獲得宮古、八重山二島，並在那裡扶持起琉球王；現在修改日清條約的時機尚未成熟。對此，井上外相於 1883 年 1 月 18 日命竹添領事繼續打探李的意向，並向其通報了政府對於分島問題的如下看法：如果僅僅割讓宮古、八重山二島就可使李滿足，則「土地一事我方毫無異議」；對於擁立琉球王一事，如清政府在日本割讓的兩個島上立舊琉球王尚泰的親屬或子嗣為王，也「別無異議」。但對於日本已經廢黜的尚泰本人，日本不可能再立其為王。

此後竹添與李的非正式磋商的情況則不得而知。但從其結果來看，並沒有按照井上外相的上述想法再次舉行日中談判。1883 年 3 月，日本政府要求與清政府重新簽訂將於 4 月 29 日期滿的「日清友好條約」的附後貿易章程。5 月，清政府駐日大使就此問題詢問井上外相：日本是否會把重簽條約與琉球問題連在一起談判。外相對此回答說：關於琉球問題，「前年宍戶大使雖與貴政府和衷以商，然貴政府付諸罔聞，事已及九分唯欠一分耳」。我國政府認為此問題與續簽期滿的貿易章程毫不相關，自然應當另行談判。

就這樣，井上外相乃至日本政府都認定琉球問題尚未最終解決。換言之，不能僅憑清政府在 19 世紀 80 年代沒有及時在日中兩國代表議定的分島、改約案上簽字而日本政府由此拒絕了以後的談判，就斷定琉球全島已為日本獨有。日本政府也承認琉球問題是一個尚待談判解決的懸案。對於井上外相的上述回答，中國方面表示不同意撇開琉球問題單獨就修訂貿易章程進行談判，這個問題因而一直拖到了 1886 年。這一年，日本正在進行歐美條約的修訂談判。為給此談判創造有利條件，井上外相非常希望加快日清條約的修訂。3 月，他向在北京擔任大使的鹽田三郎訓示修訂現行日清條約的談判機宜，當時還特別提醒他千萬不能把修訂條約與琉球問題攪在一起。鹽田大使從 4 月 22 日起開始與中國方面談判修訂條約。中國方面屢次在談判中提及琉球問題，都被日本方面以巧言搪塞過去。日中間關於琉球所有權的矛盾問題就這樣被擱置起來，直到 8 年後的甲午戰爭。

此時，日本為給歐美條約的修訂談判創造有利條件，把希望寄託在締結新的日清條約上，以取得在中國與歐美相同的有利地位。但它費盡心機地把日清條約談判和瓜分琉球島的問題分割開來，原因何在？在 1880 年的日中談判中，日本原想以分割琉球為代價以獲得對條約的修訂，其後清政府方面原則上也並未改變其如瓜分琉球便改約的初衷，因此如果日本想盡快改約，則與瓜分琉球攪在一起較為有利。井上外相也很清楚這點，但自 1883 年以來，卻把這兩者分開了，這又是為什麼呢？原來，天皇政府正在策劃的日中戰爭已迫在眉睫、日本正在全力為此作準備，把最靠近中國的琉球南部讓給中國，已經是絕無可能的了。如果此地變為中國領土，在戰爭時將成為中國進攻日本的有力依託；如果日本佔有它，則可以以此為據點進攻中國本土的南部或臺灣。日本怎麼肯把它拱手相讓呢？政府可能已經考慮到現在不急著讓出去，在不久的將來，中國即使不情願，也會不得不承認日本獨佔全琉球的既成事實。

1895 年 1 月甲午戰爭時期，貴族院通過了「沖繩縣縣政改革建議」，在提案理由的答辯及討論中，反覆強調的只是「沖繩為東洋樞要之地」、「軍事樞要之地」，強調必須改革這個要衝的縣政「以各海防」。由此可知，沖繩僅僅是在軍事上受到了重視而已。

政府備戰甲午戰爭，在沖繩縣也投下了巨大的陰影。1886 年 3 月，井上外相在修訂日清條約的談判中斷然拒絕加進琉球問題。與此同時，締造了「大日本帝國」軍隊的最高統帥、對華作戰的狂熱支持者、當時的內務大臣山縣有朋中將帶領天皇的侍從，前往沖繩視察。第二年（1887 年）4 月，長州出身的預備役陸軍少將福原實被任命為沖繩縣知事。軍人被任命為沖繩縣知事，這尚屬首次。當年秋天 11 月，首相伊藤博文率領陸軍大臣大山巖、海軍軍令部長仁禮景範等搭乘 3 艘日本當時最先進的軍艦，在沖繩作了為期 6 天多的視察。伊藤當時還作了一首題為「奉命巡視琉球」的漢詩。其詩曰：「誰知軍國邊防策，辛苦經營方寸中。」毋庸置疑，吟詠此詩的伊藤相位居內相的山縣中將視察琉球的目的，當然是為發動對華戰爭作準備。1894 年 7 月，日本一切準備就緒，在英帝國主義的支持及唆使下不宣而戰。25 日，海軍在豐島沖附近偷襲了清政府的艦隊；29 日，陸軍在朝鮮的牙山、成歡偷襲了情政府的陸軍，發動了對華戰爭。之後，於 8 月 1 日才正式宣戰。而當時的中國在思想上、政治上毫無對日作戰的準備，軍備也剛剛開始現代化。

戰爭即斷絕兩國原有的國家關係。因此在開戰的同時，交戰國間的所有條約及擱置問題就都不存在了。新的國家關係將根據戰後的講和條約重新建立。日本在甲午戰爭中取得了勝利，根據《馬關條約》的規定，日本得到了超出其幾年來一直渴求的特權，把新納通商條約及貿易章程強加給了中國。

在開戰的同時，琉球問題已徹底不再是兩國間的擱置問題了。在馬關講和會談中，日本方面及中國方面都沒有談及琉球問題。因此，在講和條約中理所當然地對琉球問題也隻字未提。也就是說，在建立日中兩國新的關係，即講和時，對於日本佔有琉球的既成事實，清政府沒提任何異議。由此形成了日本獨佔的既定事實。換言之，正是由於日本在日中甲午戰爭中的獲勝，才使清政府喪失了對琉球的一切歷史權利、權益，確立了日本獨佔琉球的局面。

四、井上清認為日本政府覬覦釣魚島長達 9 年

井上清教授研究認為，出於加緊準備侵略朝鮮及中國的目的，日本政府開始重視琉球，在確定了日本獨佔其全境的策略後，釣魚島才在 1885 年（明治 18 年）被首次發現。而日本所謂的古賀辰四郎在 1884 年發現釣魚島的說法，也是一種謊言，根據井上清教授的研究，「據明治 28 年（1895 年）6 月 10 日古賀向內務大臣遞交的《租借官地申請書》中所記；『明治 18 年巡航於沖繩諸島，舟至八重山島北方九拾海里處之久場島………』。」〔註 3〕

根據《租借官地申請書》的內容分析來看，1885 年，古賀航行到了「釣魚島」，發現那裡群集著處於產卵期的信天翁，就想到採集其羽毛出售可以大發其財。為此，回到那霸後，他向沖繩縣廳遞交了租借土地的申請書。

琉球政府和日共稱沖繩縣廳在 1885 年收到古賀的釣魚島開發申請書後，就向政府呈報把該島定為日本領土，但事實卻並非如此。為佔有該島，內務省首先密令沖繩縣廳對該島進行調查。對此，沖繩縣令於 1885 年 9 月 22 日呈報稱：

第三百十五號

有關調查久來赤島外二島事宜

茲於數日前，遵在京本縣之森本大書記官之密令，業已調查散佈於本縣與清國福州間之無人島。事之概略已另呈（已另呈公文——井上注）。蓋久米赤島、久場島及魚釣島自古伊為本縣所稱之名。本縣所轄之久米、宮古、八重山諸群島彼鄰之無人島嶼，為沖繩縣所屬，決無異議。然其與數日前所至之大東島（位於本縣及小簽原島之間）地勢相異，而與《中山傳信錄》中所載之釣魚臺、黃尾嶼、赤尾嶼相同，無置疑之處也。若果為一者，則已為清國冊封之舊中山王之使船所詳悉，且各命其名，以為琉球航海之目標。故若效此次大東島之行，勘察之後即立標樁，恐有所不妥。十月汽船出雲丸將出航兩先島（宮

〔註 3〕《沖繩》雜誌 56 號。

古、八重山），歸前將赴實地勘察。實應呈報陳情，請示明謝，再行立國標諸事。

謹呈

內務卿伯爵

山縣有朋閣下

明治十八年九月二十二日

沖繩縣令　西村舍三〔註4〕

通過這份呈報書，可以發現如下幾點重要情況：

第一，內務省為何要「密令」、「調查」福州、琉球間的無人島，為何不正式地公開命令呢？

第二，這裡提到了在這些島上建立「國標」——即表明日本領土的標樁。這是沖繩縣提出來的呢，還是內務省提出的？

這兩問題是有聯繫的。從呈報書的上下文可以看出，建立標樁毫無疑問是內務省的提議。內務省——內務卿是天皇制軍國主義最熱心的鼓動者山縣有朋——只重視琉球的軍事地位，同時對其附近的島嶼也抱有野心，欲占為日本領土。為實現這一目標，就命令沖繩縣對其進行必要的調查。但是事關國際關係，在日本與清政府劍拔駑張的情況下公然正式下令，則容易惹出麻煩，因此才下達了「密令」。

第三，沖繩縣接此密令後有所遲疑，因為把「久米赤島」等作為日本領土劃歸沖繩縣雖是好事，但未必能行得通。其原因在於他們認為這些島嶼與《中山傳信錄》中所載的釣魚島同屬一地。既然同屬一地，則這些島嶼已經為中國「詳悉（詳細瞭解），且各命其名，以為琉球航海之目標」。也就是說，這裡極可能是中國的領土。「故」不能像在明確為無主地的大東島那樣，進行實地勘察之後就立即在這些島嶼上建立國標。儘管接到了沖繩縣令前述的那份合乎情理的呈報書，但山縣內務卿千方百計要把它據為日本所有。為把此事提交大政官會議（相當於後來的內閣），10月9日，他首先和外務卿進行了協商。信中稱：即使「久米赤島」等就是《中山傳信錄》中所說的島嶼，這些島嶼也只不過是中國船隻「以其示航向耳。其屬清國之據絲毫未見」；「即若其名稱，彼與我之所稱各異」，而且是「鄰近沖繩所轄之宮古、八重山等之無

〔註4〕《沖繩県久米赤島、久場島、魚釣島へ國標建設ノ件　明治十八年十月》，JCAHR：B03041152300。

人島嶼」，表示想在進行實地勘察後馬上就建立國標。這份協商書所列舉的釣魚群島為日本領土的重要論據之一，就是該島鄰近沖繩所轄的宮古、八重山。但如果 1880 至 1882 年的琉球分島、改約方針已成為現實，這種想法就純屬無稽之談。

對此，外務卿井上馨作了如下答覆：

> 內務卿伯爵山縣有朋閣下親展
>
> 第三十八號
>
> 茲沖繩縣實地勘察沖繩縣與清國福州間散佈之無人島、久米赤島外二島，並建立國標之事，本月 9 日第 83 號文中協商之意已悉。此島嶼近清國之境，較之前番勘察已畢之大東島方圓甚小，且清國已命其島名。近日清國報紙等，風傳我政府欲占臺灣近旁之清國所屬島嶼云云、對我國心懷猜疑，我國已屢遣清政府之警示。此時若公然驟施立國標諸策，則易為請國所疑。竊以為目下可暫使其實地勘察，細報港灣之形狀及有無開發土地、物產之望，建立國標、開發諸事可留待他日。勘察大東島之事及此次勘察之事，不宜見諸官報及報端為上，萬望以之為念。
>
> 謹表下官拙見。
>
> 外務卿伯爵井上馨〔註 5〕

這個外務卿的答覆與山縣內務卿的意見不同，他重視與中國的關係。山縣認為：（1）中國即使已命名島名，也並不能成為該島是中國領土的證據；（2）日本相中國對該島的稱呼不同，不能成為日本放棄該島的理由；（3）距八重山很近；（4）是無人島，因此應當納入日本領土。井上外務卿不僅毫不同意上述論點，反而（1）強調指出這些島嶼距沖繩近，同樣也距中國「國境」（指中國本土）近；（2）對中國已對其命名尤為重視；（3）中國人已猜疑日本，並正在防備日本佔領臺灣附近的中國島嶼（釣魚島群島為其中之一）。鑒於這些情況，他反對馬上建立國標。也就是說，井上外務卿與沖繩縣的官員同樣重視釣魚島群島是中國領土這一事實，擔心「此時」如果「公然」把它納入日本領土，會遭到清政府的強烈抗議。因此，他特意叮囑內務卿不要把日本勘察該島一事見諸報紙等，要偷偷實施，不能讓普通國民及外國，尤其是

〔註 5〕《沖縄県久米赤島、久場島、魚釣島ヘ國標建設ノ件　明治十八年十月》，JCAHR：B03041152300。

中國知道此事。但井上和山縣一樣，主觀上都想讓日本佔有該島。但不是現在，而是在無須擔心中國的抗議的「他日」。山縣也同意了井上的意見，沒有把此問題提交給太政官會議。

同年 11 月 24 日，沖繩縣令向內務卿報告了實地勘察無人島的結果，並請求緊急指示：「建立國標一事如前呈文，或事關清國，萬一有何不測，則當如何處置？」對此，內務、外務兩卿於 12 月 25 日聯合下達指示說：「復書面請示，目下勿建立為盼。」〔註 6〕

通過上述的政府文件及 1885 年政府內部及沖繩縣問有關釣魚島所有權的來往信件可以看出：（1）首先內務省有佔有該島的意圖，並密令沖繩縣進行調查；（2）沖繩縣認為該島有可能為中國領土，對把該島納入日本領土有所顧慮；（3）但內務省仍想強行佔有；（4）外務省擔心中國會抗議，反對馬上就佔有該島：（5）最後內務省也放棄了。

但琉球政府在前文中的「關於尖閣列島主權的聲明」中稱：「尖閣列島在明治 10 年代前半期為無人島，從明治 17 年左右，古賀辰四郎開始以魚釣島、久場島等為中心，採集信天翁羽毛、獸毛、玳瑁及貝類等。鑒於該活動的發展，沖繩縣知事於明治 18 年 9 月 22 日，首次呈報內務卿建立國標，同時還乘坐出雲丸號進行了實地勘察。」這是對事實的極大歪曲。

第一、上述聲明首先隱瞞了內務卿是密令沖繩縣知事調查釣魚島之事。

第二、沖繩縣認為此處可能為中國領土，對建立國標遲疑不決，並上書陳明其意見。而該聲明卻顛倒黑白，歪曲事實真相，說成是沖繩縣根據實地調查上書要求建立國標。

第三，古賀利用釣魚島經商是沖繩縣申請建立國標的起因，但此時古賀的生意只不過還處在計劃階段。

第四，外務卿以怕破壞與清政府的關係為由對內務卿的意見表示反對，當時的內務卿為此也不得不放棄。但該聲明卻完全隱瞞了這一事實。

第五，沖繩縣報告出雲丸的實地調查結果後，在同年 11 月的「呈報」中，該縣再次表示在釣魚群島上建立國標「或事關清國」，頗為躊躇。這一事實也被該聲明隱瞞下來，而僅僅說了 9 月赴實地調查。在聲明中僅僅把它說成是沖繩縣先呈報了調查結果，並據此申報建立國標。這顯然是對歷史的偽造。

〔註 6〕《沖繩県久米赤島、久場島、魚釣島へ國標建設ノ件　明治十八年十月》，JCAHR：B03041152300。

此後，日中兩國的關係由於日本方面的原因不斷惡化。日本對華戰爭的準備也按部就班地順利進行著。古賀辰四郎在釣魚島的生意也有了頭緒。1890 年（明治 23 年）1 月 30 日，沖繩縣知事向內務大臣遞交了如下的呈文：

> 就明治 18 年 11 月 5 日第 314 號呈文，關於所轄八重山群島、石垣島彼鄰之無人島——魚釣島外二島之事，同年 12 月 5 日已下達指示。但其為無人島，此前並無所轄者，乃至今日。因水產管理之必要，須定其所轄，八重山官衙已遞呈文。謹此上呈。〔註 7〕

這次沖繩縣的態度與 1885 年裁然不同。不僅隻字未提該島與中國的關係，反而以管理古賀的生意為由，請求將其作為日本領土由沖繩縣管轄。前任西村縣令是以內務省土木局長身份兼任沖繩縣令，而現任丸岡莞爾卻截然不同，他是由內務省土木局長專門調任為沖繩縣知事的。此人是一個狂熱的國家主義者，在沖繩致力於強行推廣天皇制國家神道。也只有這種知事，才會敢於無視釣魚島與中國的關係，藉口管理古賀的生意，想方設法將其據為日本所有。

對此，並未見內務、外務兩省有協商的文書，但通過下文所錄的 1894 年（明治 27 年）12 月 27 日內務大臣致外務大臣的協商書可知，政府並沒下達任何指示。更讓人吃驚的是，在甲午戰爭的前一年，即 1893 年 11 月 2 日，沖繩縣知事奈良原繁再交呈報於內務、外務兩位大臣，內容與 1890 年 1 月的呈報大同小異，要求把「魚釣島」（釣魚島）和久場島（黃尾嶼）劃入該縣轄區，並建立標樁。但這份呈報的遭遇就像 1890 年的呈報一樣，兩位大臣在一年多的時間裏對此沒進行任何協商。

不僅如此，在 1894 年甲午戰爭開始時——現已無法確定是在開戰前還是開戰後，反正是在日本尚無戰勝清國的確切把握之前——古賀辰四郎向沖繩縣遞交開發釣魚島的申請，縣裏以「因該島尚不明確是否為帝國所有」為由，駁回了該申請。因此古賀在「致申請書於內務、農商務兩大臣同時，上京當面詳陳該島之實況，懇請允之」，但仍未得到許可。這件事連載在 1910 年（明治 43 年）《沖繩每日新聞》1 月 1 日至 9 日號的一篇題為「古賀在琉球群島之業績」的吹捧古賀的文章中。如果政府確實認為釣魚島為無主地，該島的歸屬不明，那在對華戰爭準備結束——或開戰之後的某個時間裏，就應當准

〔註 7〕《御署名原本・明治二十九年・勅令第十三號・沖縄県郡編制ニ関スル県》，日本國立公文書館藏檔（簡稱 JCAHR）JCAHR：A03020225300。

許古賀的申請。實際上正是因為政府知道這是中國的領土，所以在尚未戰勝中國之前，還不得不慎重從事。

就這樣，天皇政府從 1885 年開始計劃從中國奪取釣魚島群島，用了 9 年時間終於等到了「他日之機會」。

五、井上清認為日本在甲午戰爭中明奪臺灣暗取釣魚島群島

日本政府在駁回古賀的請示後不久，等了 9 年之久的奪取釣魚島群島的絕好機會終於來了。日本軍隊對清政府軍隊不宣而戰，實施偷襲，引發了甲午戰爭。1894 年底，日本已經勝券在握，奪取釣魚島群島的時機已經成熟。天皇政府此時斷然決定佔有釣魚島群島。同年 12 月 27 日，首先由內務省發給外務省一份秘密文書，協商答覆沖繩縣知事去年 11 月提交的申請，並讓其在魚釣島及久場島建立標樁，其內容如下：

> 秘密（紅字）第一三三號
>
> 謹呈
>
> 外務大臣子爵　陸奧宗光閣下
>
> 茲於久場島、魚釣島上建立所轄標樁一事，沖繩縣知事已以甲號……呈報。此事已另以乙號於明治 18 年與貴省協商，然為遵命所限。其時與今日之情況相異，望另行提交內閣審議。
>
> 內務大臣子爵　野村靖（印）
>
> 明治二十七年十二月二十七日〔註 8〕

文末提別的「另行」提交內閣審議的草案如下：

> 居沖繩縣所轄八重山群島西北之久場島、魚釣島，歷為無人之島，然近有至該島從事漁業者。因需管理之，故該縣知事呈報建立標樁以示其為該縣所轄。為准其為該縣所轄，乃使建立標樁為要。特呈內閣審議。〔註 9〕

這份協商書不同於 9 年前的關於同一問題的協商書，在它上面用紅字標注的「密」字尤為引人注目。可見政府極為擔心該問題會洩露出去。此次外務省毫無異議。1895 年 1 月 11 日，陸奧外相答覆野村內相稱：「本省對此別

〔註 8〕（日）《御署名原本．明治二十九年．勅令第十三號．沖縄県郡編制ニ関スル県》，日本國立公文書館藏檔（簡稱 JCAHR）JCAHR：A03020225300。

〔註 9〕（日）《御署名原本．明治二十九年．勅令第十三號．沖縄県郡編制ニ関スル県》，日本國立公文書館藏檔（簡稱 JCAHR）JCAHR：A03020225300。

無異議，應恢貴省之見從事。」在同月 14 日的內閣會議上，原封不動地通過了內務省的提案，決定把釣魚島及久場島作為沖繩縣的轄區建立標樁。同月 21 日，內務大臣通知沖繩縣知事「建立標樁之事已如所請」。〔註 10〕

1885 年，由於顧忌到中國的抗議，在外務省的反對下，山縣內務卿佔有釣魚島群島的圖謀未能得逞。日本政府對 1890 年沖繩縣的申請沒作任何答覆，甚至對 1893 年沖繩縣的再次申請也置若罔聞。然而，現在卻竟然如此順利地在內閣會議上得到了通過，其原因何在？井上清教授通過研究，認為答案就是在內務省致外務省的協商書中，說明外務省於 1885 年表示反對的「其時與今日之情況相異」這句話。

1885 年與 1894 年的「情況相異」所指何物？難道是指 1885 年古賀辰四郎在釣魚島的事業剛剛起步或正在醞釀之中，而 1894 年時他的事業已經有所發展，「近有至該島從事漁業者」，政府感到有必要對其進行管理了嗎？這也可以說是「情況相異」的原因之一。但若要說它是惟一的或是主要的「相異」的話，那早在 1890 年這種變化就已經表現出來了。沖繩縣就曾以這種變化為理由，呈報要求在釣魚島上建立轄區的標樁，但政府在 4 年多時間裏卻沒有任何批示。在 1893 年 11 月，沖繩縣以與上次相同的理由再次呈報建立標樁，政府仍未作任何答覆。但到了 1894 年 12 月底，當時沖繩縣並沒有再次呈報，政府卻突然以答覆一年多前的呈報書的形式，開始著手對釣魚島群島的佔有。為此而產生的有必要對漁業進行管理這一說法，既不是 9 年前與現在的「情況相異」的惟一原因，也不是其主要原因。主要的「相異」肯定另有所指。

1890 年及 1893 年時，政府尚未進行甲午戰爭。1894 年古賀遞交開發釣魚島的申請書的時間若是甲午戰爭前夕，則毋庸整言，即使是在開戰之後，日本當時也未全面戰勝清朝。但在同年 12 月初，已經可以肯定日本取得了絕對的勝利，政府甚至開始計劃把臺灣從清政府手中割過來，以作為講和的條件之一。這才是與奪取釣魚島群島的「情況」有關的、以前與現在的決定性「相異」。在甲午戰爭中，日本軍隊無論是在陸地還是在海上，都是連戰連勝。1894 年 9 月，日本陸軍在朝鮮平壤的戰鬥中、海軍在黃海的海戰中都取得了決定性的勝利。接著陸軍第一軍在 10 月下旬之前全部渡過了鴨綠

〔註 10〕（日）《御署名原本・明治二十九年・勅令第十三號・沖繩県郡編制ニ関スル県》，日本國立公文書館藏檔（簡稱 JCAHR）JCAHR：A03020225300。

江，於 11 月中旬攻克了大東溝、連山關，第二軍於 10 月下旬在中國遼東半島的花園口登陸，11 月上旬奪取了金州城，攻克了大連灣炮臺，並於同月 21 日與聯合艦隊協同作戰佔領了旅順口。此時海軍已把清朝海軍的主力——北洋艦隊逼進了渤海灣口的威海衛裏。

從 11 月末至 12 月初，大陸正在轉向寒冷的冬季。在此情況下，日本應採取何種戰略這一問題，大本營的意見產生了分歧。一派主張乘勢立即攻入北京。另一派則主張冬季暫時屯兵佔領地，待到陽春時節再行出擊。

這時，伊藤博文首相奉明治天皇的命令，以文官的身份列席了歷來只由陸、海軍軍人參加的大本營會議。他於 12 月 4 日對關於冬季作戰的論爭進行了批評，並向大本營提出了獨到的戰略見解。其主要內容如下：

> 攻入北京固然痛快，但可言而不可行；屯兵於現在的佔領地上無所作為，也是只會挫傷士氣的下策。現在日本所應採取的策略是：在佔領地留下必要的最小限度的兵力，一方面派出主力部隊與海軍合作，攻下扼制渤海灣口的威海衛，全殲北洋艦隊，保住日後進攻天津、北京的通道；另一方面派兵佔領臺灣。佔領臺灣決不會招致英國等其他國家的干涉。最近我國國內有關講和時一定要讓中國割讓臺灣的呼聲日益高漲。為達到這一目的，最好能預先對其實施軍事佔領。

大本營採納了伊藤首相的意見。攻佔威海衛的作戰於第二年（1895 年）1 月下旬展開，並於 2 月 13 日以日本陸海軍大獲全勝告終。在此期間，日本還進行了佔領臺灣的作戰準備，1895 年 3 月中旬，聯合艦隊繞過臺灣南端，進入澎湖列島，佔領了島上的各個炮臺，並以此為根據地，準備進攻臺灣。同時，講和談判也在同步進行，在迫使大清國割讓臺灣之後，聯合艦隊於 4 月 1 日起航返回佐世保。

日本政府奪取釣魚島群島的絕好機會不是別時，正是政府和大本營依照伊藤首相的戰略制定出佔領臺灣的方針的時候。1885 年，政府如公開在釣魚島群島建立國標，容易「招致清國的猜疑」而引發糾紛，現在日本即使在釣魚島群島上建立標樁，清政府也無力抗議了。何況即使遭到抗議也可以置之不理。政府既已決定攻佔臺灣，在講和時就一定要讓清政府割讓出來。這個不可一世的政府認為，像臺灣和沖繩縣之間的釣魚島之類的小小的無人島，根本無需軍事佔領，只要悄悄地在上面插上一根標樁，寫明此地為沖繩縣管轄就萬事大吉了。它這麼想也是毫不奇怪的。

把釣魚島群島劃入日本領土並由沖繩縣管轄這一內閣會議的決定，就這樣得到了貫徹。然而今年（1972 年）3 月 8 日外務省對「尖閣列島」的所有權的「見解」卻是：「自明治 18 年以後政府屢次對尖閣列島進行實地勘察，不僅確認了它為無人島，而且還慎重地證實了並無清國管轄過的痕跡。在此基礎上，1895 年 1 月 14 日。內閣會議通過決定：在該島建立標樁……」讀過本文前面的章節後就會十分清楚，這完全是一派荒謬之辭。

明治政府實施的有關釣魚島群島所有權的實地調查，只有在 1885 年根據內務大臣的密令所進行的那一次。而且在沖繩縣令向內務大臣報告調查結果的「呈文」中寫道，「建立國標一事或與清國有關。萬一有何不測，則難以收拾」，已經私下承認了中國對該島的權利，對建立國標一事遲疑不決。也就是說，沖繩縣的調查結果並不能成為使日本佔有該島正當化的依據。此後政府並沒有再次對該島作過有關所有權的調查。因此，這些島嶼已「慎重地證實了並無清國管轄過的痕跡」的說法純屬一派胡言。內閣會議並不是在「慎重證實的基礎上」才通過了佔有釣魚島群島的決定。1885 年的時候日本不得不顧忌中國的抗議，而現在，對華戰爭已經取得了勝利，甚至還確定了奪取臺灣的方針，政府是在「慎重地證實了」這些以前和現在的決定性的「情況相異」的基礎上才通過了 1895 年 1 月的內閣會議決定。

內閣會議的決定和內務省據此發給沖繩縣的批示（1 月 21 日）是在「日清媾和條約」（即《馬關條約》——譯者注）（1895 年 4 月 17 日簽署，5 月 8 日交換了批准書）生效之前。因此，若果如現在的政府所言，即使是根據內閣會議的決定才決定把釣魚島群島納入日本領土——儘管只憑內閣會議的決定在現實中是不可能領有土地的——假設政府現在的說法是對的，這些島嶼也絕非是根據「日清媾和條約」第二條之割讓中國領土的規定從中國取得的，但是在條約生效之前日本就已決定佔有該島。正如井上清教授充分地考證出的那樣，這些島嶼在歷史上就是中國的領土。在 1885 年時政府由於顧忌到清政府的抗議而終究未能下得了決心，而在 1895 年政府卻乘著戰勝清朝之機，下決心把這些中國的島嶼占為己有。也就是說，釣魚島群島不是像臺灣那樣根據和約公然從清朝搶過來的，而是乘著戰勝之機，不締結任何條約，也不進行談判，是偷偷從清朝竊取過來的。

六、高橋莊五郎研究得出古賀家族認為日本通過甲午戰爭獲得釣魚島

古賀辰四郎的兒子善次曾對雜誌《現代》1972 年 6 月號這樣表示。當時在八重山的漁民間，傳說釣魚島有很多鳥，出漁的年青人經常說忘記捕魚而來追逐鳥。我的父親也是這樣說的，他是個生來富於冒險精神的人，因此就進行了探險，那是 1884 年的事情。

這次探險並沒有詳細的記錄，可能是有一些原因吧。1885 年父親嚮明治政府申請開拓許可，但這個申請沒有受理。當時政府的見解理由是這個島嶼的歸屬尚不明確。

但是聽父親講，當時沖繩縣令西村舍三報著極大的興趣，還獨自派船調查。調查的結果是這裡是無人島，也沒有人住過的跡象，故後來西村向政府要求劃歸為日本領有。

明治政府宣布釣魚島群島為日本領有是在父親探險十一年後的 1895 年。父親探險後曾向西村縣令遞交了申請，但我認為還是日清戰爭勝利臺灣成為日本的領土，才是申請能夠成立的理由。

第八章　日本學者認為釣魚島在歷史上不屬於琉球

一、在歷史上「琉球」認定釣魚島為中國領土

自 1372 年中國明太祖給琉球的中山王察度詔喻以來，琉球的北山、中山及南山三王開始向中國納貢。1402 年中山王統一了三山，1404 年中國的明太祖所派冊封使來到琉球。釣魚島群島就在琉球與中國的交通道路上，當時琉球王還與東南亞的暹羅、摩羅哥、蘇門答臘、安南等地有著廣泛的貿易，釣魚島群島周圍，就如同海上繁華的「銀座」。因海潮的關係，中國及南方諸國回來的船隻，都將釣魚島作為目標。從琉球到中國的船，全部都必須到福州，因為在福州設有「琉球館」。所以，釣魚島群島是沖繩及福州之間的島嶼。琉球王朝也因所謂的朝貢貿易而與中國之間的貿易極為繁榮。另外，還從南方的貿易中獲得豐厚的利益。16 世紀的明朝，是禁止貿易船到日本的，1547 年在中國的寧波港，日本的細川船與中國的大內船曾經有過大的衝突，所以，中國禁止了日本的朝貢貿易。因此，與中國進行貿易的薩摩藩主島津氏受很大的打擊。琉球與中國自 14 世紀以來，因朝貢冊封關係，貿易十分繁榮。島津義久看在眼裏，謀劃企圖將琉球與中國的貿易支配權奪過來，以償還宿債。從德川家康獲得「琉球征伐」許可的島津義久，於 1609 年 3 月，率船 100 多艘及 3000 多人，進攻琉球的奄美大島，3 月 5 日到達運天港，4 月 3 日打到首里城，尚寧王最後降伏。島津通過侵略戰爭，使琉球成為了附屬國。也獨佔收奪了琉中貿易之利。從此時開始，琉球就變成「日中兩屬」。琉中貿易實

際上的利益就變大了，增加了倍數，故被稱為「唐一倍」。有的甚至達到十倍。為了保護其利益，琉球必須維持著對中國的朝貢冊封關係，但琉球對薩摩藩的附庸關係還不能讓中國知道。薩摩用十五條規，將琉球緊緊地束縛住，中國對琉球全無內政之干涉。加之中琉之間也沒有領土問題。琉球在三十六島，與福州之間頻繁往來之琉球官史及船員，對散落在琉球與福州之間的已經有中國島名的釣魚島、黃尾嶼及赤尾嶼，當然認定為宗主國之島嶼。

幕藩體制被推翻以後，明治新政府於 1868 年 11 月，通過薩摩藩向琉球王尚泰通告了王政復古。琉球王想既然王政復古，薩摩的島津所掠奪的奄美大島及與論島等舊的琉球領土應當返還，但天皇對此並不知道。明治政府於 1872 年 9 月，將琉球王尚健呼至東京，將琉球王授之為琉球藩王，變成了日本的華族。琉球王向宗主國中國求助。中國為幫助琉球王，命令駐日公使何如璋與日本政府進行交涉，主張琉球為中國的屬國。1874 年 12 月 15 日，內務卿大久保利通向太政大臣三條實美所提交了「琉球處分之議」。

日本藉口 1871 年琉球 54 人漂流到臺灣被殺害之口實，於 1874 年 5 月 17 日，明治政府派 3658 人實施了侵略臺灣。幕藩體制下的下級武士不滿情緒激化，使明治新政府感受到可能會威脅其政權，一方面在俄國的壓力下，從樺太撤退，另一方面，征韓論或征臺論開始激化。

1874 年 2 月決定征臺。日本以臺灣無主之地為口實而出兵，中國方面強烈反擊。與中國進行交涉的大久保在回憶中言「從未有過的焦煩苦心」、「這一天是終生難忘的」。但此交涉也讓大久保從中國拿出了 50 萬兩，而且沖繩的歸屬問題上已經有了著落。

琉球王當然還維持著與中國的朝貢關係。1879 年派內務大書記官松田道之到那霸，對琉球王責問為什麼一直到現在還不服從命令，並將「督責書」交給琉球王。對此琉球王答覆為，此問題目前由清國大使與日本政府在東京進行商談，在交涉妥善解決之前，我不能服從命令。松田道之非常惱火，留下「那就等著後日的處分」之語而暫時返回。3 月 27 日松田道之再次來到琉球，率兵 400 及警察 160 人悄悄來到首里城，向臥病中的尚泰王的代理代今歸仁王子出示了太政大臣三條實美的廢藩置縣的通知。不需要二分琉球，以武力為背景的明治政府斷然處置了琉球，琉球王不得不服從。「沒有動用一兵一卒，也沒有花費什麼口舌，只是以外交衝突」，就將五百多年的琉球王朝給滅亡了。可是王族及支配的抵抗還在繼續，所以問題並沒有完全解決。

美國第一位大總統格蘭特在即將離任進行世界周遊之旅時，訪問了中國與恭親王及北洋大臣李鴻章相會面之時，中國方面提出了琉球問題。1879 年 8 月 10 日，格蘭特在浜離宮會見了天皇。他們之間的對話曾被記錄成「1879 年 8 月 10 日於浜離宮對上與格蘭特對話筆記」。格蘭特將軍曾就中國恭親王與北洋大臣李鴻章所託琉球問題進行了詢問，就琉球的歸屬問題，在中日之間進行斡旋。格蘭特將軍在會見天皇之前，賓含駐日公使已經數回與日本政府進行了交涉。格蘭特將軍嚮明治天皇簡述這樣的要旨。

來到日本後，瞭解到日本的主張。但也必須考慮中國的想法。中國很早就與琉球有著關係，這次日本政府實施琉球處分，並不是和親的道路，中國也不能忘記因臺灣事件的屈辱。中國方面認為，日本支配琉球，將再奪臺灣，進而阻斷中國的太平洋之通道。察中國的心情，中國一步也不能讓。我在中國聽說，如果在琉球諸島之間劃定境界線的話，能給予中國以太平洋通道就話，中國或許會答應。

在格蘭特的教唆及助言下，明治政府決定將宮古、八重山諸島讓與中國，並從中國獲得最惠國待遇。1880 年 6 月，天皇任命以中國駐在的宍戶璣為駐清特命全權大使，翌 1881 年 2 月向中國通告將宮古，八重山諸島渡讓給中國。在沖繩諸島與宮古諸島之間大約 300 公里的海中間為境界線。中國方面的考慮是，薩摩藩從琉球掠奪的奄美大島作為日本領，將以沖繩本島為中的諸島，作為琉球王的領地，而宮古、八重山群島為清國領有。這樣中日之間的交涉至 1886 年也沒有解決。

二、日本學者認為琉球人和釣魚島群島的關係淡漠

井上清通過大量研究認為釣魚島群島至少從明代起就是中國的領土。這是一個不僅中國人，就連琉球人、日本人也都承認的事實。但琉球人是怎麼看這個列島的呢？目前所知道的琉球人寫的書中出現有釣魚島群島名稱的僅有兩部，即向象賢的《琉球國中山世鑒》和程順則的《指南廣義》。這兩部書都是用中國名稱來記載這些島嶼的，把那裡看成是中國領土，這一點前面已經講過了。另外，還有沒有不同文獻資料的、琉球人關於釣魚島群島的口頭傳說呢？

井上清教授以釣魚島的名稱入手，探討琉球人與釣魚島的關係。1900 年出版的《地學雜誌》第 12 輯第 14～141 卷上刊載的沖繩縣師範學校教師黑岩

恒的論文「尖閣列島探險記事」中引用了 1885 年 9 月 14 日沖繩縣美里間切詰山方筆者大城水常寫給縣廳的報告。報告中說，「魚釣島位於久米島的西南偏南方，島長約一里七八合程，寬約八九合程。自久米島的距離約百七八里程」。這個島從位置和地形來看明顯是釣魚島。如果是這樣的話，說明在當時的硫球是把中文的「釣魚島」改寫成了日語的「魚釣島」，琉球語稱為「要控」（YOKON 之音譯）。同年 9 月 22 日，沖繩縣令西村舍三在給山縣有朋內務卿的呈報書中說：「久米赤嶼、久場島及魚釣島古來即為本縣所稱之名……。」這個「久米赤嶼」就是中國文獻中的赤尾嶼，「久場島」為黃尾嶼（本書後面還將用資料說明）。「魚釣島」就是釣魚島。

沖繩縣令的呈報書說「古來」就是這樣稱呼，但將「釣魚島」叫作「魚釣島」，是在琉球王國滅亡後成立沖繩縣時，天皇政府的官吏所想到的。而琉球人的叫法一直是「要控」（YOKON）——與「友昆」（YUKUN）或「依棍」（YIGUN）三者意思相同。「尖閣列島探險記事」中有如下記述，可作為證據之一：

> 釣魚島，一作釣魚臺，或稱和平山，海圖上所記 Hoa-pin-su 是也。沖繩以為久場島。然就本島探險（沖繩人所為）而思考歷史時，古來「要控」之名已為沖繩人所知。於當時，久場島的名稱乃指本島東北之黃尾嶼也。但至近年，不知何故，互換彼我稱呼，以至黃尾嶼稱為「要控」，本島稱為久場……。

這裡是既沒說釣魚島在琉球被寫作「魚釣」島，也沒說被稱作「魚釣」島。只是說琉球人原先把釣魚島叫「要控」，把黃尾叫「姑巴」（「久場」之音譯），但最近不知為什麼，兩個島名相互調換了。

再者，於沖繩本島那霸出生的琉球學博學之士東恩納寬惇，在他的《南島風土記》（1949 年 5 月序）中寫的也是「釣魚島」而不是「魚釣島」。該書寫道：「在沖繩漁民中早就流傳著『友昆、姑巴甚麻』的島名。據傳『友昆』是魚島，『姑巴甚麻』是蒲葵島之義。因此，我不知道『友昆』（或『要控』）是原名，還是『姑巴甚麻』是原名。」

石垣市的地方史學家牧野清的《尖閣列島小史》中寫道；「八重山的遺老們，現在還把尖閣群島叫作『依棍姑巴甚麻』，這是把兩個島名連在一起了。依棍島是釣魚島，姑巴甚麻指的就是久場島。但他們不一個個分開來叫，而習慣於用這種叫法表明整個尖閣列島。」

牧野說，「依棍姑巴甚麻」不是釣魚一島之名，而是釣魚、黃尾兩島的琉球名，也是所謂「尖閣列島」的總稱。我推測這種說法是正確的。琉球列島中距釣魚島群島最近的是八重山群島的西表島，它位於釣魚島群島南方約 90 海里處。從沖繩本島到釣魚島有 230 海里。有機會去釣魚島附近的，只有那些從中國福州返回那霸的琉球王國的官吏以及船上的船員，再有就是一些在琉球的漁民。從地理關係上看，我認為八重山群島的漁民比沖繩群島的漁民更有可能接近釣魚島群島，並知曉它的形狀。所以，我採用了在八重山生活的研究學者的說法。

倘若牧野的說法是正確的，那麼，東恩納把「要控姑巴甚麻」當作是釣魚島一島之名，就是錯誤的了。並且在 1970 年的今天，八重山的遺老們還把「魚釣島」（釣魚島）叫作『依棍」，把「久場島」（黃尾嶼）叫作「姑巴甚麻」。這種說法與 1900 年黑岩恒所說的，原來釣魚島叫作要控——要控、友昆或依棍，三者意思相同——黃尾嶼叫姑巴甚麻，但「至近年」，島名互換了。

在情況上有些出入，這個矛盾如何能解釋清呢？看來只有解釋成：在 19 世紀的某個時期之前，「釣魚」是「要控」，「黃尾」是「姑巴」。1900 年左右，「釣魚」成了「姑巴」，「黃尾」被叫作了「要控」（依棍）。再往後不知從什麼時候起，又像過去那樣把「釣魚」叫成了「要控」（依棍）、把「黃尾」叫作「姑巴」了。

井上清教授通過研究認為「釣魚島」及「黃尾嶼」兩個島的琉球名稱有些混亂。它意味著 20 世紀以後琉球人與這些島嶼的關係還不十分密切，以至於連島嶼的名稱都沒有固定下來。倘若這些島嶼與琉球人的生活緊密相關的話，譬如琉球人經常來此捕魚，而島名的不統一必然會給漁民在生活、工作上的信息傳遞造成混亂。在生活和工作上與這些島嶼有著密切關係的中國航海家以及冊封使，對島名的叫法比較統一。「釣魚」、「黃尾」、「赤尾」是固定的，雖然有時在下面加上了「島」、「臺」、「嶼」、「山」等不同的字，或有時將釣魚、黃尾、赤尾中的「色」或「尾」省略了，但意義相同不會弄混。然而，如果與生活關係不密切，只是在閒談中偶而將那個遙遠的無人島搬上話題，那麼島名就可能會因人因時而被張冠李戴丁。對普通的琉球人來說，這些小島跟他們沒有什麼關係，也從來沒聽說過「魚釣島」這個官場用語。

據那霸出生的東恩納講，「要控」琉球語是「魚」的意思。但同在琉球的八重山人牧野在《尖閣列島小史》中卻說：「依棍是叉魚的魚叉的意思，估計是根據島的形狀起的名。」孰是孰非，不借琉球語的我根本無法判斷。如果

「要控」和「依棍」是同一詞義，牧野的說法正確的話，根據像魚叉這個特徵起的名字就不該那麼容易搞錯。

黃尾嶼全島被蒲葵（蒲葵——日語音為姑巴）覆蓋著，叫姑巴島很合適，其形狀也不像魚叉，倒像個巨大的饅頭。釣魚島南北短、東西長。島東南險峻陡峭的山岩直刺藍天，怎麼看怎麼像魚叉。然而形容得最貼切的要算釣魚島東側附近的礁石了。英國人給它起名叫作 Pinnacle（尖塔），日本海軍譯為「尖頭」。如果「依棍」是魚叉的意思，那麼可以假設，八重山的漁民在捕魚時，因受風向、潮流等情況的影響，漂流到釣魚、尖頭、黃尾這一群島嶼的附近，魚叉形狀的尖頭礁留給他們很深的印象，他們就給這幾個島礁起名為「依棍」，並非特定是指哪個島。另外，其中的黃尾嶼從中間到山頂全都覆蓋著蒲葵（姑巴），所以也把它叫作「姑巴」。這樣，這一帶不就被叫成了「依棍姑巴甚麻」了嗎？（從「尖塔」去釣魚向西約 3 海里，去黃尾向北約 13 海里；黃尾與釣魚之間距離約 10 海里，它們構成一個島群。赤尾在黃尾東方 48 海里，所以不算入這個島群。）但是，如果「依棍」是魚叉，而「要魚」（友昆）是魚的意思，兩個詞義不同的話，那肯定是別的想法，對此我也無能為力了。

《南島風土記》還說：「《指南廣義》中記載要由那霸去福州，『出那霸港，用申針（西南偏南的羅針）出洋，用辛酉（東略偏北）針行一更半（一更為 60 華里的航程），可見古米山及姑巴甚麻山』。『姑巴甚麻』便是此地（釣魚島）吧。」這是東恩納等人不該有的一個誤解。這個「姑巴甚麻山」應該是久米島附近的久場島（或稱木場島、古場島），即《中山傳信錄》上所寫的「姑巴甚麻山」，否則就與地圖不符了。從那霸去福州的正常航線不可能以釣魚島為標定目標。所以，根據上面引用的話，可以證明，釣魚島不可能在《指南廣義》編寫時（1708 年）就已經被琉球人叫作「姑巴甚麻」了。

總之，釣魚島是從何時被琉球人稱作「姑巴甚麻」的，現在還無從考證，並且也無法推測開始稱其為「要控」（友昆）或「依棍」的年代。再者，琉球人從何時開始把「黃尾嶼」叫作「久場島」，把「赤尾嶼」叫作「久米赤島」的，也無法考證。

據我所知。只有「久場島」、「久米赤島」這兩個島名出現在中國清朝末代冊封使的記錄上，而不是出現在琉球的文獻上。即 1866 年（清朝同治 5 年，日本慶應 2 年）的冊封使趙新在他的《續琉球國志略》①卷二「針路」項中，記述了他前任冊封使的航線。他寫道：道光十八年（1838 年）五月五日，從福州出海，「六日未刻，取釣魚山。申刻，取久場島。……七日黎明，取久米赤島。八日黎明，西見久米島」。並且，趙新還對自己走的航線記述道：同治五年（1866 年）六月九日，自福州出海，「十一日酉刻，過釣魚山。戌刻，過久場島……。十二日未刻過久米赤島」。這裡的久場島和久米赤島分別是黃尾嶼和赤尾嶼。

趙新為什麼不用中國原有的島名，而使用日本的名字呢？其理由不得而知。可能是因為他聽船上的琉球船員議論久場島、久米赤島，便用了這個名字記載下了黃尾嶼、赤尾嶼的吧。如果是這樣的話，琉球人使用這些島名的時間，便可追溯到 19 世紀中期。另外，趙新對黃尾、赤尾使用了日本名字，而對釣魚島依然用了中國原有的名字，我設想這可能是因為船上的琉球人還未給釣魚島起上「要控」、「友昆」或「依棍」的名字。也許他們已經那樣叫了，但因為沒有合適的漢字，所以趙新用了中國以往的表記名稱。

如果我們把「在琉球原本把釣魚叫作要控，把黃尾叫作姑巴，而至近年這個名字互換了」這一黑岩恒的說法與趙新使錄的記述綜合起來考慮的話，就會知道，黑岩恒所說的「近年」是從明治維新以後開始的。

不管怎麼說，琉球人開始用琉球語稱呼釣魚島群島各島嶼的年代，在文獻上不能追溯到 19 世紀中期。他們大概在很長的時期裏一直使用著中國名稱。這是因為，他們接觸釣魚島群島的機會，只能是在偶而漂流至該島或從中國福州返回那霸的途中，而平時琉球人和釣魚島群島沒有關係。即便是冊封使的大船，在從那霸返回中國時，也會因風向和潮流的制約，一般從久米島附近照直北上，不久轉為向西航行，而不經過釣魚島群島。況且小小的琉球漁船要頂著逆風逆流去釣魚島群島附近捕魚，這是難以想像的。所以，他們有關這些島嶼名稱方面的知識，大概先是從中國人那裡得來的，並且，在琉球人開始使用琉球語稱呼這些島嶼後，就像前面所說，明治維新後也沒將名稱固定下來。由此可見，這些島嶼與琉球人的生活關係不大。

英國軍艦「薩瑪蘭」號艦長巴爾契的航海日誌，其中有一則關於該艦於 1845 年 6 月 16 日測量黃尾嶼的記事。記事中講到，在黃尾嶼的洞穴裏有幾個漂流者臨時居住過的痕跡。巴爾契艦長說：「那些漂流者留下的床是用獨木舟上的材料和雜草製成的，從這點看，他們顯然不是西歐人。」巴爾契艦長推測，這些人在島上以喝雨水、吃海鳥蛋和鳥肉來維持生命。這几個遇難者是福建或臺灣一帶的中國人還是琉球人呢？從洞穴裏未發現遺體來看，他們很可能是幸運地獲救了。如果真是獲救的話，那麼是誰救他們出來的呢？據推測，中國人大船救出的概率要比琉球人小船救出的概率大。

三、日本學者井上清所論「琉球處分」與釣魚島群島的關係

井上清教授認為，在幕府末期，琉球人也僅是知道有「依梞姑巴甚麻」島而已，與這些小島並無日常聯繫，日本人更是毋庸贅言，除少數學者外，普通武士和老百姓對其甚至聞所未聞。這時的日本當然不可能宣稱佔有釣魚島群島。即使是幕府末期的社會動盪時期，德川幕府仍在南方與英國、美國爭奪伊豆南部的無人島（小笠原島），欲將其置於日本領土之內；在北方則因在樺太（即薩哈林島——譯注）上的日俄分界線與俄羅斯發生對抗，幕府寸土不讓，幕府的官員及長州的桂小五郎（即後來的木戶孝允）等早在1860年左右就已策劃向西侵略朝鮮。當時的幕府對於邊境的領土是何等關注，領土擴張欲何等膨脹，由此可略見一斑。如有人對「夷狄」屈從——即使是幕府，勤王派也會毫不留情地予以打擊，但他們中間卻沒有一個人想到要兼併琉球，或切斷它與清朝的關係。對於琉球前面的無人小島——釣魚島更是不屑一顧。

1868年（明治元年），勤王派推翻德川幕府，擁立天皇政權。1871年（明治4年），廢除諸藩，奉天皇為惟一最高專制君主，建立起高度中央集權的統一國家。此時的天皇政府已懷有征服朝鮮、臺灣及琉球的野心。天皇政府對這三個地區的政策相互密切關聯，渾然一體，天皇制的軍國主義已初露端倪。不久，軍國主義就把矛頭又指向了釣魚島群島。因此，論述天皇政府與釣魚島群島的關係，就必須以琉球處置為中心，追溯天皇制軍國主義的淵源。廢藩置縣時，島津藩也廢除了，天皇政府把原本由島津藩所轄的屬地、曾為封建殖民地的琉球王國也視為天皇政府的屬地。但天皇政府卻並不禁止琉球王國向大清朝貢及接受清朝皇帝的冊封，允許其保持與清朝原有的宗屬關係。翌年（1872年），天皇政府利用琉球人漂流到臺灣東岸並被當地居民所殺一事（發生在1871年11月），藉口為日本國民琉球人復仇，計劃侵略大清的領土臺灣。為使侵略變得順理成章，所需的依據之一就是：琉球王國為日本領土，其百姓為日本國民，而非大清藩屬國百姓。為此，天皇政府經過一番討論之後，天皇於1872年9月，決定封「琉球尚泰」（而非琉球國王尚泰）為琉球藩王，位列華族，賜金3萬日元，同時琉球的所有外交事務全由日本外務省管轄。尚泰王本人及其朝臣對此強烈反對，但天皇政府一方面施以威壓，另一方面派出外務省

高級官員口頭保證說：琉球可保持現行的「國體、政體」，其外交事務雖由本省管轄，但琉球與清朝的關係可維持現狀等，以佞言相欺，暫時蒙蔽過去。在美國駐日大使德朗（C. E. de Long）及他所推薦的美國退役將軍勒讓德爾（Le Gendre，1872 年 11 月起任外務省顧問）的強有力支持及指導下，天皇政府於 1874 年 7 月悍然出兵遠征臺灣。他們編造的藉口是：第一，如前所述，「日本人」被殺死了；第二，殺死「日本人」之地是「生蕃」之地——用現代的說法就是國際法上的無主地，「生蕃」不是中國的藩屬國民。後面的論調則與現在的釣魚島群島為無主地論如出一轍。

為使遠征合理合法，1873 年，當時的外相副島種臣前往北京，於 6 月 9 日會見了英國駐北京大使。當時英國大使問：如果清朝政府稱「臺灣為我國屬地，我國賦予其政權」那該怎麼辦，副島回答說：「此權非清國有之，鑿然有據焉。清國未嘗遣官吏之於生蕃之地，生蕃地名未見於清之輿圖（全國地圖）；且數年前，美人未曾告於清政府而入彼地與蕃人戰（指勒讓德爾），生蕃自與美人結約。清國若謂彼為屬下，任彼自行和戰、結約而政府不知者可乎？是故吾人謂清政府之權未及生蕃之地也。」

此外，6 月 21 日，副島與駐華大使柳原一道，訪問了清朝外交部總理衙門，就臺灣人殺害琉球人一事進行了會談。當時日本方面全都由柳原大使發言，他巧妙地引導對方，套其說出臺灣「生蕃」被「置之於化外，甚不為理也」。於是柳原就含糊其詞地斷言「貴大臣既謂生蕃之地為政教不及之所，且久有其據，既為孤立化外之蕃夷，則惟歸我獨立國處置耳」，說完就告辭了。臺灣的部分居民為清朝的「教化所不及」這一儒教的政治思想概念和「政權所不及」這一近代國際法概念是截然不同的，柳原對此了然於胸，但他卻硬把兩者相提並論，把清朝所說的「蠻地」在教化以外附會成近代國際法中所謂由沒有實際支配的「無主地」，並充作侵略的依據。第二年，日本對臺灣實施侵賂後，理所當然地遭到了清朝的嚴重抗議，而日本則以清朝說過「蠻地在教化以外」的歪理來辯白。

釣魚島群島無主地論就是這樣，用把漢語的概念和表達方式歪曲為近代的邏輯論法，來解釋陳侃、郭汝霖的使錄和《中山傳信錄》中有關久米島和赤尾嶼的記述。

1874 年侵略臺灣時，雖然日本的實力尚且無法與清朝的實力及英國的意志相抗衡，無法堅持「蠻地」等於無主地論，但隨後天皇政府的軍國主義侵略野心卻越發膨脹起來。在英國的唆使與支持下，天皇政府把侵略的首選目標集中在了朝鮮，它早在天皇政權成立之初就對其有了覬覦之心。但由於朝鮮國王像琉球國王一樣，從很久以前就向清朝朝貢、稱臣。如果日本在把琉球王國劃為琉球「藩」後，仍允許「藩」王向清朝朝貢、稱臣，那將成為日本把朝鮮國完全割離清朝的勢力範圍並變為本國屬地的大政策的絆腳石。

因此，1875 年 7 月，天皇政府嚴令琉球「藩」王完全斷絕與清朝的朝貢、冊封關係，並強迫「藩」王進京及改革「藩」政。同時，為鎮壓琉球王等的反抗，在那霸郊外強行徵用琉球人的土地，設立了熊本鎮臺（即現在的師）分營。琉球王及其貴族對此奮力反抗，暗中向清政府請求援助。清政府雖屢次抗議日本政府禁止清的「屬邦」（琉球）朝貢，但並沒有對琉球王進行實際援助。

在此期間，天皇政府於 1875 年 9 月派出「雲揚」號軍艦，非法侵入了朝鮮江華島附近的漢江、并向島上的守軍挑釁，守軍被迫開飽。天皇政府馬上興師問「罪」，陸、海軍傾兵出動，準備進攻朝鮮。在此壓力之下，第二年 2 月，朝鮮被迫簽訂了第一個「友好條約」，並於 8 月被迫簽訂了貿易章程。

這些條約，是日本強加於外國的第一個不平等條約。根據「友好條約」，朝鮮把釜山等地劃為日本的通商口岸，日本可以在此設立租界，並且享有租界的治外法權。貿易章程則規定日朝兩國「暫時」取消進出口關稅，日本可在朝鮮的通商口岸使用日本貨幣，自由地購買朝鮮人的物資。這意味著日本在政治上已經控制了朝鮮，日本資本可以對朝鮮經濟進行肆意掠奪。但這個苛刻的不平等條約的第一條中卻寫著：「朝鮮國為自主之邦，保有與日本國平等之權力。」這實際上是規定了朝鮮國不再是清朝的屬邦，其骨子裏面包藏的是把朝鮮變為日本屬國的野心。日本早在 11 年前，就埋下了日中戰爭的火種。

乘著成功降伏朝鮮的勢頭，天皇下令著手加緊「處置」始終不肯放棄清朝「屬邦」地位的琉球「藩」。但在強行簽訂「日朝友好條約」的第二年，天皇政府把全部力量投入了西南戰爭之中。在終於取得勝利，稍事平定之後，1879 年（明治 12 年）4 月，天皇政府派出了一支 450 人的軍隊和 160 人的警察隊伍，前去鎮壓已有 200 年不設軍隊歷史的琉球「藩」王，不容分說便把舊藩王強行移居到東京，並廢除藩政，改成了天皇政府直轄的沖繩縣。所謂的「琉球處置」到此就結束了。

琉球人與本土的日本人原本雖為同一民族，但在政治上卻曾是分離的。日本至此才在政治上也統一成為單一的日本民族國家，這種說法目前佔了主導地位，但我對此說卻持反對態度。琉球在 12 世紀開始形成了最初的小國家，14 世紀沖繩本島上三國鼎立，在 15 世紀末才形成了統一全土的國家。但這些國家都是和日本歷代國家政權平等交往的獨立國家，並從 14 世紀末開始向中國皇帝朝貢稱臣。大約在 17 世紀初期，琉球被島津藩征服，此後就受到了島津的殘酷壓榨和統治，但此時琉球王國仍然是一個單獨的國家，也向中國的王朝朝貢。所謂的「琉球處置」的歷史內容，即是這個國家被近代天皇政府徹底剝奪了國家的地位，割斷了與中國的臣屬關係，並淪為了天皇政府的殖民地。

四、高橋莊五郎研究認為釣魚島對琉球人來說是「夢之島」

高橋莊五郎還對奧原敏雄的以下觀點進行了反駁：

> 在沖繩先島（宮古、八重山群島），古來就親切地將中國名的釣魚島及黃尾嶼稱為「ユクン・クバシマ」，而「ユクン」就是魚島之意，釣魚島當時以兩國的好漁場而知名。（奧原敏雄論文「尖閣列島」『沖縄タイムス』一九七〇年九月二日號）
>
> 由於逆風、逆風及颱風等的原因，也曾有向列島渡海及移住嘗試失敗的例子，作為其事實，即是釣魚島編入日本以前的一個時期，即是 1891 年左右。他們往列島移住失敗是因為忽視了渡航時期的季節風及自然環境等，最大的理由是沒有資本，並且使用「伝馬船」，或者在琉球是使用帆船（サバニ），來進行渡島試驗的，有由基隆出發的臺灣漁船赴列島進行操作，是第一次世界大戰結束時的事情。（奧原敏雄論文「尖閣列島の領有権と『明報』論文」『中國』一九七一年六月號。）

高橋莊五郎認為奧原的這個論點，有值得懷疑的地方：

第一點值得懷疑的地方為奧原所謂的「古來就親切地將中國名的釣魚島及黃尾嶼稱為「ユクン・クバシマ」，……以兩國的好漁場而知名。」那麼古來先島諸島以什麼的漁船去釣魚島？生活在先島諸島特別貧困的漁民們，恐怕只有特別小的帆船。他們陷入到人頭稅及名子制度的苦難中，勉強過著非常悲慘的生活。這種人頭稅一直持續到 1903 年。因此如果說古來，恐怕也只有 50 年或 100 年前吧。

第二點令人質疑的是，本為渡航困難的釣魚島群島（ユクン・クバシ），

為什麼先人為感到親切呢？對自己生活沒有深層關係的無人之島，怎麼能令人產生親切感呢？親切感應不應當是經常能夠看到的美好的感覺嗎？釣魚島群島決不是美麗之島。因為它沒有給先島人們的生活帶來豐富美好的東西，因為直到它被開發，也沒有產生上述的效果。那麼僅僅作為航路上的目標指示能給人帶來親切感嗎？可能是其中的一點，但恐怕產生親切感的只有朝貢船或南方諸國貿易船上的船員吧，並且，他們僅是少數人。宮古島的保良，是海上貿易繁盛期的重要港口，朝貢船及貿易船幾乎都是從那霸出發再回到那霸。薩摩藩一直主宰著琉球的貿易，牧野清曾言：「所謂的八重山，也只有從十五世紀末期才開始的南蠻貿易者，及從事琉球航海的一小部分人知道。在他們中間，釣魚島被廣泛地知道，也是從古賀辰四郎在釣魚島及黃尾嶼從事事業才開始的。」高橋莊五郎也認同這種觀點。故決不是古來就有的，故 1965 年 5 月 15 日《尖閣列島標柱建立報告書》中，才有對釣魚島言「由於交通不便，普通人是不能到達的、他的夢幻之島」的說法。

第三點可疑的地方是，向釣魚島渡海或移住失敗是在 1891 年前後嗎？1893 年伊澤彌喜太渡海，在回程中遭遇臺灣最終漂到了福州。想來伊澤使用的不是汽船，而是帆船或者「伝馬船」。

……

一直到 1891 年，日本連一艘動力船都沒有。

……

1882 年以後，田代安定、赤堀廉藏、笹森儀助等人進行了沖繩探險，其中田代安定進行了兩次。在 1885 年第二加探險時，從西表島渡到了與那國島，但不是用的帆船。不用說，他從西表也渡航到了四、五十公里的波照間島。他使用的是將兩艘「サバニ」船繫在一起的辦法，最終才艱難到達的。用帆船根本沒有辦法渡航到離西表島七十公里的與那國島。所以，從宮古、八重山等先島諸島，去數百公里的釣魚島去捕魚，也是非常困難，更是不可能的。另外，如果僅僅是想獲得蛋白源的魚類，島的周圍就有很多，何必去釣魚島呢！……如果不怕任何危險，只為捕魚，就去釣魚島，不是必需的更沒有必要。

從以前到現在，釣魚島周圍卻與臺灣漁民有著大的利害關係。1950 年代末期，臺灣的漁船數量開始急劇增加，釣魚島周邊是臺灣漁民的好漁場，一年間有 3000 隻漁船在從事著漁業捕捉業務。在臺灣漁民中，去釣魚島出漁最多的是宜蘭縣的漁民。宜蘭縣1300多艘中，有300多艘在此從事捕撈業。在釣魚島附近臺灣捕撈量在1958年是17000噸，所以，對宜蘭的漁民來說，是至關重要的。由於臺灣漁民夜晚沒有辦法在那裡碇泊，最近捕撈量也在減少。現在，由沖繩到釣魚島附近的漁船基本沒有。奧原認為，在日據時期臺灣漁民去釣魚島周邊進行捕撈，在國際法上是可以作為日本人的行為，可問題是，臺灣漁民本身就與釣魚島有著很深的關係。

當然，在尖閣群島附近海域有很多魚。乘著黑潮北上的鰹魚、鮪魚、旗魚等，還有必須從這裡經過的鯊魚，鯖魚，竹莢魚等。可是，釣魚島群島對琉球人來說，別說從古代，即使到了明治時期，也不能冒著危險乘著小帆船，花費幾天的時間，又沒有冷凍設備的時代，即使能夠捕到魚，也不能說成為好漁場。對琉球人的生活來說，釣魚島跟他們沒有什麼關係，就更顯得像「夢之島」了。

五、高橋莊五郎分析倭寇與釣魚島及琉球的關係

井上清教授在《尖閣列島》（現代評論社刊1972年）中，這樣敘述：

> 有一種文獻，可以顯示，至少中國在16世紀中葉，「釣魚列島」就為中國所領。這就是幾乎與陳侃、郭汝霖同一時代的胡宗憲所編纂的《籌海圖編》（上有1561年的序文）。胡宗憲為當時數百次擊退騷擾中國沿海的名將，下記著書為其經歷的經驗的總結，主要說明倭寇防衛的戰略戰術及城池、哨所的配置及兵器、船艦的製作等。
>
> 本書卷一《沿海山沙圖》的「福七」至「福八」記載了福建省羅源縣、寧德縣沿海的各個島嶼。其中有「雞籠山」、「彭加山「、「釣魚嶼」、「化瓶山」、「黄尾山」、「橄欖山」、「赤嶼」，由西向東排列著。這些島嶼位於福州以南的海面上，從臺灣的基隆海面向東排列著，所以它無疑也包括釣魚列島。
>
> 這個圖表明，釣魚列島位於福建沿海的中國島嶼中。《籌海圖編》卷一收錄了整個遭受倭寇襲擾的中國沿海地圖，以西南到東北為序，但中國領土以外的地區都沒有編入，所以，找不出只有釣魚列島不是中國領土的根據。

與此相對，奧原敏雄教授在《中央公論》1978年7月號的論文《尖閣列島領有權的根據》中，這樣反論：

> 井上清拿出鄭若曾的《籌海圖編》卷一的《沿海山沙圖》中釣魚臺等，就看作為中國領有的證據，這比陳侃、郭汝霖更不可信。此圖只是一個大體上的沿海圖，並不是說是自國的領土，其附近的島嶼及地域也都包括在內，如日本沿海圖，也包含著朝鮮半島的南端的一部分，臺灣省的沿海圖中，也包括與那國島與石垣島。如果要是引用《籌海圖編》的話，同書卷一十七中的「福建界」，是顯示當時福建省的境界的，這個更合適。可是這個圖只顯示到澎佳山，臺灣及釣魚臺都沒有繪上。《籌海圖編》比臺灣被中國收入版圖的1683年早121年，所以臺灣也不在「福建界」。不僅如此，釣魚臺沒有被繪到「福建界」是釣魚臺當時不是中國領，這一點是明確的。

針對奧原敏雄反對井上清主張由胡宗憲編纂的《籌海圖編》卷一所繪《沿海山沙圖》而主張釣魚島為中國領土，認為此圖並沒有將釣魚島明確畫到福建省界內，故不能確定釣魚島為中國之領土。

對此，高橋莊五郎認為，這必須得從倭寇的歷史來研究。在倭寇的歷史中，最為猖獗的時期是1553年至1557年之間。1553年時，王直糾集數十群的倭寇，成為當時最大的倭寇。為了討伐倭寇，中國明朝於1556年任命胡宗憲為倭寇討伐總督。明朝在當時還多次派使者到日本，要求日本國王取締倭寇。胡宗憲的前任者為揚宜，將鄭舜功作為使者送到日本。那時，鄭在日本逗留了二年。胡宗憲也送蔣洲及陳可願到日本，與王直直接會面交流。胡宗憲與王直本為同鄉。1560年胡宗憲也曾派同鄉王直去征討倭寇。但倭寇並不可能被討滅的。鄭舜功還著成《日本一鑒》。蔣洲在歸國以後，嚮明代第一位地理學者鄭若曾提供了在日本調查的資料，鄭若曾編著了《籌海圖編》。《籌海圖編》的實際著者不是胡宗憲，而是鄭若曾。

這本《籌海圖編》使中國人對日本的知識產生了巨大的影響。司馬遼太郎認為《籌海圖編》是在漫長的中國歷史中最早出現的研究日本的書目。原因是倭寇的騷擾。倭寇的根據地很多在琉球。1621年茅元儀所著的《武備志》中的日本相關部分，就是原封不動從《籌海圖編》中截取的。藤田元治曾言，倭寇侵略中國以後，才有陳侃的記錄及《籌海圖編》、《廣輿圖》等出版，這以前在中國沒有人將日本作為邊境之地而重視起來。

而作為倭寇的根據地，琉球特別多。如眾所周知的宮古島東端的辺町的上比屋山就是倭寇根據地。讀司馬遼太郎的《街道をゆく 6》就會吃驚地發現，司馬是讀了稻村賢敷的《琉球諸島倭寇史蹟研究》(1957年)。筆者曾問過出版商吉川弘文館，此書在1962年就已經售完，沒有再版。

根據稻村的實地調查，倭寇遺跡沖繩最多。特別是先島的八重山諸島，其痕跡到處都是。所以司馬才說「日本的中世末期開始，貫穿中國的元、宋、明，倭寇將東中國海的波濤，變成自己家裏的座墊一樣。他們或是武裝高人，或是海賊的活動，使明帝國的壽命提早結束，只是讀中國方面的資料，其運動的激烈也是令後人所無法想像的。」

海拔四十八米的竹富島為倭寇的守望所。沖繩人將倭寇的稱為「かわら」。這是與倭寇同義語的「甲螺」一樣，倭寇小部隊的大將，就稱之為「頭」,「かわら」在竹富島的「小波本御嶽」的祝詞中也有。

沖繩先島倭寇住的土地，用「かわら」來命名的很多，宮古島的上野村字中山中，就有叫「かわら原」的部落，被稱為倭寇的子孫之村，他們的氏神，稱為「かわら殿御嶽」。倭寇子孫們的家譜中，其孩子在很多的場合也都用「かわら」作為小名。

根據這些，胡宗憲將釣魚島列入到防衛區域是極有意義。因陳侃在使琉球以前，釣魚島、黃尾嶼、赤尾嶼就已經在從福州到那霸的航路上了，且每個都有自己中國的名子。胡宗憲為了建立鞏固的抗寇陣線，將釣魚島納入到防衛區域，這沒有什麼不可理解的。胡宗憲與倭寇對決之時，琉球的安全對中國的安全相比，並沒有考慮琉球的安全比中國的安全更重要。中國因為倭寇的入侵，開始研究氣象、地理、軍事等，由於海盜的侵入海路由風的強弱來決定，與大陸相關的島開始被重視起來。嘉靖年間的中國防衛方法有「海防就是會哨」之說。所謂的會哨，就是在海上哨戒的戰船，在一定的島上會合，以前後左右的連攜組織方式進行哨戒。同時，在陸上築城，其城數還很多。

六、高橋莊五郎認為南方同胞援助會的意見和問題點

（一）尖閣列島（譯者注：中國稱作釣魚島）和日本的領有權

就尖閣列島（譯者注：中國稱作釣魚島）問題不可思議的是，南方同胞援助會的活躍。這個援助會是總理府的外圍組織。1971年3月25日發行的該會機關刊物《季刊沖繩》，以尖閣列島（譯者注：中國稱作釣魚島）問題為特集，在刊物卷首刊登了會長大濱信泉的「寫在尖閣列島特集號」的發刊詞。

尖閣列島（譯者注：中國稱作釣魚島）也有稱作尖閣諸島（譯者注：中國稱作釣魚島）的文獻，這裡使用一般通用的尖閣列島（譯者注：中國稱作釣魚島）名稱。這個列島現在彙集了天下的視聽，無論國內還是國外都成為重大問題。在地圖上，儘管非常努力地尋找但也只不過是像米粒那樣的小島嶼，它突然被眾人關注而登上國際舞臺，其理由一言以蔽之，託海洋資源調查開發技術飛躍發展進步之福，不管怎樣說，主要是因為這個列島海底蘊藏了優質和豐富的油氣的緣故。

沖繩和中國間自古就有朝貢貿易行為，船舶往來頻繁。因為尖閣列島（譯者注：中國稱作釣魚島）處在航路上，所以對於當時的航海者發揮了非常好的航標作用，無論沖繩方面的文獻還是中國方面的文獻，自古都有關於此島的記載。可是，明治年間直到日本將其編入領土行政措施執行以前，沒有將其宣稱為本國領土的國家，也沒有實力上支配這個釣魚島的國家，在我國將其編入領土後也不曾有對其提出異議的國家。因而，這些列島在行政區域上歸屬於八重山群島的石垣市，在土地臺賬上，被賦予該市登野城的地方番號。無須說當初自然是國有地，明治二十九年，古賀辰四郎為了開發資源，從政府購買到手，現在登記本上，是其繼承人古賀善次的所有地。如此，尖閣列島是日本的領土，所有權的歸屬毫無懷疑的餘地，在其近海油田問題浮出水面之後，宛如沉睡的孩童被喚醒一般，臺灣的中華民國政府非正式地主張領土權，甚至升級為要求日臺（譯者注：中國臺灣）兩國共同開發的境地，彷彿像條件反射一樣，中共方面也從旁邊殺出。

尖閣列島（譯者注：中國稱作釣魚島）處在和中國大陸接壤的所謂大陸架上，是幸運還是不幸。這件事對於日本來說是有力的切入點，但是與大陸架理論相關聯，也包含著被強詞奪理的可能性。即尖閣列島近海的海底資源的問題，一方面和領土問題相關聯，另一方面也和大陸間理論相糾纏，面臨將來招致國際論爭的形勢。

南方同胞援助會擔憂此方面的問題，為了是日本的立場變得有力，痛感到盡早開始進行調查、積累實際數據的必要，將此事向政府進言，結果三年來，作為政府的事業，投入了巨額的資金持續地進行科學調查。與此同時，援助會盡可能從各方面收集能夠證明尖閣列島（譯者注：中國稱作釣魚島）領有權的證據，對於大陸架理論及其他相關連的問題，或是委託各個專家進行研究，或是組織研究會以討論的形式致力於問題的明朗。在本號中，可以說是這些調查研究成果的集大成，以此寄予尖閣列島的近海開發事業的推進，在將來圍繞這一問題引發國際紛爭之時，相信它也可以成為有力的參考資料。

就國家領土問題，日本政府本身就必須直接展示主張領有權的證據，但是，為何南方同胞援助會還要花費一年的時間收集可以證明尖閣列島的證據呢？為何創立「尖閣列島研究會」呢？對此，援助會在《季刊沖繩》第五十六號後記中有所闡明。其中寫道：為了收集被埋沒的資料，曾經前往沖繩本島及石垣島，派遣國土館大學講師（筆者注現為教授）奧原敏雄、收集了大約二百份超出預想的資料，還在貴重的公文檔案中發現幾處無法成為領有權主張證據的東西、還有無法成為證據的東西。另外，和奧原教授持不同立場，苦心收集到的作為領有權證據的資料，將其價值剷除掉（參照「尖閣列島領有權的根據」《中央公論》1978 年 7 月號）。

尖閣列島（譯者注：中國稱作釣魚島）研究會（以下簡稱研究會）大約花費一年時間收集基礎資料。作為研究會研究結論，發表了《尖閣列島和日本的領有權》(《季刊沖繩》第五十六號、1971 年 3 月 25 日發行）。這是奧原教授撰寫，所以加入了該教授在《中央公論》中的論文來闡述其主要觀點。這個研究會的論文由五部分構成，其中包括：序說、一、編入領土、二、領有權確定的經緯、三、第二次世界大戰後的法律地位、四、美國政府及琉球政府行使施政權的狀況、五、結論。從這篇論文來看，1970 年 9 月 17 日琉球政府的聲明「關於尖閣列島的領有權」恐怕也成為奧原教授的根據吧。研究會研究成果的主要內容如下：

1. 序　說

尖閣列島（譯者注：中國稱作釣魚島）基於國際法上先占的原則，編入日本領土。關於尖閣列島（譯者注：中國稱作釣魚島）編入領土之時，沒有受到世界任何國家的抗議，在平穩狀況下實現的。為了證明我國對尖閣列島（譯者注：中國稱作釣魚島）的領有權，至今花費一年的時間，收集基礎資料，如今已經完成此項工作現將研究會的結論加以發表。

2. 領有意思

日本對於尖閣列島（譯者注：中國稱作釣魚島）開始間接領有的意思是在 1879（明治十二）年左右開始。在該年發表的英文《大日本全圖》（松井忠兵衛編）中，已經對尖閣列島各個島嶼加注了名稱，以日本領土的形式進行表述。（筆者注：在此張地圖中，使用了和平山、黃尾嶼、赤尾嶼的名稱。對南北二小島及附近岩礁則用凸島總括。和平山就是魚釣島。）1881（明治十四）年內務省地理局編纂的《大日本府縣分轄圖》中，該諸島也出現在沖繩縣之中。1885（明治十四，譯者注原書有誤應為明治十八）年，沖繩縣知事聽取大城永保對尖閣列島的介紹，派遣出雲丸進行實地調查，1892（明治二十五年）由軍艦海門進行過實地調查。

3. 編入措施

沖繩縣知事想要將該諸島作為沖繩管轄、設立國標的申請，在 1885 年和 1890 年及 1893 年，分別提出過三次。1894（明治二十七）年 12 月 27 日，內務大臣與外務大臣協商沖繩縣知事的申請，結果，外務大臣也同意在閣僚會議上提出。於是翌年的 1895 年 1 月 14 日的閣僚會議上，同意沖繩縣知事申請的尖閣列島（譯者注：中國稱作釣魚島）劃歸該縣管轄、設立國標。1 月 21 日，政府將此決定通知給沖繩縣知事。

4. 領有權確定前的經緯

（1）1896（明治二十九）年 4 月，沖繩縣知事將尖閣列島（譯者注：中國稱作釣魚島）編入八重山郡，完成國內法上的程序。其後，1902 年 12 月，劃歸到石垣島大濱間切登野城村管轄。政府將尖閣列島（譯者注：中國稱作釣魚島）中的魚釣島、久場島、北小島、南小島四島編入八重山郡後，將其記入指定國有地的臺賬。魚釣島及久場島歸農林省所管轄，南北二小島歸內務省所管轄。久米赤島由於面積狹小（周圍大約二百米一正木任），推遲指定為國有地的時間，1921（大正十）年 7 月 25 日，歸屬到內務省管轄，島名變成大正島。

（2）1903（明治三十六）年 12 月，由臨時沖繩縣土地整理事務局進行最初的實地測量和地圖製作〔註 1〕。對尖閣列島（譯者注：中國稱作釣魚島）的實地測量分別於 1915（大正四）年日本水路部、1917 年海軍水路部、1931（昭和六）年沖繩縣營林署進行。1900（明治三十三）年，受古賀辰四郎所託，黑岩恒、宮島幹之助的學術調查活動，還有野村道安八重山島司同行，1932 年農林省資源調查團前往尖閣列島（譯者注：中國稱作釣魚島）。這些都是我國國家或者是地方行政機關的調查。1884 年左右古賀辰四郎派人，採集

〔註 1〕《季刊沖繩》第五十六號，第 96 頁，用和平山島嶼名稱，簡單描繪島嶼輪廓和河流、房屋、港口等的地圖，恐怕是此時製作的地圖吧。和平山是中國名稱，這裡指的是魚釣島。

信天翁的羽毛、海產物的採集，這個時期的古賀的行為屬於私人行為。

（3）1896（明治二十九）年9月，政府將魚釣島（釣魚島）、久場島（黃尾嶼）、南小島、北小島四個島嶼無償租給古賀辰四郎三十年。古賀辰四郎在1897年後大規模投入資金，著手對尖閣列島進行開發。他在魚釣島和久場島建築房屋、儲水設施、碼頭、棧橋等，進行海鳥的保護、實驗栽培、植樹等活動。1897年派遣50人、1898年派50人、1899年29名工人到尖閣列島（譯者注：中國稱作釣魚島），1900年還派去13名男子、九名女子。古賀邊開發邊進行信天翁羽毛採集、鳥糞挖掘事業。由於開發生產的功績，1909年，古賀得到了藍授獎章。

（4）1918（大正七）年，古賀辰四郎死去，其子善次繼承他的事業。善次在魚釣島和南小島進行鰹魚製造及各種海鳥加工、樹木採伐、鯊魚尾鰭貝類、鱉甲等的加工、海鳥罐頭製作等，為了製作鰹魚產品安排80名漁夫、加工工人70～80人，在魚釣島和南小島居住。信天翁羽毛採集由於歉收和貓害（注：據說作為寵物飼養的貓達到二千隻，被貓吃掉的海鳥很多）等原因，1915年以後終止了該事業。鳥糞的採集也因為第一次世界大戰運費高漲，經營虧損而終止。

（5）1926（昭和元）年，四個島嶼國有地無償使用期滿，隨之政府每隔一年就簽訂一次合同，古賀善次提出有償購買的申請，政府在1932年3月31日將國有地賣給古賀家族。當時買賣魚釣島的價格是 1825 日元、久場島是247日元、南小島是47日元、北小島是315日元50錢。

（6）1919年中國福建省惠安縣男女漁民31人，在魚釣島附近遭遇船難，到此島避難。古賀善次救助他們，將其收容在石垣村，後來全部送回中國。對此，中華民國駐長崎領事向石垣村長和古賀善次贈送了感謝信，在感謝信中，將漁民遇難的場所表述為日本帝國沖繩縣八重山尖閣列島內和洋島，和洋島即是被稱為和平山的魚釣島。

5. 美國民政府及琉球政府行使的施政權狀況

（1）美國對於聖弗蘭西斯科和平條約第三條的尖閣列島（譯者注：中國稱作釣魚島），通過美國民政府及其管下的琉球政府，實際地行使施政權。1956（昭和三十一）年4月16日以後，將該列島中的唯一國有地大正島、1955年10月以前開始講久場島作為美軍實彈演習基地使用。大正島由美海軍使用，久場島在1955年10月以前由美國空軍使用，其後歸美海軍使用。

美國民政府把琉球政府作為代理人，就久場島的有償使用與古賀善次訂立租借合同。

（2）1969（昭和四十四）年 5 月，石垣市長同行，在尖閣列島（譯者注：中國稱作釣魚島）五島設立了行政標示。

（3）1970 年 7 月，由美國民政府出資，在包括大正島的五島嶼設立了處罰非法進入者的警告版。

（4）1968 年以後巡視船開始海上巡視。1968 年 10 月 2 日，在南小島，1970 年 7 月 11 日，在久場島巡視，發現臺灣的工人在進行分解沉船的作業，馬上命令他們退走。可是，美國民政府從臺灣申請到正規的進入手續，故此許可他們繼續作業。

6. 結　論

以上明確地說明，日本平穩而且持續地實際支配對於在國際法上確定我國的領有權是有充分的證據的。

研究會的這份「尖閣列島和日本領有權」的論文報告，是極為重要的文件，對此逐一提出疑問。

（二）高橋莊五郎對南方同胞援助會尖閣列島問題提出的問題點

1. 關於先占

研究會記述「尖閣列島是基於國際法的先占原則編入日本領土的」。然而，國際法〔註 2〕上，作為國家行為取得領土的原因是如下的闡述。

（1）作為國家間的共識取得的有割讓和合併。明治軍國主義獲取的臺灣即是割讓，獲得的朝鮮是合併。

（2）國家單方面取得的行為有征服和先占。征服是國家通過實力使對方國家屈服，取得對方的全部領域。

（3）此外還有添附。這是通過自然現象獲得領域的做法。海岸、河岸、湖岸等，由於堆積形成面積增加的情況。

所謂的先占，是國家對不屬於任何國家的地域—無主地，實施支配，作為其領域而取得。這種先占制度是歐洲列強將歐洲以外的未開發地區占為己

〔註 2〕田火田茂三郎・石本泰雄編《國際法》高文社刊、五四一五頁。宮崎繁樹著《國際法》日本評論社刊、213 頁。香西茂・大壽堂鼎・高林秀雄・山手治之著《國際法概說》有斐閣雙書、109～110 頁。岡田良一著《國際法》勁草書房刊、參考 125 頁以下。

有的工具，十九世紀前半期以後，通過先占把美洲大陸和非洲大陸變成殖民地。這種制度是為了包庇強國的強盜行為而服務的工具。先占的要件是，國家具有領有的意思，需要對無主地進行實效地支配。國際法上的無主地指的是尚不屬於任何國家的土地，即使那裡有人居住，如果不是國家的領土，就可以先占。先占的要件具體來說有如下幾點。

（1）先占的主體是國家。必須是國家的意思來進行。

（2）領有的意思是將該地域編入國家版圖的宣言、立法上及行政上的措施、向他國的宣告等表示。向他國的宣告是否成為先占完成的必須要件，通常用通告以外的手段表明領有的意思就可以。

（3）對於無主地必須實效地佔有。發現無人島，只是在那裡插上國旗那樣象徵性地編入領土行為，不是有效的先占。關於實效地佔有的意思，美國政府解釋成土地的實際應用，還有定居那樣的物理上的佔有，在國際審判時的裁判案例中，解釋成意味著支配土地的地方上的權力的確立。因此，即使是有定居的人口，國家的支配如果未達到的話仍然不是有效的佔有，即使是無人島，軍艦和巡視船的定期巡視等方法，將國家機能用於此地，將此稱為先占。即使是人類居住非常困難的極地，以此可以由先占來取得。

研究會雖然將尖閣列島（譯者注：中國稱作釣魚島）視作由先占而編入領土的土地，極力滿足國際法上的先占要件的行徑無人不知。比如，1900（明治三十三）年，受到古賀辰四郎的委託，宮島幹之助所做的調查，刻意將八重山島司同行之情況作為正式的調查證據。

高橋認為日本政府基於研究會的研究成果，將尖閣列島（譯者注：中國稱作釣魚島）由先占編入領土的說辭正式對外散播。或者是把應該作為先占證據的資料，通過研究會的整理開始主張由先占編入領土的宣言。

（1）研究會發表研究成果主張尖閣列島（譯者注：中國稱作釣魚島）是由先占編入我國領土的時間是 1971 年 3 月 25 日。

（2）回答楢崎彌之助眾議院議員的質疑，佐藤榮作內閣總理大臣推出尖閣列島（譯者注：中國稱作釣魚島）不是根據下關條約第二條從中國割讓來的答辯書的時間是 1971 年 11 月 12 日。

（3）外務省記者會分發「關於尖閣列島領有權問題印刷品」，發表尖閣列島（譯者注：中國稱作釣魚島）通過先占編入我國領土的聲明時間是 1972 年 3 月 8 日。

（4）更為重要的事，外務省情報局使用關於尖閣諸島的印刷品，表明日本按照1895（明治二十八）年1月14日閣議決定，將尖閣諸島（譯者注：中國稱作釣魚島）劃歸沖繩縣管轄，設置國標。1972年5月宣誓，這是按照國際法先占原則取得的領土。

在此之前，日本反覆表示尖閣列島（譯者注：中國稱作釣魚島）歷史上一直是我國西南諸島的一部分，在領有權方面一點疑問沒有，非常明確。但是宣誓卻變成由於先占而編入的領土。由於石油而使尖閣列島（譯者注：中國稱作釣魚島）成為問題之前，幾乎所有的國民都不知還有那個列島的事情。出現此種情況是由於明治政府完全未曾發表這樣的報告。即使是發表的文件也只是《日本外交文書》第十八卷和第二十三卷中有所表現。《日本外交文書》是外務省編纂、外務省收藏的資料，有由日本國際聯合協會出版。第十八卷是1950（昭和二十五）年12月、第二十三卷是1952（昭和二十七）年3月發行的。關於尖閣列島（譯者注：中國稱作釣魚島）編入的經緯，除了能夠看到這些文書原本的人以外，可以說任何人都不知道。另外，即使是公開出版，由於其價格是7000日元、8000日元的書籍，也不是所有人都能夠購買的。當時大學畢業生的工資是7000日元到一萬日元左右。研究會先占的主張，基於這份《日本外交文書》，構建先占的法理。研究會的目的很清楚，其活動是為「建立我國對尖閣列島的領有權」，於是，作為取得領土的原因，除主張先占之外就再沒有別的可言，沒有先占與割讓的選擇。如果是割讓就應該在1945年10月25日返還給中國。

既沒有敕令，也不曾對外公布內閣決議。即便是政府指示沖繩縣知事可以建立國標的指令也沒有對外公布。地方政府沖繩縣的告示也沒有，故此，沒有國民知道此事。所有的只是古賀辰四郎及其兒子善次從政府手中租借魚釣島（釣魚島）、久場島（黃尾嶼）、南小島、北小島，一直到大正中期左右進行過開發事業的事實。奧原教授主張實效支配的重要要件即是由此而生成的。可是實際情況告訴我們，奧原教授地無法堂而皇之說實效支配的言辭。由於日清戰爭，沖繩和臺灣之間沒有國境，臺灣全島和附屬島嶼及澎湖島都成為日本的版圖，對於尖閣列島（譯者注：中國稱作釣魚島）的實效支配毫無任何顧慮，事實上並不是作為無主地先占獲得的領土。

1896（明治二十九）年，無人的尖閣列島（譯者注：中國稱作釣魚島），1932（昭和七）年左右，還是成了無人島，在此四十多年時間裏，一直是無人的狀態。

尖閣列島（譯者注：中國稱作釣魚島）可以被稱為第二個竹島（朝鮮稱獨島），將竹島編入日本領土也沒有敕令發表，是由 1905 年 1 月 28 日內閣決議來決定的。據大熊良一著《竹島史稿》中，引用井上清先生的著作寫到：「通過公布內閣決議直接達到國家主權的手續，是明治初年以來明治政府的慣例，通過這樣的事例將無主地編入日本領土的無主島嶼不在少數」（井上清著《尖閣列島》現代評論社刊、132 頁）。關於竹島的內閣決議，是二月十五日由內務大臣向島根縣知事發布的訓令，內容是：「北緯三十七度三十秒，東經一百一三一度五十五分，距離隱岐島西北八十五海里的島嶼稱為竹島，自今日起其所屬管轄權歸隱岐島司，將此意向管轄內通告。」（大熊前揭書）於是，島根縣知事在 2 月 22 日，通過島根縣第四 0 號告示，將其內容加以公布（上地龍典著《尖閣列島和竹島》教育社刊，129 頁）。

在尖閣列島（譯者注：中國稱作釣魚島）編入領土之前，在 1891（明治二十四）年，將小笠原島的西南無人島通過先占編入領土之時，因為考慮到國際法的關係曾進行過協商。由內務省向外務省提出將「小笠原島西南方向，北緯二十四度零分到二十五度三十分，東經一百四十一度零分到二十五度三十分，東經一百四十一度零分到一百四十一度三十分之間分布的三個島嶼」確定為硫磺島、北硫磺島、南硫磺島的島嶼名稱，將其作為小笠原所屬，經過內閣決定，1891 年 9 月 9 日，通過政府報紙發表了第一九〇號敕令，對此予以公布。當然，敕令中，非常明確地說明了位置、島名、所屬地方政府。再往前追溯，領有小笠原群島之時，在 1876（明治九）年 10 月，日本政府向各國公使作出了通告。另外，1900 年 9 月 11 日，在內閣會議提出的「關於無人島所屬的要件」正式寫明，用經緯度表示其準確位置，確定沖大東島島名，將其編入島尻郡大東島區域。

但是，對於按照先占原則編入領土活動的尖閣列島（譯者注：中國稱作釣魚島），卻完全沒有進行此類手續。對於和中國毫無關係的島嶼按照正常手續進行，但是對於擔心和中國的關係的尖閣列島（譯者注：中國稱作釣魚島），卻不進行那樣的手續。那是由於他們覺得完全沒有那樣做的必要。那是因為在日清戰爭中已經取得大勝利的緣故，除此之外再別無其他理由。

2. 關於編入領土

研究會關於編入領土之事，是如此闡述的：「沒有收到來自任何國家的抗議，在平穩狀態下實現了對該列島的領有」。

雖說沒有受到世界上任何國家的抗議，但那個問題無論在 1895（明治二十八）年，還是現在，都是中日之間的問題，不是對美對蘇問題。而且，1895 年開始直到 1945（昭和二十）年的五十年間，對於中國來說，日本一直是最兇惡的敵人，對此問題該如何考慮呢？在下關條約中，沖繩和臺灣之間沒有國境，1931 年 9 月 18 日柳條溝事件之後，日本軍國主義開始對中國東北進行正式的侵略，1937 年 7 月 7 日盧溝橋事件開始，日本全面開始對中國的侵略戰爭。國際法上即便到現在為止，仍然沒有阻止侵略戰爭的條款。對侵略戰爭的結果，只是用割讓、合併等進行解釋。

3. 關於領有的意思

研究會說：「日本開始對尖閣列島產生領有意思是在明治十二（1879）年左右開始的」。

作為其理由，聲稱在該年發行的英文《大日本全圖》（松井忠兵衛編）中，已經對尖閣列島（譯者注：中國稱作釣魚島）的各個島嶼命名，將其作為日本領土予以表示。而且各個島嶼名稱叫做和平山、黃尾嶼、赤尾嶼。但是，這些島嶼名稱都是中國名稱。在海圖、水路志中，和平山被寫作 Hoa pin su 和 Hoa pin san。筆者雖未看過 1879（明治十二）年發行的地圖，但僅從地圖上看，就可知日本開始具有領有尖閣列島（譯者注：中國稱作釣魚島）的時間有誤。在筆者手頭的 1895（明治二十八）年 3 月出版的地圖《地圖選集三都市四十三縣三府一廳大日本管轄分地圖》（人文社刊）中，不曾載有尖閣列島（譯者注：中國稱作釣魚島）。而且在地圖解說中，喜多川周寫到：明治二十八年三月，在下關春帆樓日清講和談判時，日本的國土還是呈現在東海的自然狀態中，在此之後日本地圖就開始被塗改起來。這個地圖雖有久場島，但所指的是現在的島尻郡的久場島。如果按照研究會的觀點，1879 年開始領有的意思，在 1895 年就被拋棄掉了。

明治十二年到底是個什麼樣的一年呢？

那是明治政府以武力為背景，強行對琉球實施廢藩置縣的年頭，導致了中日間沖繩分島論爭，並非尖閣列島（譯者注：中國稱作釣魚島）問題。無視這樣的歷史、政治的背景，在該年開始對尖閣列島（譯者注：中國稱作釣魚島）產生領有意思之說法，完全錯誤。奧原教授本身也說：「國際法不意味著無視歷史事實」。

另外，在 1881（明治十四）年的內務省地理編纂局的《大日本府縣分轄圖》中，還在沖繩縣範圍內出現過和平山、黃尾嶼、赤尾嶼等諸島，既然如此，為何不能單純地主張尖閣列島（譯者注：中國稱作釣魚島）是我國的島嶼呢？為何還說領有意思呢？

4. 關於編入領土的措施

研究會宣稱將尖閣列島（譯者注：中國稱作釣魚島）編入日本領土，是通過「閣議……決定」，在 1896（明治二十九）年四月完成國內法上的領土編入程序。

到底是否如此呢？

1895（明治二十八）年 1 月 14 日的閣議決定：經過沖繩縣知事在 1885（明治十八）年、1890（明治二十三）年、1893（明治二十六）年三次申請，許可他們設置國標，由於政府在一月二十一日指令沖繩縣知事實施申請的工程，因此完成了編入領土的措施。但是這是非常可笑的事情。尖閣列島（譯者注：中國稱作釣魚島）因為石油問題成為關注的焦點之時，有很多人主張日本政府是通過 1896（明治二十九）年 3 月 5 日的敕令第十三號編入日本領土的。那是因為無主地先占必須先表達國家領有的意思，再按照舊憲法正式通過敕令來實現。因此就有敕令第十三號登場了。

（1）明治二十九年編入日本領土以來，無須說中國就連任何國家都沒有與此相伴的主權申請（《沖繩時論》社論，1970 年 9 月 7 日號）。

（2）明治二十九年日本政府宣誓領有尖閣列島（譯者注：中國稱作釣魚島）以來……（《琉球新報》社論，1970 年 9 月 13 日號）。

（3）1896（明治二十九）年，編入我國領土，成為沖繩縣所屬的島嶼（《每日新聞》社論，1970 年 12 月 6 日號）。

（4）1895（明治二十八）年 1 月 14 日，內閣決定該列島是日本領土。敕令第十三號接受此內閣決議，該列島名實皆成為日本領土，決定將其劃歸沖繩縣八重山郡石垣村（今石垣市）管轄。（《尖閣列島解說記事》）《東京新聞》1971 年 4 月 5 日號）。

（5）1881（明治十四）年，經當時日本政府內務省地理局之手，向沖繩縣下達的一連串領有意思的表達，1896（明治二十九）年 4 月，正式編入日本領土，劃歸沖繩縣八重山郡以來……（《月刊社會黨》1972 年 3 月 24 日號）。

（6）日本的主張經過 1895（明治二十八）年，的內閣決議，按照 1896

（明治二十九）年的敕令第十三號= 基於作為沖繩縣的一部分正式編入領土的事實（皆川洸論文「尖閣列島」)。

（7）按照明治二十九（1896）年敕令第十三號，日本政府發布領有尖閣列島（譯者注：中國稱作釣魚島）宣言（新城利彥論文「尖閣列島和大陸架」)。

（8）經過明治二十八年內閣會議，基於第二年的敕令第十三號決定為日本領土……（金城睦論文「尖閣列島問題的周邊」《法律時報》1970 年 10 月號）。

（9）根據明治二十八（1895）年 1 月 14 日內閣決議，藉沖繩縣實施明治二十九年四月一日敕令第十三號機會，進行了國內法上的領土編入程序（琉球政府聲明「關於尖閣列島的領土主權」1970 年 9 月 17 日）。

對此，主張尖閣列島（譯者注：中國稱作釣魚島）是按照 1895（明治二十八）年 1 月的內閣會議決定編入領土的理由如下：

（1）利用先占這一國際法上的合法行為，按照明治二十八年一月十四日的內閣決議，將其作為沖繩的一部分納入領土（外務省)。

（2）從國際法角度來看，按照先占的法理，明治二十八年一月，我國確立了領土主權，將其編入沖繩縣八重山郡（當時的總理大臣伊藤博文、外務大臣陸奥宗光)，此後這個事實被國際社會所承認，不曾受到任何抗議（「經濟氣象臺——尖閣諸島的歸屬問題」《朝日新聞》1972 年 5 月 19 日號）。

（3）明治二十八年編入日本之前，在國際法上是無主地……明治二十八年的編入措施是經過內閣會議通過的……（《朝日新聞》社論，1972 年 3 月 2 日號)。

（4）按照日清戰爭勝負結果已然決定的明治二十八年一月內閣決議，基於國際法上的先占法理，尖閣列島（譯者注：中國稱作釣魚島）被確定為領土主權（《日本經濟新聞》社論，1972 年 3 月 5 日)。

於是，奧原敏雄教授開始進行引申思考。對於按照內閣決議對該島的措施，在明治二十九（1896）年 4 月 1 日敕令第十三號，由沖繩縣實施的機會（筆者加注)，實現的。這個敕令本來是關於編制郡——沖繩縣分成五郡（島尻、中頭、國頭、宮古、八重山)、規定各郡行政上的歸屬而指定的敕令，並非以尖閣列島（譯者注：中國稱作釣魚島）為直接對象，正式將其在國內法上編入領土的命令。但是，沖繩縣知事解釋（筆者加注）說：敕令第十三號八重山諸島中包含該列島，該列島在行政上編入八重山郡，正如上述，沖繩縣知事將該島編入八重山郡的措施，是以行政區分為目的的，對於尖閣列島（譯者注：中國稱作釣魚島）在國內法上的編入領土措施，在編入八重山郡之前不曾有過，故此，將該列島編入八重山郡的措施，就不僅僅是行政區分上的編入，也是因此進行國內法上的編入領土行動（奧原敏雄論文「尖閣列島法的地位」《沖繩時論》1970 年 9 月 4 日號）。

在敕令第十三號中，見不到尖閣列島（譯者注：中國稱作釣魚島）的蹤影。此時在行政區分上將所屬地域明確化的是大東島。按照敕令將其劃歸到島尻郡之下管轄。在 1885（明治十八）年 10 月 21 日，井上外務卿回答山縣有朋內務卿「應該緩建沖繩縣與清國之間無人島上的國標」的文書中講到，大東島是剛剛踏查過的杜絕在官報和報紙上刊登的島嶼，是古賀辰四郎在 1891（明治二十四）年 11 月 20 日從丸岡莞爾沖繩縣知事那裡獲得開墾許可的島嶼。

奧原教授在《沖繩時論》中，承認敕令第十三號不是決定編入尖閣列島（譯者注：中國稱作釣魚島）領土的命令。在國內法上未被編入領土的久場島、魚釣島，僅憑沖繩縣知事一個地方官的解釋（筆者加注）就編入了八重山郡，尖閣列島（譯者注：中國稱作釣魚島）完全沒有像大東島那樣的敕令措施。

奧原教授還對尖閣列島的範圍開動腦筋。明治二十八年一月的內閣決議雖然言及魚釣島和久場島，規定劃歸沖繩縣管轄，但是尖閣列島（譯者注：中國稱作釣魚島）除掉這些島嶼之外，還有南小島、北小島、沖北岩、沖南岩、飛瀨等岩礁，還有久米赤島。上述的內閣決議完全未曾提及這些小島及岩礁。明治二十八年一月的內閣決議應該解釋成不曾有對這些島嶼的領有意思吧（奧原教授前揭論文）。在奧原教授苦思列島構成時，日本的領海是三海里，因此奧原教授進行思考。除久米赤島外，這些小島和岩礁分布在魚釣島附近，而且，南、北二小島和沖北及南岩位於魚釣島領海外一哩〔註 3〕到三哩的地方，因此，不能說由於我國明確宣布對魚釣島的領有意思，就表示了我國擁有了對這些小島及岩礁的領有意思（奧原教授前揭論文）。

對此進行言簡意賅的整理，便會明白。

（1）慶幸的是，魚釣島領海內約〇．八哩地方有座飛瀨岩礁。

（2）飛瀨在高潮時顯露〔註 4〕在海面上，在國際法上可以稱作島嶼。

〔註 3〕奧原教授所說的哩是海里。

〔註 4〕海拔三・四米。

（3）飛瀨也有三海里的領海。

（4）北小島在飛瀨領海內約二．七哩，故領有意思可以發展到北小島。

（5）北小島領海內約二〇〇米處，是南小島，大約二哩處有沖南岩。

（6）沖南岩領海內約二哩處是沖北岩。

（7）如此一來，如果把飛瀨岩礁作為基點來考慮，我國對於魚釣島領有的意思，可以理解成達到這些小島、岩礁。

但是問題是久米赤島（大正島、赤尾嶼）。因此，奧原教授還要再思考。久米赤島距離久場島（黃尾嶼）大約 90 公里，距離魚釣島大約 100 公里，距離石垣港大約 195 公里。內閣決議中，雖然承認在「八重山群島西北的無人島久場島和魚釣島」設置國標，但是久米赤島位於宮古島東北大約 70 哩，石垣島的西北約 105 哩，正如內閣決議所說，它不在八重山西北。據日本外交文書，是 1885（明治十八）年，「分布在沖繩縣和清國福州之間的無人島久米赤島之外的兩個島嶼」，是 1890（明治二十三）年的魚釣島之外的兩個島嶼。由此可以看出，儘管內閣決議沒有特別排除久米赤島的意思，但也無法斷定承認包含久米赤島。因而，按照 1896（明治二十九）年的敕令十三號，根據沖繩縣知事的解釋，應該認為包含久米赤島的尖閣列島（譯者注：中國稱作釣魚島）全體被編入八重山郡的時候，編入領土的（參照奧原教授前揭論文）。

久米赤島（赤尾嶼）也是按照沖繩縣知事的解釋被編入到八重山郡的。久米赤島被指定為國有地是在 1921（大正十）年 7 月，其島名被改成大正島，是按照沖繩縣知事的解釋，被編入後的第二十五年的事情。對於大正（赤尾嶼）島，即使日本具有領有的意思，仍然缺乏先占的具體要件。具有領有某座島嶼的意思，需要在哪座島嶼上插上國旗，設立記錄何國領有的石碑，還要向各外國通告領有的意思，不具出領有的實際例證，不產生先占的效力。……先占對象是無人島或不毛之地，設立國家機構當然是不可能的，作為具體要件，只是派出臨時機構的情況下，將先占的意思向各個國家通告，確認不會產生抗議，對於避免將來的爭議實屬重要（岡田良一著《國際法》勁草書房刊，125～127 頁）。

如果按照奧原教授的觀點，對於無主地實行先占的久米赤島，由於沒有實效的支配，即使現在仍然是無主地。

如果想要對自古就在中國及沖繩的歷史文獻中就有記載的、即便是歐洲也知曉的赤尾嶼（赤嶼）、黃尾嶼、釣魚島（釣魚嶼、和平山）進行先占的話，應該向各國通知先占的意思。但是，當時存在著不必要那樣作的政治形勢，那便是日本在日清戰爭中的勝利。在大正島設置國標是在一九六九（昭和四十四）年五月，尖閣列島（譯者注：中國稱作釣魚島）由於石油而喧囂塵上之時，是通過美國施政下的石垣市長命令來實現的。作為軍事演習基地，把炮彈從空中和海上傾注到該島嶼上的人是美軍，在此之前，根本沒有日本的實效統治。明治六年三月外務省琉球藩，運來大中七種國旗，因為擔心不明確沖繩孤島的境界有被外國掠奪之憂，出現從早晨到晚上要在久米島、宮古島、石垣島、西表島、與那國島飄揚國旗的警告，但是，日本政府沒有在尖閣列島（譯者注：中國稱作釣魚島）的任何島嶼上插上國旗，也不曾設置國標。

可是，被拉進先占的法理中去之後，就失去了本來面目。下關條約中奪去了澎湖列島、臺灣等，沖繩和臺灣之間完全失去了國境，無論是否發布敕令，沖繩縣知事是否實施國標建設，那些已經沒有什麼必要了。

關於此事，奧原教授是這樣表述的。明治二十八年一月十四日（內閣決議）的時候，日本已經在日清戰爭中確定了勝利的局面，正是講和預備交涉將要開始之時。對於臺灣的割讓給日本之事，爭取列強承認之時。日本政府在此時期確認將尖閣列島（譯者注：中國稱作釣魚島）編入沖繩的背景，不難想像，是基於知道將要失去臺灣的清國，圍繞著不足以關注無主地的尖閣列島（譯者注：中國稱作釣魚島）歸屬，不會出現紛爭的政治判斷……。

但是，重要的是那樣做的疑問是我國將尖閣列島（譯者注：中國稱作釣魚島）編入領土以前的尖閣列島（譯者注：中國稱作釣魚島）的法的地位是中國擁有的土地。如果假定尖閣列島（譯者注：中國稱作釣魚島）是中國的領土，我國的立場就極為不利。如果將尖閣列島（譯者注：中國稱作釣魚島）當做臺灣附屬島嶼來處理的話，在日清講和條約第二條中，是將臺灣及其附屬島嶼割讓給日本，所以，第二次世界大戰後作為我國放棄臺灣的結果，尖閣列島（譯者注：中國稱作釣魚島）……也將要被放棄……。

假設（尖閣列島）不作為臺灣的附屬島嶼來處理，為了取得中國領土尖閣列島（譯者注：中國稱作釣魚島）的領有權，除按照時效的法理之外再無其他藉口。但是有人認為不存在時效法理可以用於日清戰爭的事實，如果將日清戰爭的存在為前提，思考此問題的話，按照法理即使我國將取得尖閣列島（譯者注：中國稱作釣魚島）領有權的主張作為邏輯前提，其主張將會非常單薄。因為提出時效法理之前，在那種狀況下，將本來是中國領土的尖閣列島（譯者注：中國稱作釣魚島）編入我國領土的行為，不得不被視為作為日清戰爭強行做法的結果……。

只要以尖閣列島（譯者注：中國稱作釣魚島）是中國領土為前提，無論是否是臺灣的附屬島嶼，日本至少在最初就將其視作可能作為日清戰爭的結果取得的地域（奧原敏雄論文「尖閣列島領有權的根據」《中央公論》1978 年 7 月號）。

在國際法上，作為國家行為取得領土的原因，前面曾經提到過，包括割讓、合併、征服、先占、添附等。只要承認日清戰爭和波茨坦宣言，我國主張對尖閣列島（譯者注：中國稱作釣魚島）的領有根據，除先占之外再無其他。沒有選擇割讓、征服、合併的餘地。所以，奧原教授說：我從所有角度探討的結果，在編入我國領土之前，沒發現尖閣列島（譯者注：中國稱作釣魚島）是中國領土的事實，或者沒有證據。此事換而言之，將此地域用國際法上的無主地（前揭奧原《中央公論》論文）來加以強調。奧原教授還談到，先占無主地的國家表達領有意思的證明，在國際法上未必一定要必須是內閣決議、告示、國內法上的正式編入手續。通過先占取得領土，最重要的是實效支配，通過這種事實來證明國家的領有意思就足夠了……。

如果考慮尖閣列島（譯者注：中國稱作釣魚島）的自然環境和不適合居住的特點，即便達不到現實上的佔有，如果可以證明國家的統治權已經一般性地實現了，在國際法上日本就可以對列島有充分的領有主張（奧原敏雄論文「尖閣列島和領有權歸屬問題」《朝日亞洲評論》1972 年第二號）。

正像奧原教授顛倒的那樣，所謂的尖閣列島（譯者注：中國稱作釣魚島）是各國都知曉的島嶼，1885（明治十八）年，由於中國已經給那個島嶼起了名字，井上馨外務卿直接反對設置國標，西村舍三沖繩縣令也擔心「不能不考慮和清國的關係」所指的島嶼，但是沒有正規地實施編入的措施。琉球政府也是如此，我國政府至今還在外交文書中沿用中國所命名的島嶼名稱，沒有正式確定日本的島嶼名稱。連島嶼名稱都沒有以無主地的方式實現先占不可笑嗎？內閣決議、告示、國內法上的正規編入怎麼就不需要呢？此種主張和奧原教授 1970 年 9 月《沖繩時論》中的觀點截然不同。該教授的《沖繩時論》上的論文「尖閣列島　其法的地位」中，沖繩縣知事解釋成尖閣列島（譯者注：中國稱作釣魚島）包括在敕令十三號的八重山群島中，可以說，在行政區分上編入八重山郡，這位沖繩縣知事的措施扭曲了當時國內法上的領土編入措施，連敕令也否定了，國內法上的措施也否定了。但是，一到 1972 年，敕令、內閣決議等依據國內法正規的手續和公示等都不需要了。這是奧原教授的研究進步嗎？實際並非如此。如果不主張先占的法理，無法主張是日本的領土，因為我國不曾履行過先占的手續所以可以顛倒過來說。奧原教授為了主張對尖閣列島（譯者注：中國稱作釣魚島）的實效支配，詳細地列舉公共的行為，比如：1932（昭和七）年的農林省地質調查、1940（昭和十五）年的定期航班阿蘇號在魚釣島的臨時降落時，八重山警察的施救、1943（昭和十八）年的石垣測候所的調查、1945（昭和二十）年，警察和軍方向臺灣疏散途中的沖繩縣民遭到美軍空襲，漂流到魚釣島的險情施救的事情等等。這些都是用以證明國家機能達到無人島的證據吧？但是，在日清戰爭之時，沖繩和臺灣之間不存在國境，這樣的證明沒有何種必要。

1920（大正九）年，救助中國福建省漁民男女共三十一人，中華民國駐長崎領事贈送給豐川善佐石垣村長、古賀善次等三人感謝信有「日本帝國沖繩縣八重山郡尖閣列島」的內容。奧原以此為例將此作為中國承認尖閣列島（譯者注：中國稱作釣魚島）是日本島嶼的證據。但這是極為平常之事。再重複一下，日清戰爭後，沖繩和臺灣之間沒有國境，先將先占、割讓之類的議論姑且放置一邊，實質上已經變成了日本領有的島嶼，而且，那件事即使中國承認也沒有什麼意義。

5. 第二次世界大戰後的法的地位

不僅是奧原教授而且琉球政府、日本政府和美國民政府決定的琉球列島的地理境界包含尖閣列島（譯者注：中國稱作釣魚島），所以明確地主張日本擁有領有權，但是，這是美軍從戰略上隨意的決定，無法成為領有主張的根據。

6. 關於美國民政府及琉球政府行使施政權的狀況

將大正島（赤尾嶼）、久場島（黃尾嶼）作為美軍軍用演習場來使用，向古賀善次支付久場島的使用費、1969（昭和四十四）年 5 月，石垣市長同行，在尖閣列島（譯者注：中國稱作釣魚島）設置石垣市的行政標誌、美國民政府在 1968（昭和四十三）年以後，用軍用飛機警戒、1970（昭和四十五）年，在尖閣列島（譯者注：中國稱作釣魚島）設置懲罰非法入境者的警告版等等，諸如此類的例子不構成主張領有尖閣列島（譯者注：中國稱作釣魚島）的證據。作為石垣市明確行政區域的必需，在「八重山尖閣列島」設置標注，是在因為石油而出現尖閣列島（譯者注：中國稱作釣魚島）領有權問題之後的事情，是尖閣列島（譯者注：中國稱作釣魚島）再次成為無人島之後的四十年的事情，1895 年 1 月內閣決議決定後不曾公布但已經過了七十四年。我國政府要求美國政府支持領有主張，但美國採取將施政權返還給日本，如果有領有權的紛爭，就由當事者之間解決的態度。仰仗美國支持尖閣列島（譯者注：中國稱作釣魚島）領有權的日本政府的企圖被拒絕掉了。

第九章　日本學者認為日本關於釣魚島的主張有背國際法

一、井上清認為日本歷史上所謂的「尖閣列島」島名和區域都不固定

琉球人用琉球語將釣魚島群島的島嶼稱為「要控」(依棍)或「姑巴」，但在 1900 年以前他們從未把這裡叫作「尖閣列島」。這個名字實際上是根據西歐人給這個群島的一部分所起的名字，於 1900 年命名的。西歐人是何時知道釣魚島群島的存在呢？對此井上清做了一些考證。確切地說，在 19 世紀中期，西歐人的地圖上就將釣魚島標為 HOAPIN-SAN（或-SU)、將黃尾嶼標為 TIAU-SU。另外，他們把釣魚島東側的島礁群稱為 PINNACLEGROUPS 或 PINNACLE ISLANDS。

英國軍艦「薩瑪蘭」號（SAMARANG）於 1845 年 6 月，對這個群島進行了大概是世界上的首次測量。該艦艦長愛德華・巴爾契（SIR EDWARD BALCHER）在航海日誌中寫道，14 日，對八重山群島的與那國島的測量作業結束後，該艦從那裡返回石垣島，是日黃昏，「尋找海圖上的 HOAPIN-SAN 群島以確定航向」。這裡的 HOAPIN-SAN 就是釣魚島。

翌日，「薩瑪蘭」號測量了 PINNACLEISLANDS，16 日測量了 TIAU-SU（黃尾嶼)。根據這次測量的結果，1855 年出版了一張海圖。這張海圖和「薩瑪蘭」號艦長的航海日誌，後來成為英國海軍的海圖和水路志中記述 HOAPIN-SU

和了 TIAU-SU 的基本依據。並且，明治維新後的日本海軍《水路志》中關於這一海域的記述，最初幾乎都是以英國海軍的水路志為依據的。

《沖繩》上曾刊登有 1886 年 3 月發行的，由海軍省水路局編纂的《環瀛水路志》（卷一・下）第十篇中，有關於釣魚島群島的記述。據「編纂起因」中講，對「其第十篇即洲南諸島，根據 1873 年海軍大佐柳楢悅的實驗筆記，用《支那海針路志》第四卷（1884 年英國海軍航道局編集發刊，第二版——井上注）及沖繩史加以增補」。

井上清教授親自查閱了《環瀛水路志》，其上將釣魚島用漢字寫上了「和平山島」並附上了英文名稱的日文假名注音。如黃尾嶼寫為「低牙吾蘇島」、赤尾嶼寫為「爾勒里岩」。它們分別是英國軍艦「薩瑪蘭」號航海日誌中記載的 Hoapin-san、Tiau-su、Raleighrock。很顯然這部書是根據 1884 年出版的《英國海軍水路志》編寫的。

另外，前面提到的《沖繩》雜誌上所抄錄的《日本海軍水路志》第二卷，後來也把以上島名用片假名記為「ホァピンス島（Noapin-su）」、「チャゥス島」（Tiau-su）、「ラレレ岩」（Ralie）。

1908 年 10 月第一次改版的《日本水路志》第二卷，改為「魚釣島（Hoapin-su）」、「黃尾嶼（Tiau-su）」、「赤尾嶼（Raleigh rock）」，即釣魚島被當時的內務省統一寫成了「魚釣島」，黃尾、赤尾仍延用中國古代的名稱，並都在其下面加注了英文名稱，而沒有採用久場島和久米赤島等琉球名稱。這也是此後的一貫做法。由此可以看出，只有「魚釣島」是日本官方固定統一的名稱，而其他島名，海軍和內務省也各不相同。

1919 年（大正 8 年）7 月發行的《日本水路志》第六卷上，只寫上了「魚釣島」、「黃尾嶼」、「赤尾嶼」，而以前注上的英文名稱已蕩然無作。1941 年（昭和 16 年）3 月發行的《臺灣南西諸島水路志》，也是寫著「魚釣島」、「黃尾嶼」、「赤尾嶼」。但不知何故，只把赤尾嶼寫成了「赤尾嶼（セキビ）」，或許是《沖繩》雜誌在抄錄時加上去的。

初期的日本海軍《水路志》完全傚仿英國，它不使用日本自古就知曉的釣魚島群島的名稱，中國名也好，琉球名也好，一概不用，而用英文名記載。甚至文章也幾乎與「薩瑪蘭」號航海日誌的記述相同。

下面我盡可能地將「薩瑪蘭」號的航海日誌中的一節（第一章第九章第 318 頁）直譯：

和平山最高點為 1181 英尺。島的南側從這個高度幾乎垂直地向西北偏西方向斷裂。其他部分向東傾斜，在那個斜面上，有許多水質優良的細流。全然沒有居住者或來訪者的痕跡。實際土地不夠容納半打人。

從艦上看到的這個島上部土層，顯示出了向東北深深傾斜的岩紋，為此，水流可輕易地流到東北側的海岸。這兒水的供給不是一時的，從許多天然水池裏有淡水魚存在，便可知道這一點。並且，那些池子幾乎都與海相連，水草茂盛，覆蓋了水池。

1894 年 6 月版的《日本水路志》第二卷：

自此島南側最高處（1181 英尺）向西北方，呈如刀劈之狀。從諸天然水池有淡水魚生育，可知此島不缺淡水。且此地皆與海相連，水面浮萍繁茂。……此島之地不足容納六七人，無人居之跡。

將 A 文和 B 文做一比較，甚至可以說 B 文《日本水路志》的記述，就是 A 文「薩瑪蘭」航海日誌部分的簡潔漂亮的翻譯。

根據以上的情況可以得知，明治維新後，日本關於釣魚島群島的科學知識，差不多部是從英國海軍的書籍或地圖裏得來的。日本海軍將英國海軍所說的 PINNACLE ISLANDS 譯成了「尖閣群島」、「尖頭諸嶼」，「尖閣列島」的名字也是由此得來。

《環瀛水路志》中將 PINNACLE ISLANDS 用漢字寫成「尖閣群島」，並在旁邊用日文片假名注上了英文發音。1894 年的《日本海軍水路志》第二卷中寫成了「ピンナクル諸島」，1908 年的水路志又寫成了「尖頭諸嶼」。「ピナクル」（PINNACLE）原意為基督教教堂屋頂的小尖塔。位於釣魚島東側礁石群中心的島礁，其形狀很像小塔尖，因此英國人給這個礁石群起名為 PINNACLEISLANDS。日本海軍又把它譯為「尖閣群島」或「尖頭諸嶼」。

將釣魚島、尖閣群島（尖頭諸嶼）及黃尾嶼總稱為「尖閣列島」，是始於 1900 年黑岩恒的命名。黑岩恒於 1898 年在《地質學雜誌》第五卷上刊登了題為「尖閣群島」的文章，並被大城昌隆收錄在《黑岩恒先生顯彰紀念志》的「年譜」裏。但我還沒有看到這篇論文，所以不知道那個地名所包含的範圍。他在 1900 年的報告「尖閣列島探險記事」中寫道：

這裡稱為尖閣列島，它是位於我沖繩與清國福州中央的一列小島，距八重山列島的西表島以北約 90 英里。從本列島去沖繩距離

> 為230英里，到福州的距離也略相似。至臺灣島的基隆僅隔220餘英里。按帝國海軍出版的海圖（明治30年發行），本列島由釣魚嶼、尖頭諸嶼及黃尾嶼組成，乃茫茫蒼海之一粟也。……而此列島尚未有一總稱，在地理學上造成許多不便，故此我提出了尖閣列島這個新名詞。

由於《地學雜誌》的這篇論文，尖閣列島的名字才開始在地理學界廣為流傳，而在此之前沒有這樣的稱呼。

井上清在大量研究的基礎上，對奧原敏雄的觀點提出質疑，認為他在他的論文裏引用了《環瀛水路志》並只寫上了「尖閣群島」，只想給讀者一個印象，「尖閣群島」和黑岩恒所說的「尖閣列島」的範圍相同。奧原敏雄十分清楚這個「尖閣群島」就是「尖頭諸嶼」，但他卻故意含糊其辭。

另外，琉球政府在那篇「關於尖閣列島主權」的聲明中說：「明治14年（1881年）發行、16年（1883年）改版的內務省地理局編纂的《大日本府縣分割圖》中，出現了尖閣列島，但沒有附上島嶼名稱。」但是這個《大日本府縣分割圖》的沖繩縣地圖上，沒有「尖閣列島」，只有「尖閣群島」，並且那個「群島」就是尖頭諸嶼。琉球政府企圖製造一個假象，讓人認為今天所謂的「尖閣列島」的名稱在當時就已經有了，並在地圖上將此列入了沖繩縣。這不過是琉球政府的拙劣伎倆。

更滑稽的是日本社會黨國際局的「關於尖閣列島主權問題的社會黨統一見解案」。它不加分辨地接受了琉球政府的上述聲明，並沒有去查閱研究那張地圖，而是站在把「尖閣群島」（尖頭諸嶼）與黑岩恒命名的「尖閣列島」混同的立場上，說什麼「所謂尖閣列島於1881年（明治14年）由當時政府內務省地理局之手，劃歸沖繩縣下等，通過一連串舉動表示了領有的意思」。在那張地圖的什麼地方有領有「尖閣列島」的意思呢？！

那麼黑岩恒的那個尖閣列島的範圍有多大呢？按他的注明應該是釣魚島、尖頭諸嶼及黃尾嶼的總稱，不包括赤尾嶼，這在地理學上是符合邏輯的。赤尾嶼距黃尾嶼48海里，和釣魚島等不構成一島群。黑岩恒在他的報告中對赤尾嶼也隻字未提。並且琉球政府在1970年9月10日發表的「關於尖閣列島的主權及大陸架資源開發權的主張」中說：「尖閣列島散佈在北緯25度40分至26度、東經123度20分至123度45分的範圍內。」這個範圍與黑岩恒所講的尖閣列島的範圍相同。赤尾嶼（北緯25度55分、東經124度24分）

不包括在內。

但是，琉球政府在上述主張拋出一個星期後，又發表了文中屢次引用的那篇「關於尖閣列島主權的聲明」。聲明中說：「明治28年（1895年）1月，內閣會議的決定只談到了魚釣島（釣魚島——井上注）和久場島（黃尾嶼——井上注），而尖閣列島除這個島外還由南小島及北小島和沖北岩、沖南岩以及稱為飛瀨的礁石（從南小島至飛瀨都屬於尖頭諸嶼），還有久米赤島（赤尾嶼——井上注）組成。」琉球政府對赤尾嶼是否屬於尖閣列島一直沒有一個固定的說法。

井上清教授以為以前的海軍水路部一定清楚此事，然而事實並非如此。1908年前的水路志上，既沒有記載包括釣魚、黃尾及兩者之間的尖頭諸嶼在內的名稱，也沒有記載著其中加上赤尾嶼的總稱。1918年的水路志中使用了「尖閣諸嶼」的名稱，說：「尖閣諸嶼位於沖繩群島與支那福州的略中央……，由黃尾嶼、魚釣島、北小島、南小島及沖北岩、沖南岩組成。魚釣島為其最大者。」

上面說的北小島至沖南岩間的島礁為尖頭諸嶼，同樣的水路志，1908年9月記為「尖頭諸嶼（PINNNACLE ISLANDS）」，1894年7月為「ピンナクル諸嶼」，1886年記為「尖閣群島」。1919年的水路志才明確了其區域與黑岩恒命名的「尖閣列島」相同，並做了說明：「此等諸嶼在位置關係上古來為琉球人所知，有尖頭諸嶼、尖閣列島，或PINNACLE ISLANDS等名稱。」這裡將黑岩恒命名的尖閣列島、英國海軍所稱的PINNACLE ISLANDS及日本海軍水路部用的「尖頭諸嶼」混雜在一起了。

1941年的《臺灣南西諸島水路志》與1919年的水路志一樣，寫上了「尖頭諸嶼」，其範圍也與1919年版的相同。並且還寫道：「尖閣諸嶼在位置關係上，古來為琉球人所知，有時也稱為尖閣列島，外國人稱之為PINNACLE ISLANDS。」這種寫法好像是在說「尖閣列島」琉球人「古來」就這麼叫，是這一地區的舊名，而現在叫「尖頭諸嶼」。

日本外務省今年（1972年）3月9日發表的「關於尖閣列島主權的統一見解」說：「尖閣列島……明治28年（1895年）1月14日，內閣會議決定在當地建設標樁，正式將其編入我國的領土。」所以，明治28年（1895年）內閣會議決定建標樁的島只有魚釣島（釣魚島）和久場島（黃尾嶼），連尖頭諸嶼也不包括在內。本來尖頭諸嶼就在釣魚與黃尾之間，所以也可以認為即使不專門提到它，也應該包括在「尖閣」之內，但赤尾嶼是不可能包括在內的。然而，現實是政府企圖把赤尾嶼也納入「尖閣列島」之內，一併從中國那裡竊取來。

日本共產黨的「見解」也與外務省相同，沒有明確表示出「尖閣列島」的範圍，但它說「1895 年 1 月，日本政府決定魚釣島、久場島為沖繩縣所轄。1896 年 4 月將尖閣列島編入八重山郡……」。那麼只能解釋為「尖閣列島」是指魚釣島（釣魚島）和久場島（黃尾嶼）。如果兩島中間的尖頭諸嶼也自然包括在內的話，它所說的尖閣列島的範圍也與黑岩恒所說的一致。可是，聲明的後半部分又說：「1945 年以來，尖閣列島作為沖繩的一部分，被置於美帝國主義的政治、軍事統治之下，列島中的大正島（赤尾礁或久米赤島）及久場島兩島被當做了美軍的射擊場……」在這裡甚至把赤層嶼也算進了「尖閣列島」。日共的宮本（顯治）委員長先生，你說說看，尖閣列島的範圍究竟有多大？你能用確鑿的證據來明確表示嗎？

琉球政府、日本外務省、日本共產黨都妄圖把黑岩恒以地理學為依據確定的尖閣列島和黑岩恒從尖閣列島中分列出來的赤尾嶼同時當作日本的國土，但他們內心也知道，這個包括赤尾嶼的尖閣列島的名稱，從未存在過。所以，不能明確地說明尖閣列島的範圍，只好先舉出了黑岩恒的名稱，而後又悄悄地把赤尾嶼加了進去。作為帝國主義者，只能以小偷的方式來處理領土問題，豈不是有傷大雅？

另外，黑岩垣所起的「尖閣列島」這個地理學名稱，日本一次也沒有正式承認過。甚至海軍水路志，這種從軍事需要出發對地理記述的嚴密性要求很強的資料中，為避免發生誤解，也沒有用「尖閣列島」的名稱，而是使用了「尖頭諸嶼」。然而，現在的日本政府及琉球政府稱其為「尖閣列島」，但對「尖閭列島」的範圍是胡謅一氣。日共也一味地盲從於這個荒唐的政府。

日本政府、琉球政府、日本共產黨、大小商業性報紙都一致叫囂「尖閣列島歷史上就是日本領土．這一點沒有爭論的餘地」。但經井上清教授的研究，在歷史上其範圍不明確，並且其名稱也不確定，一會兒稱『尖閣列島」，一會兒稱「尖頭諸嶼」，即使在政府機關內部除「魚釣島」外各個島的名稱也不固定。「黃尾嶼」叫「久場島」，而「久場島」在某個時期又指的是「釣魚島」。剛知道「赤尾嶼」叫「久米赤島」，可不知何時又改稱為「大正島」。海軍稱其為「黃尾嶼」、「赤尾嶼」，但只用英文名作記錄。哪裏有這樣的連地區名稱和範圍都不清楚的領土呢？這件事不單單是個名稱的問題，而是有著實質性的重要的政治意義。這是日本天皇制「領有」這些島的做法、盜竊他國領土的行為所產生的必然現象。

二、井上清認為日本領有「釣魚島」在國際法上亦為無效

井上清教授還就一些錯誤的觀點進行了批評指正。提出有人認為，日本領有「尖閣列島」只是在時間上與甲午戰爭巧合在一起，並非是根據《馬關條約》的規定與臺灣及其附屬島嶼一起從中國割讓過來納。因此該島並非像《開羅宣言》中所宣稱的那樣是「日本所竊取於中國」的。日本共產黨的看法就是如此。誠然，該島並非是日本根據《馬關條約》第二條的規定公然地正式從中國割讓過來的。但該島在時間上也決非是偶然與日本在甲午戰爭中獲勝巧合在一起的。日本政府是有意識地、有計劃地乘著在甲午戰爭中獲勝之機竊取過來的。此事已在本文的前幾章中詳細論述過了，看過 1885 年以來日本佔有該島的經過，就會一目了然。

在《朝日新聞》的社論「尖閣列島與我國的領有權」一文中稱：如果釣魚島果真為中國領土，清政府當時就會對日本領有該島提出異議，但「現在必須指出，當時清政府並未提出異議。中國方面如有此看法，不僅在日清講和談判時，就是在二戰結束後處理領土時也應該會提出來的」。

但在日清媾和談判時，日本卻隻字未提內閣會議已決定領有釣魚島群島，而日本方面不提此事，清政府方面是決不會知道的。因為「內閣會議決議」並沒發表，當時釣魚島上也不可能已建立日本的標樁，並且也沒使用任何其他方法通報該島已歸日本領屬。因此，在媾和談判時清政府方面不可能把釣魚島群島一事作為問題提交出來。

此外，在第二次世界大戰後處理日本領土時，中國方面確實並沒有把日本佔有釣魚島群島作為問題提交出來。但不知該社論的作者是否「忘記」了，日本與中國間的領土問題的處理並未結束。在舊金山和平談判時，中國代表甚至沒有被邀請參加會議。因此該會議的所有決議對中國都不具有任何約束力。此外，當時日本政府與臺灣的蔣介石集團之間締結的所謂的「日中條約」並非是與真正代表中國的政權締結的條約——當時中華人民共和國作為中國的惟一合法政府已經成立了——因此，該條約無效，對中華人民共和國也毫無約束力。也就是說，中國與日本間的領土問題尚未完全解決，應當通過今後的日中和平談判予以解決。因此，不能因為中國當時沒有對日本佔有釣魚島群島提出異議，就想當然地認為該島為日本領土。

井上清教授認為，明治政府竊取釣魚島群島的活動自始至終都是瞞過清政府及世界各國的耳目秘密進行的。1885 年內務卿命沖繩縣令進行實地調

查，也是密令。此外，外務卿還特意提醒內務卿不要把調查的事洩漏給外部。甚至連 1894 年 12 月內務大臣致外務大臣的協商書，也異乎尋常地使用了秘密文書。1895 年 1 月的內閣會議決議當然沒有公布。同月 21 日，政府命令沖繩縣在「魚釣」、「久場」兩島上建立表明沖繩縣所轄的標樁一事也從未通報過。這些都在 1952 年（昭和 27 年）3 月發行的《日本外交文書》第 23 卷中才首次得以公開。

不僅如此，沖繩縣在接到政府的命令後，實際上甚至並沒有去島上建立標樁。不僅在日清講和會議之前沒有建，在這以後的好多年時間裏也一直沒有建。建立標樁實際上是在 1969 年 5 月 5 日。也就是說，在推測出所謂的「尖閣列島」海底蘊有豐富的石油，該島的所有權因而成為日中兩國爭奪的對象之後，琉球的石垣市才在島上建起了一個長方形的石製標樁。標樁上部自左向右橫刻著「八重山尖閣群島」，在它下面豎刻著島名，自右向左按順序分列著「魚釣島」、「久場島」、「大正島」及「ピナケル群島」各島礁，在最下方自左向右橫刻著「石垣市建之」。在法律上，這是日本作為一個國家不應有的行為。

也就是說，儘管日本政府聲稱把釣魚島群島新納入日本領土，但無論是在「日清媾和條約」生效之前還是之後，乃至於最近，都從未公開明確表示過此事。「國際法」規定：「先占」、「無主地」時，無需將此進行國際通告；但國內法律規定至少要通報該新領土的位置、名稱及其行政管轄，如果日本政府甚至對國民也不予通報就將其定為日本領土，便不能將其視為事實上已納入日本領土。

釣魚島群島何年何月何日成為沖繩縣的轄區，甚至連國民也全然不知。這都是因為日本政府沒有通報此事。對於這個問題，琉球政府在 1970 年 9 月 10 日的「關於尖閣列島的領有權及其大陸架資源開發權的主張」中稱：該地區「經明治 28 年 1 月 14 日之內閣會議決議，根據翌年（明治 29 年）4 月 1 日敕令第 13 號，將其定為日本之領土，隸屈沖繩縣八重山石垣村」。但這並非事實。「明治 29 年敕令第 13 號」中並無隻言片語提及此事。該救令內容如下：

朕御裁沖繩縣之郡之編成事宜，茲公布如下：

御名御璽

明治二十九年三月五日

內閣總理大臣侯爵　伊藤博文

內　務　大　臣　　芳川顯正

敕令第 13 號

第一條　盡沖繩縣之那霸、首里區之區域

以外之五郡如下，

島尻郡　島尻各區、久米島、慶良間諸島、渡名喜島、粟國島、伊平屋諸島、鳥島及大東島

中頭郡　中頭各區

國頭郡　國頭各區及伊江島

宮古郡　宮古諸島

八重山郡　八重山諸島

第二條　郡之邊界及名稱需變更時，由內務大臣定之。

附則

本令施行之期限由內務大臣定之。〔註 1〕

該敕令中並沒有提過「魚釣島」和「久場島」的名字。當然此時黑岩恒尚未命名「尖閣列島」這一名稱。琉球政府於 1970 年 9 月 17 日發表的「關於尖閣列島聲明」認為：上述 3 月份的效令是從 4 月 1 日開始施行的，當時「沖繩縣知事解釋說第 13 號敕令中的『八重山諸島』即包括了尖閣列島，就把該列島在地方行政區劃上編入了八重山郡。……同時，該島由此也就在國內法上納入了我國領土」。

井上清認為這種講法是「面目可憎的官僚獨斷式的牽強附會」。在敕令第 13 號中，島尻郡所管轄的島嶼都一一列舉了出來，在地理上與琉球列島分隔開的鳥島及大東島兩島也都寫明了隸屬於該郡，而在八重郡的轄區中卻僅僅寫著「八重山諸島」。這種寫法表明八重山的轄區僅僅為歷來眾人所周知的八重山群島。而歷代琉球人都很清楚，釣魚島群島為不同於八重山群島的其他區域的島嶼。如想把釣魚島群島此後列入八重山群島之中，若不明確表達其島名，則不成其「通報」。不管現在的琉球政府如何地固執已見，認為當時的沖繩縣知事已經「解釋」過釣魚島群島就包含在八重山群島之中，也無法否認政府從未採用任何形式通報過釣魚島和黃尾嶼屬於八重山郡這一事實。

〔註 1〕《御署名原本・明治二十九年・勅令第十三號・沖繩県郡編制ニ関スル県》，JCAHR：A03020225300。

事實上，這份敕令原本就與通報釣魚島群島的管轄毫無關係、只不過是一份宣布沖繩縣首次設立郡制的公告而已。釣魚島群島究竟是在什麼時候被置於沖繩縣的管轄之內的呢？或許是在1896年（明治29年）4月1日。但只要此事沒有向國民通報過，即使是用現任政府狂熱鼓吹的帝國主義的「國際法」中的「無主地先占為主的法則」觀點來衡量，其佔有也不可能有效成立。

明治政府很清楚，在把某個屬無主地的島嶼新納入日本領土時，通報其正確的位置、名稱及行政隸屬具有決定性的重要意義。在掠奪釣魚島群島4年之前的1891年7月，日本要把小笠原島西南偏南的原無人島嶼納入本國版圖時，內務省首先與外務省進行了如下協商；小笠原島西南偏南之洋上，散佈於北緯24度0分至25度30分、東經141度0分至141度30分之間之島嶼有三，原為無人之島。數年來內地人民有渡航該島者以從事採礦、漁業。此次當以該島嶼之名稱、所屬另行提交閣議。然上記之事事關國際法，謹以此協商為念。

在「另行」提交閣議的草案中，載明了該島嶼的經緯度，且提出了其行政隸屬及島名：「今後當隸屬小笠原島，稱其位於中央者為硫黃島，稱其位於南方者為南硫黃島，稱其位於北方者為北硫黃島。」外務省對此表示同意，經內閣會議決議後，在明治24年9月9日救令第160號的《官報》中通報了其位置、名稱及所管省廳。並且當時的報紙還對此事進行了報導。

1905年，日本把位於朝鮮的鬱陵島附近——此前一直稱為「松島」或「良子島」——一個為隱岐島和島根縣沿岸漁民所熟知的無人島命名為「竹島」，並新納入日本領土。當時，內閣會議於1月28日通過該決議，並由內務大臣於2月15日通知了島根縣知事：「位於北緯37度30秒，東經131度55分，距隱岐島西北80海里處之島嶼名為『竹島』，今後歸隱岐島司所管。待命爾將此公告轄區。」島根縣知事於2月22日將內相的訓令在轄區內進行了公告。〔註2〕

自民黨調查員大熊良一對領有「竹島」的經過作了如下的詳盡描述：「公告此類（像領有竹島之類的）有關領土領屬的內閣會議決議，直接關係到國家主權。履行此類手續自明治初年以來就已成為明治政府的慣例。根據此類事例

〔註2〕朝鮮方面認為日本把該「竹島」納入日本領土，是在掠奪朝鮮目的領土。井上清自言對這一問題尚未進行充分研究，但對自民黨調查員大熊良一的《竹島史稿》中的說法甚感懷疑。

（原文如此）將無主的島嶼編入日本國領土的事例不勝枚舉。硫黃島（1891年）、南鳥島（1898年）及沖之鳥島（1925年）等無人孤島納入日本國領土時，和竹島納入國土時一樣，都履行了在國際上承認的公告手續，由地方廳發布了府、縣告示。」（硫黃島如前文所述，是通過敕令公布的——井上注）

自由民主黨的調查員也承認新納入領土時必須進行公告。只是在佔有釣魚島群島時，卻完全沒有履行這一手續。日本政府對這些島嶼的經緯度、名稱及行政所屬從未進行過任何形式的公告，完全是乘在甲午戰爭中取勝之機隨心所欲地在神不知鬼不覺之中占為已有。這不是竊取又能是什麼？

由於上述原因，現在的日本政府及日本共產黨和各大報紙甚至對其所稱的「尖閣列島」的地理範圍都不甚了然。在政府內部，海軍省和內務省系統中對於該「列島」的各個島嶼的名稱甚至都各不相同。明知這是別國的領土，卻硬要強詞奪理，把它說成是「無主地」，以偷偷竊為已有。因此日本無法公告對該島的「領有」，甚至根本無法確定「領有」的時間以及其正確的地域範圍、位置和名稱。把他們領有「硫黃島」和「竹島」的做法與之進行比較，任何人都能看出他們叫嚷的「無主地先占為主」的要素，一條都不具備。

釣魚島群島原本並非無主地，顯然是中國領土。「無主地先占為主」的法則本身就不適用於該島。即便假定它是無主地，由於日本並沒有履行必要的法律手續，因此「先占為主」也無法成為該島已納入日本領土的有效依據。日本這麼做，並非是在毫無惡意地領有真正的無主地，或是真的認為是無主的土地，而是明知為中國領土，卻想乘勝奪為已有。不管找什麼藉口，日本也是無法使其領有合法化的。

1895年，日本根據《馬關條約》第二條佔有臺灣後，西班牙政府馬上就提出了臺灣南側與當時是西班牙領地的菲律賓群島的界線問題。日本和西班牙兩國政府對此進行了談判。同年8月7日，兩國發表了共同宣言〔註3〕，規定「以經巴士海峽可航行海面之中央之與緯度線相平之線為太平洋西部日本國及西班牙國版圖之分界線」等等，明確了作為日本領土的臺灣及菲律賓的分界線。

此外，在《馬關條約》中明確地使用經緯度記載了割讓給日本的臺灣西側的澎湖列島的範圍，因此它與中國其他領土的界線從一開始就被明確地界

〔註3〕《日本外交文書》第28卷第1冊《日西兩國關於交換西太平洋領海宣言書事宜》。

定出來了。只是對於臺灣及其附屬島嶼的北側及東側的分界線，在上述條約中沒作任何規定，中國與日本對比也沒有進行進一步的商定。戰敗了的清政府豈止是臺灣，甚至連本土上的重地——遼東半島也不得不割讓給日本。在此打擊之下，清政府甚至連堅持自己從未放棄過的在琉球的歷史權利的力量都沒有了，怎麼還有可能為了確定那些位於琉球及臺灣之間的微如草芥的小島的所有權而與日本逐一進行談判呢？日本政府由此意外地撿了個便宜，不僅很自然地抹煞了中國對琉球的一切歷史權利，而且還竊走了覬覦已久的中國領土中的釣魚島及赤尾嶼各島。

三、高橋莊五郎對日本釣魚島主權主張的反駁

1. 關於先占

研究會（南方同胞援護會）記述「尖閣列島是基於國際法的先占原則編入日本領土的」。然而，國際法〔註4〕上，作為國家行為取得領土的原因是如下闡述的。

（1）作為國家間的共識取得的有割讓和合併。明治軍國主義獲取的臺灣即是割讓，獲得的朝鮮是合併。

（2）國家單方面取得的行為有征服和先占。征服是國家通過實力使對方國家屈服，取得對方的全部領域。

（3）此外還有添附。這是通過自然現象獲得領域的做法。海岸、河岸、湖岸等，由於堆積形成面積增加的情況。

所謂的先占，是國家對不屬於任何國家的地域一無主地，實施支配，作為其領域而取得。這種先占制度是歐洲列強將歐洲以外的未開發地區占為己有的工具，十九世紀前半期以後，通過先占把美洲大陸和非洲大陸變成殖民地。這種制度是為了包庇強國的強盜行為而服務的工具。先占的要件是，國家具有領有的意思，需要對無主地進行實效地支配。國際法上的無主地指的是尚不屬於任何國家的土地，即使那裡有人居住，如果不是國家的領土，就可以先占。先占的要件具體來說有如下幾點。

（1）先占的主體是國家。必須是國家的意思來進行。

〔註4〕田火田茂三郎、石本泰雄編，《國際法》，高文社刊，5415頁。宮崎繁樹著，《國際法》，日本評論社刊213頁。香西茂、大壽堂鼎、高林秀雄、山手治之著，《國際法概說》，有斐閣、109～110頁。岡田良一著，《國際法》，勁草書房，125頁以下。

（2）領有的意思是將該地域編入國家版圖的宣言、立法上及行政上的措施、向他國的宣告等表示。向他國的宣告是否成為先占完成的必須要件，通常用通告以外的手段表明領有的意思就可以。

（3）對於無主地必須實效地佔有。發現無人島，只是在那裡插上國旗那樣象徵性地編入領土行為，不是有效的先占。關於實效地佔有的意思，美國政府解釋成土地的實際應用，還有定居那樣的物理上的佔有，在國際審判時的裁判案例中，解釋成意味著支配土地的地方上的權力的確立。因此，即使是有定居的人口，國家的支配如果未達到的話，仍然不是有效的佔有，即使是無人島，軍艦和巡視船的定期巡視等方法，將國家機能用於此地，將此稱為先占。即使是人類居住非常困難的極地，以此可以由先占來取得。

研究會雖然將「尖閣列島」視作由先占而編入領土的土地，極力滿足國際法上的先占要件的行徑無人不知。比如，1900 年，受到古賀辰四郎的委託，宮島幹之助所做的調查，刻意將八重山島司同行之情況作為正式的調查證據。

高橋莊五郎認為日本政府基於研究會的研究成果，將尖閣列島由先占編入領土的說辭正式對外散播。或者是把應該作為先占證據的資料，通過研究會的整理開始主張由先占編入領土的宣言。

（1）研究會發表研究成果主張尖閣列島是由先占編入日本領土的時間是 1971 年 3 月 25 日。

（2）回答楢崎彌之助眾議院議員的質疑，佐藤榮作內閣總理大臣推出尖閣列島不是根據下關條約第二條從中國割讓來的答辯書的時間是 1971 年 11 月 12 日。

（3）外務省記者會分發「關於尖閣列島領有權問題印刷品」，發表尖閣列島通過先占編入日本領土的聲明時間是 1972 年 3 月 8 日。

（4）更為重要的事，外務省情報局使用關於尖閣諸島的印刷品，表明日本按照 1895 年 1 月 14 日閣議決定，將尖閣諸島劃歸沖繩縣管轄，設置國標。1972 年 5 月宣誓，這是按照國際法先占原則取得的領土。

在此之前，日本反覆表示尖閣列島歷史上一直是日本西南諸島的一部分，在領有權方面一點疑問沒有非常明確。但是宣誓卻變成由於先占而編入的領土。由於石油使尖閣列島成為問題之前，幾乎所有的國民都不知還有那個列島的事情。出現此種情況是由於明治政府完全未曾發表這樣的報告。即使是發表的文件也只是《日本外交文書》第十八卷和第二十三卷中有所表現。《日本外交文書》是外務省編纂、外務省收藏的資料，由日本國際聯合協會出版。第十八卷是 1950 年 12 月、第二十三卷是 1952 年 3 月發行的。關於尖閣列島編入的經緯，除了能夠看到這些文書原本的人以外，可以說任何人都不知道。另外，即使是公開出版，由於其價格是 7000 日元、8000 日元的書籍，也不是所有人都能夠購買的。當時大學畢業生的工資是 7000 日元到一萬日元左右。研究會先占的主張，基於這份《日本外交文書》，構建先占的法理。研究會的目的很清楚，其活動是為「建立日本對尖閣列島的主權」，於是，作為取得領土的原因，除主張先占之外就再沒有別的可言，沒有先占與割讓的選擇。如果是割讓就應該在 1945 年 10 月 25 日返還給中國。

既沒有敕令，也不曾對外公布內閣決議。即便是政府指示沖繩縣知事可以建立國標的指令也沒有對外公布。地方政府沖繩縣的告示也沒有，故此，沒有國民知道此事。所有的只是，古賀辰四郎及其兒子善次從政府手中租借「魚釣島」(釣魚島)、「久場島」(黃尾嶼)、南小島、北小島，一直到大正中期左右進行過開發事業的事實。奧原教授主張實效支配的重要要件即是由此而生成的。可是沒有必要大聲地說實效支配的言辭。由於日清戰爭，沖繩和臺灣之間沒有國境，臺灣全島和附屬島嶼及澎湖島都成為日本的版圖，對於尖閣列島的實效支配毫無任何顧慮，事實上並不是作為無主地先占獲得的領土。

1896 年，無人的釣魚島群島，1932 年左右，還是成了無人島，在此四十多年時間裏，一直是無人的狀態。

釣魚島可以被稱為第二個竹島（朝鮮稱獨島），將竹島編入日本領土也沒有敕令發表，是由 1905 年 1 月 28 日內閣決議來決定的。據大熊良一著《竹島史稿》中，引用井上清先生的著作寫到：「通過公布內閣決議直接達到國家主權的手續，是明治初年以來明治政府的慣例，通過這樣的事例將無主地編入日本領土的無主島嶼不在少數」(井上清著《尖閣列島》現代評論社刊、第 132 頁)。關於竹島的內閣決議，是 2 月 15 日由內務大臣向島根縣知事發布的訓令，內容是：「北緯三十七度三十秒，東經一百一三一度五十五分，距離隱岐島西北八十五海里的島嶼稱為竹島，自今日起其所屬管轄權歸隱岐島司，將此意向管轄內通告。」(大熊前揭書）於是，島根縣知事在 2 月 22 日，通過島根縣第四〇號告示，將其內容加以公布（上地龍典著，《尖閣列島和竹島》，教育社刊，第 129 頁)。

在「尖閣列島」編入領土之前，在 1891 年，將小笠原島的西南無人島通過先占編入領土之時，因為考慮到國際法的關係曾進行過協商。由內務省向外務省提出將「小笠原島西南方向，北緯二十四度零分到二十五度三十分，東經一百四十一度零分到二十五度三十分，東經一百四十一度零分到一百四十一度三十分之間分布的三個島嶼」確定為硫磺島、北硫磺島、南硫磺島的島嶼名稱，將其作為小笠原所屬，經過內閣決定，1891 年 9 月 9 日，通過政府報紙發表了第一九〇號敕令，對此予以公布。當然，敕令中，非常明確地說明了位置、島名、所屬地方政府。再往前追溯，領有小笠原群島之時，在 1876 年 10 月，日本政府向各國公使作出了通告。另外，1900 年 9 月 11 日，在內閣會議提出的「關於無人島所屬的要件」正式寫明，用經緯度表示其準確位置，確定沖大東島島名，將其編入島尻郡大東島區域。

但是，對於按照先占原則編入領土活動的「尖閣列島」，卻完全沒有進行此類手續。對於和中國毫無關係的島嶼按照正常手續進行，但是對於擔心和中國有關係的「尖閣列島」，卻不進行那樣的手續。那是由於他們覺得完全沒有那樣做的必要。因為在日清戰爭中已經取得大勝利的緣故，除此之外再別無其他理由。

2. 關於編入領土

研究會關於編入領土之事，是如此闡述的：「沒有收到來自任何國家的抗議，在平穩狀態下實現了對該列島的領有」。

雖說沒有受到世界上任何國家的抗議，但那個問題無論在 1895 年，還是現在，都是中日之間的問題，不是對美對蘇問題。而且，1895 年開始直到 1945 年的五十年間，對於中國來說，日本一直是最兇惡的敵人，對此問題該如何考慮呢？在馬關條約中，沖繩和臺灣之間沒有國境，1931 年 9 月 18 日柳條溝事件之後，日本軍國主義開始對中國東北進行正式的侵略，1937 年 7 月 7 日盧溝橋事件開始，日本全面開始對中國的侵略戰爭。國際法上即便到現在為止，仍然沒有阻止侵略戰爭的條款。對侵略戰爭的結果，只是用割讓、合併等進行解釋。

3. 關於領有的意思

研究會說：「日本開始對尖閣列島產生領有之意是在 1879 年左右開始的」。

作為其理由，聲稱在該年發行的英文《大日本全圖》（松井忠兵衛編）中，已經對「尖閣列島」的各個島嶼命名，將其作為日本領土予以表示。而且各個島嶼名稱叫做和平山、黃尾嶼、赤尾嶼。但是，這些島嶼名稱都是中國名稱。在海圖、水路志中，和平山被寫作 Hoa pin su 和 Hoa pin san。筆者雖未看過 1879 年發行的地圖，但僅從地圖上看，就可知日本開始具有領有「尖閣列島」的時間有誤。在筆者手頭的 1895 年 3 月初八的地圖《地圖選集三都市四十三縣三府一廳大日本管轄分地圖》（人文社刊）中，不曾載有「尖閣列島」。而且在地圖解說中，喜多川周寫到：1895 年 3 月，在下關春帆樓日清講和談判時，日本的國土還是呈現在東海的自然狀態中，在此之後日本地圖就開始被塗改起來。這個地圖雖有「久場島」，但所指的是現在的島尻郡的「久場島」。如果按照研究會的觀點，1879 年開始領有的意思，在 1895 年就被拋棄掉了。

1879 年到底是個什麼樣的一年呢？

那是明治政府以武力為背景，強行對琉球實施廢藩置縣的年頭，導致了中日間沖繩分島論爭，並非「尖閣列島」問題。無視這樣的歷史、政治的背景，在該年開始對「尖閣列島」產生主權之意之說法，完全錯誤。奧原教授本身也說：「國際法不意味著無視歷史事實」。

另外，在 1881 年的內務省地理編纂局的《大日本府縣分轄圖》中，還在沖繩縣範圍內出現過和平山、黃尾嶼、赤尾嶼等諸島，既然如此，為何不能單純地主張「尖閣列島」是日本的島嶼呢？為何還說領有呢？

4. 關於編入領土的措施

研究會宣稱將尖閣列島編入日本領土，是通過「閣議……決定」，在 1896 年 4 月完成國內法上的領土編入程序。

到底是否如此呢？

1895 年 1 月 14 日的閣議決定：經過沖繩縣知事在 1885 年、1890 年、1893 年三次申請，許可他們設置國標，由於政府在 1 月 21 日指令沖繩縣知事實施申請的工程，因此完成了編入領土的措施。但這是非常可笑的事情。「尖閣列島」因為石油問題成為關注的焦點之時，有很多人主張日本政府是通過 1896 年 3 月 5 日的敕令第三號編入日本領土的。那是因為無主地先占必須先表達國家領有的意思，再按照舊憲法正式通過敕令來實現。因此就有敕令第十三號登場了。

（1）1896 年編入日本領土以來，無須說中國就連任何國家都沒有與此相伴的主權申請。（《沖繩時論》社論，1970 年 9 月 7 日號。）

（2）1896 年日本政府宣誓領有尖閣列島以來……（《琉球新報》社論，1970 年 9 月 13 日號。）

（3）1896 年，編入日本領土，成為沖繩縣所屬的島嶼。（《每日新聞》社論，1970 年 12 月 6 日號。）

（4）1895 年 1 月 14 日，內閣決定該列島是日本領土。敕令第十三號接受此內閣決議，該列島名實皆成為日本領土，決定將其劃歸沖繩縣八重山郡石垣村（今石垣市）管轄。（《尖閣列島解說記事》）。《東京新聞》，1971 年 4 月 5 日號）

（5）1881 年，經當時日本政府內務省地理局之手，向沖繩縣下達的一連串領有意思的表達，1896 年 4 月，正式編入日本領土，劃歸沖繩縣八重山郡以來……（《月刊社會黨》，1971 年 3 月 24 日號。）

（6）日本的主張經過 1895 年的內閣決議，按照 1896 年的敕令第十三號＝基於作為沖繩縣的一部分正式編入領土的事實（皆川洸論文「尖閣列島」）。

（7）按照 1896 年敕令第十三號，日本政府發布領有尖閣列島宣言。（新城利彥論文「尖閣列島和大陸架」）

（8）經過 1895 年內閣會議，基於第二年的敕令第十三號決定為日本領土……（金城睦論文「尖閣列島問題的周邊」，《法律時報》，1970 年 10 月號。）。

（9）根據 1895 年 1 月 14 日內閣決議，藉沖繩縣實施 1896 年 4 月 1 日敕令第十三號機會，進行了國內法上的領土編入程序。（琉球政府聲明「關於尖閣列島的領土主權」，1970 年 9 月 17 日。）

對此，主張「尖閣列島」是按照 1895 年 1 月的內閣會議決定編入領土的理由如下：

（1）利用先占這一國際法上的合法行為，按照 1895 年 1 月 14 日的內閣決議，將其作為沖繩的一部分納入領土（外務省）。

（2）從國際法角度來看，按照先占的法理，1895 年 1 月，日本確立了領土主權，將其編入沖繩縣八重山郡（當時的總理大臣伊藤博文、外務大臣陸奧宗光），此後這個事實被國際社會所承認，不曾受到任何抗議。（「經濟氣象臺——尖閣諸島的歸屬問題」，《朝日新聞》，1972 年 5 月 19 日號。）

（3）1895 年編入日本之前，在國際法上是無主地……1895 年的編入措施是經過內閣會議通過的……（《朝日新聞》社論，1972 年 3 月 2 日號。）

（4）按照日清戰爭勝負結果已然決定的 1895 年 1 月內閣決議，基於國際法上的先占法理，尖閣列島被確定為領土主權。（《日本經濟新聞》社論，1972 年 3 月 5 日。）

於是，奧原敏雄教授思考開來。對於按照內閣決議對該島的措施，在 1896 年 4 月 1 日敕令第十三號，由沖繩縣實施的機會（筆者加注）而實現的。這個敕令本來是關於編制郡——沖繩縣分成五郡（島尻、中頭、國頭、宮古、八重山）、規定各郡行政上的歸屬而指定的敕令，並非以「尖閣列島」為直接對象，正式將其在國內法上編入領土的命令。但是，沖繩縣知事解釋（筆者加注）說：敕令第十三號八重山諸島中包含該列島，該列島在行政上編入八重山郡，正如上述，沖繩縣知事將該島編入八重山郡的措施，是以行政區分為目的的，對於「尖閣列島」在國內法上的編入領土措施，在編入八重山郡之前不曾有過，故此，將該列島編入八重山郡的措施，就不僅僅是行政區分上的編入，也是因此進行國內法上的編入領土行動。（奧原敏雄論文「尖閣列島法的地位」，《沖繩時論》，1970 年 9 月 4 日號。）

在敕令第十三號中，見不到「尖閣列島」的蹤影。此時在行政區分上將所屬地域明確化的是大東島。按照敕令將其劃歸到島尻郡之下管轄。在 1885 年 10 月 21 日，井上外務卿回答山縣有朋內務卿「應該緩建沖繩縣與清國之間無人島上的國標」的文書中講到，大東島是剛剛踏查過的杜絕在官報和報紙上刊登的島嶼。而古賀辰四郎是在 1891 年 11 月 20 日從丸岡莞爾沖繩縣知事那裡獲得開墾許可的島嶼。

奧原教授在《沖繩時論》中，承認敕令第十三號不是決定編入「尖閣列島」領土的命令。在國內法上未被編入領土的「久場島」、「魚釣島」，僅憑沖繩縣知事一個地方官的解釋（筆者加注）就編入了八重山郡，「尖閣列島」完全沒有像大東島那樣的敕令措施。

奧原教授還對尖閣列島的範圍開動腦筋。1895 年 1 月的內閣決議雖然言及「魚釣島」和「久場島」，規定劃歸沖繩縣管轄，但是「尖閣列島」除掉這些島嶼之外，還有南小島、北小島、沖北岩、沖南岩、飛瀨等岩礁，還有「久米赤島」。上述的內閣決議完全未曾提及這些小島及岩礁。1895 年 1 月的內閣決議應該解釋成不曾有對這些島嶼的領有的意思吧（奧原教授前揭論文）。在奧原教授苦思列島構成時，日本的領海是三海里，因此奧原教授進行思考。

除「久米赤島」外，這些小島和岩礁分布在釣魚島附近，而且，南、北二小島和沖北及南岩位於釣魚島領海外一哩〔註5〕到三哩的地方，因此，不能說由於日本明確宣布對釣魚島的領有意思，就表示了日本擁有了對這些小島及岩礁的主權意思（奧原教授前揭論文）。

對此進行言簡意賅的整理，便會明白。

（1）慶幸的是，魚釣島領海內約 0.8 哩地方有座飛瀨岩礁。

（2）飛瀨在高潮時顯露〔註6〕在海面上，在國際法上可以稱作島嶼。

（3）飛瀨也有三海里的領海。

（4）北小島在飛瀨領海內約 2.7 哩，故領有意思可以發展到北小島。

（5）北小島領海內約 100 米處，是南小島，大約 2 哩處有沖南岩。

（6）沖南岩領海內約 2 哩處是沖北岩。

（7）如此一來，如果把飛瀨岩礁作為基點來考慮，日本對於釣魚島領有的意思，可以理解成達到這些小島、岩礁。

但問題是赤尾嶼（大正島、久米赤島）。因此，奧原教授還要再思考。「久米赤島」距離「久場島」（黃尾嶼）大約 90 公里，距離釣魚島大約 100 公里，距離石垣港大約 195 公里。內閣決議中，雖然承認在「八重山群島西北的無人島久場島和魚釣島」設置國標，但是赤尾嶼位於宮古島東北大約 70 哩，石垣島的西北約 105 哩，正如內閣決議所說，它不在八重山西北。據日本外交文書，是 1885 年的「分布在沖繩縣和清國福州之間的無人島久米赤島之外的兩個島嶼」，是 1890 年的「魚釣島」之外的兩個島嶼。由此可以看出，儘管內閣決議沒有特別排除赤尾嶼的意思，但也無法斷定承認包赤尾嶼。因而，按照 1896 年的敕令十三號，根據沖繩縣知事的解釋，應該認為包含赤尾嶼的「尖閣列島」全體被編入八重山郡的時候，編入領土的。（參照奧原教授前揭論文）

「久米赤島」（赤尾嶼）也是按照沖繩縣知事的解釋被編入到八重山郡的。「久米赤島」被指定為國有地是在 1921 年 7 月，其島名被改成「大正島」，是按照沖繩縣知事的解釋，被編入後的第 25 年後的事情。對於大正島（赤尾嶼），即使日本具有領有的意思，仍然缺乏先占的具體要件。具有領有某座島嶼的意思，需要在哪座島嶼上插上國旗，設立記錄何國領有的石碑，還要向

〔註5〕奧原教授所說的哩是海里。

〔註6〕海拔 3.4 米。

各外國通告領有的意思，不具出領有的實際例證，不產生先占的效力。……先占對象是無人島或不毛之地，設立國家機構當然是不可能的，作為具體要件，只是派出臨時機構的情況下，將先占的意思向各個國家通告，確認不會產生抗議，對於避免將來的爭議實屬重要。（岡田良一著，《國際法》，勁草書房刊，第125～127頁。）

如果按照奧原教授的觀點，對於無主地實行先占的赤尾嶼，由於沒有實效的支配，即使現在仍然是無主地。

如果想要對自古就在中國及沖繩的歷史文獻中就有記載的、即便是歐洲也知曉的赤尾嶼（赤嶼）、黃尾嶼、釣魚島（釣魚嶼、和平山）進行先占的話，應該向各國通知先占的意思。但是，當時存在著不必要那樣作的政治形勢，那邊是日本在日清戰爭中的勝利。在「大正島」設置國標是在1969年5月，「尖閣列島」由於石油而喧囂塵上之時，是通過美國施政下的石垣市長命令來實現的。作為軍事演習基地，把炮彈從空中和海上傾注到該島嶼上的人是美軍，在此之前，根本沒有日本的實效統治。1873年3月外務省琉球藩，運來大中七種國旗，因為擔心不明確沖繩孤島的境界有被外國掠奪之憂，出現從早晨到晚上要在久米島、宮古島、石垣島、西表島、與那國島飄揚國旗的警告，但是，日本政府沒有在「尖閣列島『的任何島嶼上插上國旗，也不曾設置國標。

可是，被拉進先占的法理中去之後，就失去了本來面目。下關條約中奪去了澎湖列島、臺灣等，沖繩和臺灣之間完全失去了國境，無論是否發布敕令，沖繩縣知事是否實施國標建設，那些已經沒有什麼必要了。

關於此事，奧原教授是這樣表述的。1895年1月14日（內閣決議）的時候，日本已經在日清戰爭中確定了勝利的局面，正是講和預備交涉將要開始之時。對於臺灣的割讓給日本之事，爭取列強承認之時。日本政府在此時期確認將「尖閣列島」編入沖繩的背景，不難想像，是基於知道將要失去臺灣的清國，圍繞著不足以關注無主地的尖閣列島歸屬，不會出現紛爭的政治判斷……。

但是，重要的是那樣做的疑問是日本將「尖閣列島「編入領土以前的釣魚列島的法的地位是中國擁有的土地。如果假定「尖閣列島」是中國的領土，日本的立場就極為不利。如果將「尖閣列島」當做臺灣附屬島嶼來處理的話，在日清講和條約第二條中，是將臺灣及其附屬島嶼割讓給日本，所以，第二次世界大戰後作為日本放棄臺灣的結果，「尖閣列島」……也將要被放棄……。

假設（尖閣列島）不作為臺灣的附屬島嶼來處理，為了取得中國領土釣魚列島的主權，除按照時效的法理之外再無其他藉口。但是有人認為不存在時效法理可以用於日清戰爭的事實，如果將日清戰爭的存在為前提，思考此問題的話，按照法理即使日本將取得「尖閣列島」主權的主張作為邏輯前提，其主張將會非常單薄。因為提出時效法理之前，在那種狀況下，將本來是中國領土的釣魚島編入日本領土的行為，不得不被視為作為日清戰爭強行做法的結果……。

只要以釣魚島群島是中國領土為前提，無論是否是臺灣的附屬島嶼，日本至少在最初就將其視作可能作為日清戰爭的結果取得的地域（奧原敏雄，「尖閣列島領有權的根據」《中央公論》，1978 年 7 月號）。

在國際法上，作為國家行為取得領土的原因，前面曾經提到過，包括割讓、合併、征服、先占、添附等。只要承認日清戰爭和波茨坦宣言，日本主張對「尖閣列島」的主權根據，除先占之外再無其他。沒有選擇割讓、征服、合併的餘地。所以，奧原教授說：我從所有角度探討的結果，在編入日本領土之前，沒發現「尖閣列島」是中國領土的事實，或者沒有證據。此事換而言之，其地域用它是國際法上的無主地（前揭奧原《中央公論》論文）來加以強調。奧原教授還談到，先占無主地的國家表達領有意思的證明，在國際法上未必一定要必須是內閣決議、告示、國內法上的正式編入手續。通過先占取得領土，最重要的是實效支配，通過這種事實來證明國家的領有意思就足夠了……。

如果考慮「尖閣列島」的自然環境和不適合居住的特點，即便達不到現實上的佔有，如果可以證明國家的統治權已經一般性地實現了，在國際法上日本就可以對列島有充分的主權主張（奧原敏雄，「尖閣列島和領有權歸屬問題」，《朝日亞洲評論》，1972 年第 2 號）。

正像奧原教授顛倒的那樣，所謂的「尖閣列島」是各國都知曉的島嶼，1885 年，由於中國已經給那個島嶼起了名字，井上馨外務卿直接反對設置國標，西村舍三沖繩縣令也擔心「不能不考慮和清國的關係」所指的島嶼，但是沒有正規地實施編入的措施。琉球政府也是如此，日本政府至今還在外交文書中沿用中國所命名的島嶼名稱，沒有正式確定日本的島嶼名稱。連島嶼名稱都沒有以無主地的方式實現先占不可笑嗎？內閣決議、告示、國內法上的正規編入怎麼就不需要呢？此種主張和奧原教授 1970 年 9 月《沖繩時論》中的觀點截然不同。該教授的《沖繩時論》上的論文「尖閣列島　其法的地位」中，沖繩縣知事解釋成「尖閣列島」包括在敕令十三號的八重山群島中，可以說，在行政區分上編入八重山郡，這位沖繩縣知事的措施扭曲了當時國內法上的領土編入措施，連敕令也否定了，國內法上的措施也否定了。但是，一到 1972 年，敕令、內閣決議等依據國內法正規的手續和公示等都不需要了。這是奧原教授的研究進步嗎？實際並非如此。如果不主張先占的法理，無法主張是日本的領土，因為日本不曾履行過先占的手續所以可以顛倒過來說。奧原教授為了主張對「尖閣列島」的實效支配，詳細地列舉公共的行為，比如：1932 年的農林省地質調查、1940 年的定期航班阿蘇號在釣魚島的臨時降落時，八重山警察的施救、1943 年的石垣測候所的調查、1945 年，警察和軍方向臺灣疏散途中的沖繩縣民遭到美軍空襲，漂流到釣魚島的險情施救的事情等等。這些都是用以證明國家機能達到無人島的證據吧？但是，在日清戰爭之時，沖繩和臺灣之間不存在國境，這樣的證明沒有任何說服力。

1920 年，救助中國福建省漁民男女共三十一人，中華民國駐長崎領事贈送給豐川善佐石垣村長、古賀善次等三人感謝信有「日本帝國沖繩縣八重山郡尖閣列島」的內容。奧原以此為例將此作為中國承認「尖閣列島『是日本島嶼的證據。但這是極為平常之事。再重複一下，日清戰爭後，沖繩和臺灣之間沒有國境，先將先占、割讓之類的議論姑且放置一邊，實質上已經變成了日本領有的島嶼，而且，那件事即使中國承認也沒有什麼意義。

5. 第二次世界大戰後的法的地位

不僅是奧原教授，琉球政府、日本政府和美國民政府所決定的琉球列島地理境界也包含「尖閣列島」，所以明確地主張日本擁有領有權，但是，這是美軍從戰略上隨意的決定，無法成為領有主張的根據。

6. 關於美國民政府及琉球政府行使施政權的狀況

將赤尾嶼、黃尾嶼作為美軍軍用演習場來使用、向古賀善次支付「久場島」的使用費、1969 年 5 月，石垣市長同行，在「尖閣列島」設置石垣市的行政標誌、美國民政府在 1968 年以後，用軍用飛機警戒、1970 年，在「尖閣列島」設置懲罰非法入境者的警告版等等，諸如此類的例子不構成主張領有「尖閣列島」的證據。作為石垣市明確行政區域的必需，在「八重山尖閣列島」設置標注，是在因為石油而出現「尖閣列島」領有權問題之後的事情，是釣魚列島再次成為無人島之後的四十年的事情，1895 年 1 月內閣決議決定後不曾公布但已經過了七十四年。日本政府要求美國政府支持主權主張，但美國採取將施政權返還給日本，如果有主權的紛爭，就由當事者之間解決的態度，仰仗美國支持「尖閣列島」主權的日本政府的企圖被拒絕掉了。

四、井上清認為反對掠奪釣魚島是反軍國主義鬥爭的焦點

井上清教授認為無論日本政府和日本共產黨如何偽造、歪曲歷史，掩蓋事實，玩弄帝國主義國際法的把戲，中國領土就是中國領土，日本竊取的就是日本竊取的。因此，日本在第二次世界大戰中戰敗，並於 1945 年 8 月 15 日無條件接受包括中國在內的聯合國家的《波茨坦宣言》而無條件投降後（正式簽訂投降文書是在 9 月 2 日），釣魚島群島就應該與臺灣、澎湖列島及「關東州」一樣自動歸還給其本來的所有者中國。因為《波茨坦宣言》規定投降後的日本領土「要執行《開羅宣言》的條款」，而中國、英國、美國三大同盟國在開羅發表的該宣言中指出：「三大盟國此次進行戰爭之目的……在使日本所竊取於中國之領土，例如滿洲、臺灣、澎湖列島等，歸還中國。」（《開羅宣言》中的「中華民國」現在應為中國的唯一合法政府——中華人民共和國政府。）

日本政府於 1895 年竊取釣魚島群島之後，無論它如何在國內立法使其合法化、並在島上建立各種設施，甚至古賀辰四郎於 1896 年 9 月實現了其多年的夙願，向政府「借來」了整個釣魚島，在上面大幹其事業，也無法成為該島現在為日本領土的證據。在日本竊取該島的時候，即使中國對此沒有提出抗議，也絲毫不會影響規定了日本必須執行《開羅宣言》的《波茨坦宣言》的效力。而《開羅宣言》中則規定了日本必須歸還「所竊取於中國之領土」。

1945 年 8 月，日本向聯合國家投降之後，美帝國主義仍舊佔領著琉球列島及中國領土釣魚島群島，1952 年 4 月 28 日，舊金山「和平條約」生效，規定釣魚島群島繼續由美軍控制，但這也無法改變這些島嶼從歷史上就是中國領土這一事實。因此即使現在美國政府把「西南列島」的美軍施政權連同釣魚島群島的「施政權」一併「歸還給」日本，釣魚島群島也並不能因此就成為日本領土。說到底，中國領土就是中國的領土。

儘管如此，日本仍不顧一切歷史事實和國際道義，把釣魚島群島冠以「尖閣列島」之名，想再次掠奪中國的領土。只要中國堅持正義，主張釣魚島群島自古以來就是中國領土，不允許對其進行不法掠奪，日本政府以及自稱反對軍國主義、帝國主義的日本共產黨、日本社會黨及大大小小的各種商業報社便會藉口該島是理所當然的日本領土，把日本人民推進虛假的愛國主義、

排外主義和軍國主義的狂熱之中。

舊天皇制軍國主義就是在英國或美國的鼓動、支持甚至指導下，把海外侵略的矛頭首先指向了朝鮮和臺灣，並由此徹底推翻了島津藩的半殖民地琉球王國，把它變成了天皇政府的殖民地，最終引發了日中甲午戰爭。在這場戰爭即將取得勝利的時候，日本竊取了靠近琉球的中國領土釣魚島群島。日本天皇制軍國主義隨後不可遏制地滑向了侵略朝鮮、中國和亞洲的帝國主義。

從第二次世界大戰的慘敗中捲土重來的日本帝國主義的統治階層，在美帝國主義的鼓動、援助、指導乃至指揮之下，現在正在沿著與此相同的覆轍飛駛。1956 年的「日韓條約」、1969 年的佐藤、尼克松共同聲明，以及根據今年（1972 年）5 月 15 日生效的日美協定的決定，美國歸還日本對「西南列島」——琉球及釣魚島群島等島嶼——的「施政權」，並把該地區作為日美共同的軍事基地，都是在重蹈天皇制軍國主義的覆轍。釣魚島群島便是戰後日本掠奪的第一塊他國領土。就連這一點也與天皇制軍國主義分毫不差。下一個目標可能就是臺灣和朝鮮了。

防患必須始於未然。現在如果我們放任日本統治階層掠奪釣魚島群島，日本帝國主義侵略亞洲的大火就有可能以更快的速度蔓延開來。但是朝鮮人民、中國人民和亞洲人民是決不會允許日本帝國主義的野心得逞的。

反對帝國主義、反對軍國主義的口號喊得聲音再高，讚頌亞洲革命勝利千遍萬遍，在現實中如果不具體地與日本帝國主義、軍國主義進行鬥爭，反對其已經伸向中國領土釣魚島群島的侵略黑手，所謂的反對帝國主義、軍國主義事實上就是對日本帝國主義、軍國主義的認可與支持。

日本共產黨等以「尖閣列島是日本領土」為由，與帝國主義政府沆瀣一氣，聲稱不准把「尖閣列島」用於軍事，要把它變為和平之島。實際上它是日本帝國主義積極的同謀者。日本共產黨等竭盡全力協助帝國主義奪取他國領土，並要求它在使用搶來的東西時裝出和平主義的樣子來，這是極其卑劣的欺騙手段。自 1927 年以來日本侵略中國時，社會民眾黨及其他右翼社會民主主義者都曾玩弄過與此相同的把戲。現在的日共和他們如出一轍。

有人想當然地以為自己是站在國際主義的人民的立場上，認為「尖閣列島既不是日本的領土，也不是中國的領土，對於日本和中國政府間的領土之爭，我們雙方都反對」。這才是地地道道的「革命化」空論。這種空論實際上支持了日本帝國主義。

地球上消滅了帝國主義和一切剝削制度後，一切階級將不存在，國家也會因此消亡。對如此遙遠的將來的事情我們姑且不談。但現在，所有具體存在的人都屬於不同階級，都屬於不同國家。生活在當代的人民最大的國際主義任務就是反對帝國主義。尤其是帝國主義國家的人民，必須首先反對本國的帝國主義。即使在本國帝國主義和其他帝國主義國家發生戰爭時，國際主義的人民和無產階級也應與本國的帝國主義進行鬥爭。決不能說雙方都反對便萬事大吉。更何況本國帝國主義是在竊取當今世界反帝勢力的據點——中國的土地。如不對此表示反對，就不能稱其為反帝。我們現在之所以反對日本帝國主義掠奪釣魚島群島，是因為它是日本帝國主義當前侵略的目標，一旦得手，這將成為日本帝國主義進一步擴大侵略的起點。這並非因為掠奪的是中國領土才加以反對，而是由於這是日本帝國主義捲土重來，掠奪他國領土的起點，我們必須在現在就立即搗毀這個起點。這樣做——無論是否有心偏袒中國——並非全是為了中國，而首先是為了日本人民本身，是身處日本帝國主義統治下的日本人民對國際主義的貫徹。熱衷於把人民或者是無產階級抽象成沒有生命的概念，一味發表所謂的「人民」反對日中兩國的領土之爭之類的空論，只會給日本人民反對日本帝國主義的國際主義鬥爭潑冷水，助長日本帝國主義的氣焰。

還有人這樣認為，反對軍國主義的日本人民現在應當致力於日本和中國恢復邦交。為此應當首先解決臺灣問題。要敦促日本的統治者們與蔣介石集團徹底斷絕關係，廢除「日臺條約」，正式承認臺灣為中國的一個省，包括臺灣省在內的中國的惟一合法政府為中華人民共和國政府；恢復中國與日本的邦交是當前的主要問題；釣魚島群島問題應在恢復邦交之後，由日中兩國政府本著和平共處五項原則協商解決，在此之前，最好不要把釣魚島群島問題鬧大。

這種意見雖沒有表達出來，但卻廣泛存在著。這種意見認為，現在提出釣魚島群島問題容易使大眾陷入軍國主義煽動起來的虛假愛國主義中，從而引起反華情緒，阻礙日中恢復邦交。與此同時，這種意見還依賴於一種傳言，即中國政府不會讓釣魚島群島問題妨礙日中邦交正常化。如此不信任日本人民，一味企盼中國高明巧妙的外交，又怎麼能和日本軍國主義作鬥爭呢？我們日本人民不能光依靠中國政府用到巧妙的外交而放棄我們自身的鬥爭，我們應該馬上——也就是說在日中邦交恢復正常化，正要轉向下一輪和平條約談判，而日中兩國政府間談判即將面臨釣魚島群島的歸屬問題這一重大議案之前—

一大聲地告訴人民有關釣魚島群島的歷史原委，應廣泛開展反對日本帝國主義掠奪中國領土釣魚島群島的鬥爭。如這一問題提交到日中政府間談判議題上，再想宣傳釣魚島群島是中國領土這一正確見解則為時已晚。以政府、自民黨、日共為首的各政黨及傳媒煽動起來的「尖閣列島」是日本領土、不能向中國屈服之類的反華的虛假愛國主義及軍國主義言論，恐怕早就吞沒全日本了。

井上清教授最後強調，反對掠奪釣魚島群島的鬥爭，不應推委他日，日本人民應當在今天就全力以赴，這是當前反對日本軍國主義、帝國主義的鬥爭焦點。對此鬥爭視而不見不是真正的反帝反軍國主義。把反對日本佔有釣魚島群島的鬥爭與日中恢復邦交的鬥爭割裂甚至對立起來，實際上是在幫助日本帝國主義。我們應當誠心誠意，認真、具體地反對日本帝國主義，同軍國主義作鬥爭，應當全力以赴地投入到當前鬥爭最大、最迫切的焦點——反對日本帝國主義、軍國主義掠奪中國的領土釣魚島群島當中去。

五、高橋莊五郎分析藤田元春為什麼刪除《使琉球錄》一些內容

藤田元春在 1938 年由富山房所出版的《日本中國交通的研究》的《中近世論》中，有大概這樣的記述：

> 圍繞著臺灣的北富貴角以東，在基隆港口的基隆嶼周圍大約 2200 米處，有孤立的黑岩。它的北部由花瓶、綿花及彭佳三嶼形成鼎足之形。彭佳嶼再往東就有釣魚列島。日本很多地圖都沒有載出。臺灣的版圖及沖琉球的版圖，沒有繪到此地的也很多。但如果作為日本總圖，當然必須繪載這此島嶼。因為他們屬於沖繩縣八重山郡，當然是屬於日本領土。「尖閣」之名，還是由沖繩縣師範學校教諭黑岩恒氏通過實地踏查給予命名的，1890 年地理學雜誌有該人的報告。在這些島嶼中，最大的就叫「鉤魚嶼」。英國製的地圖叫「尖塔島」(Pinnacle)。但這此島被沖繩縣人稱為「ユクン・クバ」。這是隋書《琉球傳》所記載的義安即就是從廣東到琉球航路之中的「黿鼊嶼」的名子。「黿鼊」的音就是「クヒ」也就是「クバ」。而「ユクン」就是「ユークの」的略語，那麼也就是「琉球のクバ島」之意。日本人在煬帝三年(607 年)之時，並不知道這個名子，所以誤以為「鉤魚」，所以就逆稱為「魚釣島」。由此特別的記錄，可知其在一千三百年以來，就為中國與日本之間航路上的重要島嶼。這個島實

際上在臺灣北端，乘南風向東需要十更，離西表島 90 海里，離基隆 120 海里，離沖繩島有 230 海里。陳侃使錄中記載「十日南風甚迅、舟行如飛、然順流而下、亦不甚動。過平喜山、鉤魚嶼過黄色嶼過赤嶼目不暇接、一晝夜兼三日之路、夷舟帆小、不能相及矣、相失在後、十一日夕見古米山。」因此，如果是南風，順流即是乘黑潮的話，三日的路一晝夜即可走完。所以，所謂的平嘉山就是現在的彭佳嶼。

但藤田元春在十一日傍晚看到古米山的後面，省略刪除了「乃屬琉球者、夷人歌舞於舟、喜達於家」之語。陳侃的《使琉球錄》看到古米山（久米島），這裡是指「已經屬於琉球」，「久米島」即是琉球，在船上見到久米島的琉球人，知道可以平安回到家中，所以才特別高興。為什麼藤田要將這些內容刪除呢？如果不刪除就不能說明「尖閣列島」屬於八重山郡的帝國的領土。「夷人歌舞於舟、喜達於」之後還繼續寫到，望見「久米島」以後，即遇東風，由於「進寸退尺」，25 日終於抵達那覇港，故「喜達於家」當然必須引用。

另外還有，藤田元春將「ユクン・クバ」稱為「琉球的蒲葵（クバ）島」，將「尖閣列島」作為琉球的島嶼的證據。可是，在八重山稱為「イーグン・クバシマ」中的「イーグン」在八重山方言中，就是釣魚的「魚勾」。「クバシマ」就是為蒲葵的葉子非常繁茂，才這樣稱呼之的。根據文獻的記載，釣魚島周邊不論以前還是現在，都是魚鯖魚、鰹魚、鯊魚的一個寶庫，而「釣魚臺」、「釣魚嶼」、「魚釣島」等的由來，或呼稱「ユクン」或者「イーグン」都與這裡的「魚」有關係，但卻不能等同是琉球的。

六、高橋莊五郎認為敕令第 13 號與釣魚島沒有任何關係

明治憲法下的「內閣決議」的性質

1972 年 3 月 8 日，日本外務省公布的「關於領有尖閣列島的問題」的基本見解，闡述「明治二十八年一月十四日，內閣決定在當地設置國標的措施，決定正式編入我國領土」。

關於 1895 年 1 月 14 日的內閣決議和敕令第十三號的關係，日本一部分國際法學者們作出如下表示。關於尖閣列島的領有主權，日本的主張是基於經過 1895 年的內閣決議，1896 年的敕令第十三號，已經正式編入領土——沖繩縣的一部分的事實。這是作為不屬於任何國家的領土取得無主地的方法

「先占」這一國際法預設的原則（皆川洸論文「尖閣列島」）。

按照1896年敕令第十三號，日本政府對尖閣列島進行了領有宣誓（新城利彥論文「尖閣列島和大陸架」）。

1895年1月14日，內閣決議正式承認八重山島西北方的「魚釣島、久場島（黃尾嶼）」劃歸沖繩縣管轄。正如沖繩縣知事申請所說，決定在該島設置國標，該月21日，將此意思向沖繩縣知事下達。基於內閣決議，對於該列島的國內法上的編入措施，以沖繩縣執行1896年4月1日的敕令十三號為機會來進行。（奧原敏雄論文「尖閣列島」《沖繩時論》）。

1895年1月14日，正如沖繩縣知事申請的那樣，內閣決議決定同意將尖閣列島劃歸該縣管轄並設置國標。於是政府在1月21日向沖繩縣知事下達實施的指令。沖繩縣知事在1896年4月，將尖閣列島編入八重山群島，以此完成國內法上的措施（尖閣列島研究會「尖閣列島和日本的領有權」《季刊沖繩》第五十六號）。

那麼明治憲法（舊憲法）中的內閣制度和內閣決議為何物，就成為首先要瞭解的問題，因為舊憲法下的內閣制度和現在的制度有著明顯的不同。與新憲法「行政權屬於內閣」不同，舊憲法之中規定行政大權在於天皇，內閣只不過是作為行政權主體的天皇的輔助機構。即舊憲法規定「各國務大臣負責輔助天皇」，內閣只不過是國務大臣分別輔助天皇，承擔相關責任必需便宜而設立的機構。舊憲法之中，沒有明確規定國務大臣組織內閣全體會議，內閣不是基於憲法而設置的機關。所以，僅僅憑藉1895年1月14日的內閣決議不能達到為了「正式編入日本領土」的國家意志，因為行政大權屬於天皇，實際上，雖然由內閣總理大臣和各位負責大臣來決定政策，但是，必需通過敕令來正式表達國家的意志。〔註7〕

1. 敕令第十三號及第十四號

主張「尖閣列島」是通過無主地先占原則的一部分國際法學者都是利用1895年1月14日的內閣決議和1896年3月5日的敕令第十三號，來構建先占法理的。

> 朕茲裁可沖繩縣之郡編制並公布之。
>
> 御名御璽

〔註7〕參考法學學會編《注解日本國憲法》下卷，有斐閣刊；《圖解法律用語辭典》自由國民社刊。

明治二十九年三月五日

內閣總理大臣侯爵　伊藤博文

敕令第十三號

第一條　除那霸、首里兩區之區域外，沖繩縣劃為下列五郡。島尻郡、島尻各村、久米島、慶良間諸島、渡名喜島、粟國島、伊平屋諸島、島島及大東島

中頭郡　中頭各村

國頭　郡國頭各村及伊江島

宮古郡　宮古諸島

八重山郡　八重山諸島

第二條　各郡之境界或名稱如遇有變更之必要時，有內務大臣決定之。

附則

第三條　本令之施行時期由內務大臣定之。

朕茲裁可沖繩縣之郡區職員及島廳職員並公布之。

御名御璽

明治二十九年三月五日

內閣總理大臣侯爵　伊藤博文

內務大臣　芳川顯正

敕令第十四號

第一條　在沖繩縣島尻中頭國頭各郡各設郡長一人郡書記官若干人。

第二條　沖繩縣的宮古八重山各郡設島司一人島廳書記官若干人。

第三條　沖繩縣那霸首里的各區設區長及書記官若干人，那霸區長由島尻郡長充任，首里區長由中頭郡長充任。

第四條　關於地方官官制中郡長的規程適用於區長，關於郡書記的規程適用於區書記。

第五條　沖繩縣郡區書記的定員由知事在沖繩縣判任官定員中定之。

附則

第六條　本令之施行時期由內務大臣定之。

敕令第十三號是關於沖繩縣的郡編制的文件，敕令第十四號是關於沖繩縣郡區職員及島廳職員的文件。敕令第十三號將1885年踏查的基礎上設置國標的大東島編入島尻郡，但是沒有記載黃尾嶼、釣魚島。

本來，這兩個敕令並不是把「尖閣列島」編入日本領土為目的，所以，外務省的基本見解中沒有提及敕令第十三號。

那麼抬出這兩個敕令的政治的、社會的背景是什麼呢？就此背景，根據新里金福大城立裕著的《沖繩百年》（大平出版社刊，第三卷，歷史編），大致闡述一下其概略。1879年，明治政府以武力為背景，在沖繩縣實施廢藩置縣之時，松田道之執行官主張：逐漸減輕租稅，藩王及舊士族的身份俸祿之類的儘量原封不動的維持，使之各自安心地工作，並請求新政府予以協助（82頁）。事實上，明治政府給予舊藩王尚泰特別的帶利公債20萬元、給予有俸祿的360多名士族年額15萬元（81頁）。該年4月，變成平民的華士族失去俸祿，12月仍然按照舊習慣支付給他們俸祿（81頁）。對於寄生的士族階級的待遇比其他府縣反而要好，可以說他們的生活比以前還舒適。與此相比，沒有俸祿的下級士族的生活則沒有什麼保障，急速地衰敗下去（81～82頁）。農民當然也未被從農奴的地位解放出來，農民的租稅一點也沒有減少。舊藩的法規、稅制依然被保留。所變化的是，在各個離島設置了派出機構，警察組織也整備好了，審判活動「仍然參照舊藩的法規適應人情風俗作出適當的審判」，縣知事兼任法官那樣嚴重的傳統審判方式（83頁）。特別是宮古、八重山之類的先島更是如此。

沖繩的農民與耕種首里王府的農奴地位相同（65、134、145）。首里王府的所有地達到全部農地的76%（148頁）。而且尚未確立小作權。由首里王府出租的土地被作為村子的共有地，由村子支付稅金。農民以戶為單位分到村子的共有地。此種分地以幾年到十幾年的週期來進行調整，不能長期耕種相同的土地，這就是分地制度（151頁）。

但是，在宮古、八重山這樣的先島，土地是以家為單位歸個人所有，實行人頭稅和名子制度（151頁），此種制度在廢藩置縣後仍然保留著。人頭稅是島津將沖繩作為殖民地的十七世紀之初開始的，十五歲到五十歲的全體農民中，男性上交米、粟，女性上交上等布料，這樣的以個人為單位的實物稅制。名子制度是讓農民為舊士族無償勞動的制度。1885年當時，大約3000人的名子為四百幾十人的官吏、士族隨意地驅使從事勞動（134頁）。從琉球王朝開始，被 330 公里的海洋與沖繩本島隔開的宮古、八重山的士族階級的特權，被建築在這種人頭稅和名子制度之上。

1893 年 11 月 3 日，宮古的四位農民代表到達東京，向議會和政府陳述宮古的現狀。中央的報紙上將四位代表稱作「明治的佐倉宗五郎」登載了他們的消息。1894 年 1 月 12 日，向貴族院提出了「沖繩縣政改革建議」，曾我祐準對此進行了說明：「沖繩縣諸島中有應該建設軍港之處，可謂我東洋之關口的話，如果東洋形勢變化，就有在沖繩設置要塞的必要，這是請各位深入思考之事」。另外還感歎知道忍受重稅負擔沖繩農民慘狀的人很少（138 頁）。明治政府為了準備日清戰爭，加強體制建設，沖繩當然是國境上的群島（139 頁）。其後的 1 月 17 日，宮古島福里村 160 名農民署名的「節儉宮古島島費及島政改革請願」交到眾議院。這份請願書主張節儉島費及進行人頭稅改革。眾議院批准了該請願要求。四名代表也向政府進行了陳述才返回故鄉（138 頁）。當年，名子制度被廢除，人頭稅一直持續到 1903 年。實際上，1893 年 3 月 18 日，沖繩縣知事奈良原繁提出了宮古島民的申訴，藏原、村公所的機構改革、官員的削減、名子制度的廢除、預算協議會的設置等等改革措施，已經向吉村貞寬宮古島所長下發了內訓，吉村所長已經開始進行舊慣改革，但是，遭到了士族的強烈反對，改革計劃曾經遭到失敗（135 頁）。之所以宮古的士族階級沒有強烈反對廢藩置縣，是因為人頭稅制度和名子制度被保留下來的緣故。

1893 年 11 月，宮古農民國會請願後，政府直接派遣內務書記官前往沖繩，進行「舊制度運用的實情和人心傾向的調查」（139 頁）。對於正在準備日清戰爭這樣的真正對外侵略戰爭的政府來說，在國境上的島嶼沖繩發生糾紛，是一件很棘手的事情（138 頁）。1894 年，政府派遣江木縣治局長調查沖繩的地方制度，還在該年的 3 月 28 日，任命大藏省的祝辰巳擔任沖繩縣稅務局長，讓他進行稅務調查，根據他的報告「該縣的制度很複雜，無法和內地一樣地處理」，被指示先期開始工地整理工作（222 頁）。1895 年 7 月，任命目賀田種太郎大藏省稅務局局長擔任沖繩縣制度改革方案調查委員，著手調查工作，其後，若槻禮次郎國稅課長繼續進行該調查（140 頁）。政府開始著手沖繩的土地整理工作，是在 1899 年 4 月開始（222 頁）。

其間，政府只是整理了郡區的編制，只不過作了淺嘗輒止的工作（223 頁）。1896 年 3 月 5 日敕令第十三號及第十四號即是那樣的政令。這種敕令從 4 月 1 日開始施行，是中央政府命令下對沖繩地方制度最初的改革。沖繩的舊的地方制度是零碎的制度，這種制度只適用於農村地域，是與首里、那霸那樣的統治階級居住的地域不同的制度。

按照這種郡區編制的兩個敕令，進行了如下的改革（223～226 頁）。

（1）在首里、那霸二地區實行區制。這兩個區之前一直是統治階級居住區，雖是民有地，但是居住著不承擔一切貢租和民間費用。通過改革，首里、那霸兩區也必須繳納區稅，而且要把泡盛製造稅和鹽田稅上交國庫。那霸區長〔註 8〕兼任島尻郡長，首里區長兼任中頭郡長，設置區會作為決策機關。

（2）把農村地區分成島尻、中頭、國頭、宮古、八重山五郡，將久米、慶良間、渡名喜、粟國、伊平屋、鳥島、大東島歸屬於島尻郡管轄，伊江島歸屬於國頭郡管轄，島尻、中頭、國頭三郡設置郡長，〔註 9〕在宮古、八重山兩郡開設島廳設置島司。〔註 10〕

沖繩縣依此兩個敕令編制郡區，形式上和其他府縣相似。沖繩縣施行徵兵令的時間是 1898 年 1 月 1 日，1897 年 6 月 24 日，高島鞆之助陸軍大臣向松方正義總理大臣提出的在沖繩縣及東京府管下小笠原施行徵兵令的敕令案及理由書中，說道：之所以沖繩施行廢藩置縣後十幾年間未執行徵兵令的原因，有當時內政外交上的理由。現在沒有考慮那些理由的必要了，而且，從去年開始施行郡區制，制度也和本土相似起來。對於施行徵兵令來說是個好機會（225 頁）。即敕令第十三號、第十四號對於徵兵令也發揮了作用。

如此，發布敕令第十三號和第十四號的政治的、社會的背景，從明治政府內政外交上的理由來說，雖使沖繩的舊慣原封不動地保留下來，但以宮古農民的廢除人頭稅運動為轉機，政府卻不得不開始著手沖繩的近代化即土地制度的改革、沖繩各種制度的改革決定於租稅制度改革，租稅制度改革源於土地制度的改革。但是，沖繩的制度很複雜，因此，就變成了先從郡區編制開始的改革。所以，發布敕令第十三號這一與「尖閣列島」完全沒有關係的命令，假作有關係似的做法是錯誤的。

〔註 8〕區長通過官選任命，報酬從前不變依然是國庫負擔，官選的實質只不過是變更此前的役所長名稱。

〔註 9〕郡長通過官選任命，報酬從前不變依然是國庫負擔，官選的實質只不過是變更此前的役所長名稱。

〔註 10〕島司通過官選任命，報酬從前不變依然是國庫負擔，官選的實質只不過是變更此前的役所長名稱。

第十章　日本為攫取資源積極主張釣魚島主權

一、高橋莊五郎認為釣魚島因為資源才成為問題

（一）由新野論文而引發的「尖閣列島」問題

1961 年，東海大學的新野弘教授（地質學）發表了《東中國海及南中國海淺海部沉積層》〔註 1〕的論文，引發了「釣魚島問題」。

此文發表於美國地質學雜誌，是由新野教授與 Wlldshall 海洋研究所的 Emery 共同發表的。該文發表後，引起世界地質學者與國際石油資本的注意，因為該篇論文提出那裡的海底可能埋藏著極為豐富的石油及天然氣資源。

但是，日本政府當時對新野教授所呼籲「有石油」的疾呼，完全沒有理睬。因為外資的界入，才開始對周邊的海域給予重視，其關注是非常落後的。驚慌失措的通產省，倚望「整合民族資本進行開發」，因此成立了「尖閣公團」的石油開發公團。（《いんさいどればーと》，《週刊東洋經濟》，1971 年 7 月 26 日號參照）。

（二）聯合國亞洲及遠東經濟委員會的行動

1966 年聯合國亞洲及遠東經濟委員會（ECAFE、國際亞洲部、遠東經濟委員會）設立了亞洲沿海礦物資源共同探查調整委員會（CCOP），就亞洲

〔註 1〕Niino, H., Emery K.O. “Sediment of Shallow Portions of East China Sea and South China Sea”, Geol.Slc of Am.Bull. V72, 1961.

東海岸的海底礦物探查進行援助。這個 CCOP 廣大範圍內的探查計劃包括黃海、東中國海的空中磁氣探查，黃海、東中國海及臺灣海峽的地震探查，南中國海的地震探查。最初 CCOP 的成員，由日、韓、臺及菲律賓的人員構成，由美國、英國、法國及西德人來作顧問。此後，又有泰國、南越（1967）、柬埔寨（1969）、馬來西亞及印度尼西亞的參加。

（三）美國秘密進行調查

1967 年 6 月，Emery 與新野教授又發表了新論文《東中國海及朝鮮海峽海底地質層及石油展望》〔註 2〕。美國馬上根據此論文，於 1967 年到 1968 年，進行了秘密調查。該調查是由美國第七艦隊所屬的調查船進行的。

二、高橋莊五郎認為日本夥同韓、臺共謀釣魚島資源

（一）終於搭上船的日本

1968 年 6 月，美國作為聯合國亞洲及遠東經濟委員會委託方，進行航空磁氣的探查。確認的結果是，中國的黃海、東中國海、南中國海的大陸架，可能埋藏著豐富的石油資源。

是年 7 月，日本政府的總統府，也偷偷地派遣調查團到釣魚島。團長為高岡大輔（沖繩問題等懇談會專門委員），使用的調查船為琉球政府水產研究所所屬的「圖南丸」（159 噸）。

9 月，在聯合國亞洲及遠東經濟委員會的斡旋下，美國、日本、韓國及臺灣，進行了共同調查。此次調查使用的是水產大學的「海鷹丸」號。調查的主要負責人是美國 Wlldshall 海洋研究所，日本方面參與的是石油開發公團的技術者

從 10 月 12 日至 11 月 29 日，美國借用 CCOP 的名，使用海軍的海洋調查船「ハント號」（F. V. Ifunt' 850 噸）進行調查。這次調查，由日本、韓國、臺灣及美國的科學家共同進行的。

（二）大見謝恒壽的申請

1969 年 2 月 2 日、3 日，沖繩縣的大見謝恒壽，對釣魚島周邊海域石油，提出了礦業權「52119 件」。大見謝是第一個提出申請的人。

〔註 2〕Emery, K.O., Niino, H. "Stratigraphy and Petroleum PXX Prospects of Korea Strait and the East China Sea", Geol. Survey of Korea, Report of Geophysical Exploration, V.1, No.1.1967.

曾看過大見謝向琉琉政府提出的採掘的複印件，試掘場所為石垣市「魚釣島」東北方向水域 6233，750 平方米。因為海洋廣大，故法定礦區一般為一區劃為 100 萬坪（330 萬平方米）。大見謝所申請的礦區，比法定的大約大二倍。

大見謝恒壽是那霸市牧志町的人，從事寶石及貴金屬店的經營。根據該氏講，從 1961 年就著手就沖繩、宮古、八重山等周邊海域的石油、天然氣進行調查，1966 年 3 月，還整理了《以八重山竹富島為中心的石油、天然氣礦床調查報告書》，圍繞著沖繩 3 海里內的領海，有 430 件向琉球政府提出的石油試掘權申請。1969 年 3 月，還提出了《先島（包括尖閣列島）石油調查報告書》。此報告書只是很少涉及到釣魚島周邊海底的地質，但與 1969 年美國《ニューズウィーク》雜誌所言東中國海長眠著一兆億美元以上油田的報告相符合。另外，大見謝於 1969 年 12 月，還使用聯合國亞洲及遠東經濟委員會的調查資料，提出《尖閣列島周邊海域大陸架石油礦床說明書》。

同年 2 月，石油開發公團以沖繩縣籍的社員古堅總光的名義，向琉球政府提出了「7611 件」的礦業權。

接著，沖繩的新里景一提出「11726 件」的礦業權申請。新里的申請，是大見謝採掘許可申請所不具備的，其申請礦區與大見謝的基本重合。

1969 年 4 月，就此海域，美國就「ハント號」的調查結果，作成「慎重期待」的意見書，由美國海軍當局向世界公開發表。調查報告書的概要如下：

（1）調查海域，相當於美國得克薩斯、オクラホマ、ニィーメキシコ州的總和，亞洲的越南、老撾、柬埔寨、泰國的總和。

（2）船跡達 12000 平方公里。

（3）調查的結果。這此海底，幾乎都有發達的、連接著的隆起地形，它們是由廣大的中國大陸的長江、黃河等的流水搬運而來的沉積物，起著堰提的作用堆積而成。最北的隆起，是沿著山東半島，由於黃河的搬運物，在隆起部所積滯堆積而成。接下來的隆起部分，是黃河通過的地塊，此地塊可捕捉 200 萬平方米的堆積。東中國海的大陸架下及黃海下的堆積物，存在著石油天然氣的可能性很大。大於臺灣省的廣大數倍的龐大地域，延至臺灣省的北方，那裡的堆積層的厚度可達 2000 米以上，甚至可達到 9000 米以上。黃海海底的堆積層的厚度也達到 2000 米以上，東中國海更是富含有機物，期待著臺灣與日本之間的橫亙的淺海底，將來可能成為一個世界性的產油地域。

但更為詳細的地震探查也是必要的。

根據 1955 年 7 月 30 日中國人民代表大會所採納的「根治黃河，開發黃河的水利計劃」中，黃河每年經過陝西省夾雜的泥沙平均 13 億 8000 萬噸，體積達 9 億 2000 平方米。霍魯曼（J.N.Holeman）認為，黃河每年排出的沉積物為 20 億 8000 萬噸，居世界第一位，長江每年排出的沉積物為 5 億 5000 萬噸，居世界第四位。

根據《人民中國》雜誌 1978 年 9 月號第 37 頁，陝西省水文觀測所的測定，通過那裡流向下游的泥沙每年平均 12 億 8000 萬噸（現在測定數為 16 億噸）。也許 12 億 8000 萬噸誤讀為 13 億 8000 萬噸，但推斷釣魚島周圍海底的石油埋藏量大約有 800 億桶（一桶約 159 升），更是兆億美元的大油田。

5 月（1969 年），石垣市認為有行政區域明確的必要，開始在釣魚島建立標柱。

1895 年 1 月 14 日的閣議就決定在「久場島」（中國名為黃尾嶼）、「魚釣島」（中國名為釣魚島）建立標杭，也通知了沖繩縣知事，但這種表達日本主權的方式卻沒有實施。「標柱」的建立是在七十四年後美國施政權下，並且以石垣市長的命令而實施的。根據附有 1969 年 5 月 15 日日期的向石垣市長提出的「尖閣群島標柱建立報告書」，建立責任者為石垣市議會議員新垣仙永。他在出發之時，曾向其職員及船員言：交通船不通，普通的人是沒有辦法去的，對他們來說，是「夢之島」，也是「無人島」。

從 6 月到 7 月，日本政府的內閣緊急實施「尖閣列島周邊海域的海底地質相關調查」，預算為 9435000 日元，團長為東海大學教授新野弘，以「學術調查」為名，進行石油的探查的海底地質調查。8 月 28 日，提出了報告書。

從 1969 年春天至 1970 年 2 月之間，韓國也將三八線以南的周邊海域劃分成為六個礦區。第一、第五礦區權「カルテックス」，第二、第四礦區「ガルフ」，第三第六礦區「ロイヤル・ダッチ・シュル」。該海域為黃海、東中國海的大陸架，沒有同中國協商就不能劃分，而且，來自朝鮮方面的堆積也不發達。韓國對日本主張大陸架為陸地領土的自然延伸，而與中國之間，則採取中間線，將之作為本國的大陸架。

（三）日、韓、臺三者之間的紛爭

從 1970 年 3 月 29 日至 4 月 10 日，琉球大學「尖閣列島學術調查團」（團長為池原貞雄），對釣魚島、黃尾嶼、南小島、北小島的島的自體的地

質、植物、鳥類進行了調查。(《沖縄タイムス》，1972年2月29日號。)

6月，內閣進行了第二次「尖閣列島海底地質調查」，預算為31278000日元，團長為東海大學教授星野通平。這次調查的報告書7月17日提交給內閣首相。第一次、第二次調查所使用的船均為東海大學的「丸二世」。沖繩縣民也因釣魚島海底地質調查由本土政府撥來預算而歡喜，另一方面也勸告美國的「海灣公司」進行調查。

同月，韓國與美國的「ウェンデル．フィリップ氏」〔註3〕簽訂了開發權的契約。從此開始了日韓之間的大陸架之爭。韓國新設定的第七礦區，與日本石油開發(三菱集團與シュル石油共同出資)向通產省提出的礦區相重合。

在日韓大陸架紛爭中，圍繞著大陸架主權，有自然延長論與等距離中間線論的爭議。日本的主張為國際上少數派的一律等距離中間線論，韓國則認為，從濟州島開始的海底傾斜面是緩坡，而從日本男女群島開始的是急傾斜，陸地自然延長的大陸架，日本方面並不發達。日本方面主張決定大陸架的境界，習慣的國際法為中間線，但境界線劃定的規定沒有習慣的國際法，必須由相關各國進行協商。

聯合國海洋法會議在1958年4月26日對《大陸架相關公約》，以57票造成，反對3票(日本、西德及比利時)，棄權8票而採用。但日本是反對這個條約的，原因是這個條約，包含著對屬於大陸架的天然資源，即「屬於附屬種族的生物」一條反對，怕影響「堪察加擬石蟹」的漁獵。但是，發現東中國海有石油的日本，開始主張大陸架條約的大陸架境界線劃定，是習慣的國際法。大陸架條約，是由相關各國協議共識決定的，如果不能共識的場合，由於特別的事情不認為其他的境界線是正當的時候，就主張中間線。日本政府在「堪察加擬石蟹」問題上，就反對大陸架公約，在石油問題上，又堅持大陸架條約，持著首尾不一致的態度。

從7月7日到16日，在美國陸軍省琉球列島美國民政府民政官室的勸告下，在釣魚島群島設置了警告板。釣魚島二塊，南小島一塊，北小島一塊，黃尾嶼二塊，赤尾嶼一塊。警告板用英語、中國語及日語書寫。其內容如下：

告示　除琉球居民及不得已之航行者外，任何人等，未經美國高級行政長官核准，不得進入琉球列島及本島之領海及領土內，如

〔註3〕有名的礦區經濟人。該氏曾向通產省提出日本石油開發公司及共同開發的申請，但被拒絕。

有故違，將受法律審判，特此公告

美國高級行政長官令

之所以建立警告板，是因為1968年6月臺灣省的「サルベージ」公司，運送兩輛弔車於南小島，由45名工作員進行沉船的解體工作。8月12日八重山警察與美國民政府涉外局長，到現地進行調查確認此事。

另外，在黃尾嶼也有14名臺灣省的勞動者，進行沉船解體作業，被琉球政府出入管理廳的相關官員所確認。

7月7日，「第15回日華協力委員會總長」的政治部會議上達成共識，決定成立「日、韓、臺」聯絡委員會。

7月末，臺灣將東中國海大陸架的礦區權，給予美國在日本的海灣石油公司的「海灣パシフィック」公司，這樣日、臺之間的紛爭〔註4〕開始。海灣石油公司預定從12月開始進行探查。

8月1日，愛知外相在參議院，以沖繩及北方問題相關特別委員會之名，明確表示「尖閣列島為日本西南諸島的一部分，臺灣與海灣公司之間的契約無效。」

也是在8月，石垣市發起成立了「尖閣列島石油守備會」，其訴求為「守護世界性的沖繩油田」。這裡的「沖繩油田」就是釣魚島油田。其會長為石垣市長桃原用永，此運動在全縣內進行。

「尖閣列島石油守備會」的訴求要求如下：

> （1）根據美國海軍及聯合國亞洲及遠東經濟委員會的調查，在沖繩的尖閣列島周邊發現與波斯灣相匹敵的油田，引起了世界的注目。
>
> （2）巨大的國際資本，以這個油田為目標，伺機進行開發，故必須確保日本石油開發公團的礦業權以進行開發。
>
> （3）沖繩縣民的權力，被世界巨大資本所侵犯，是重大的問題。不僅是經濟的價值問題，更是獨立自主的問題。他們想將沖繩

〔註4〕1970年8月《別冊週刊讀賣》的《特集海洋開發——海底是誰的？》中認為「問題是這些大陸架資源有多少是屬於日本的。東中國海的大陸架，是中國大陸的自然延伸而形成的大陸架，這些大陸架與琉球列島之間被很深的海溝所區隔開。釣魚列島與男女群島是其大陸架的最頂端。它只是從距離上離日本（琉球列島）近，但它卻是中國大陸的自然延伸的大陸架，說日本有領有權是極難的。中國保持沉默，是沒有可能的。」

海底的資源掠奪走。

(4)為了尖閣列島油田的開發，代百萬縣民來守衛礦業權，大見謝恒壽苦鬥了十九年，但因國內的石油開發公團是「舉國一致的體制」，以新的立法措施為藉口，公開從沖繩地方奪取尖閣油田的礦業權。

(5)抵抗復歸為前提的日本國內的不當壓力，為死守本地尖閣石油資源及沖繩方面的開發，縣民自身必須從現在開始起來保衛自己的權力。保衛尖閣油田及其開發是縣民的權利，故發起創造自立、自治及繁榮的沖繩新時代的縣民運動。

8月17日，日本政府對沖繩潛在主權的三個方針進行了強調。例舉之根據不是主權的主張。

(1)要通過琉球的美國政府，再確認尖閣列島現在美民政府的統治權下，與沖繩一起返還日本之事。

(2) 對琉球政府，請求其表明尖閣列島的領有權。

(3)現在，必須策動向琉球政府提出礦區權申請的石油開發株式公司遲早確認調查權。

8月18日，琉球政府屋良主席在記者會上聲言：「尖閣列島屬於石垣市的日本領，為了讓內外明知此事，會盡快發布琉球政府的公開見解。」

8月31日，琉球政府立法院議決第十三號《尖閣列島領土防衛相關要請決議》，同日，該「決議」被採用。

9月2日，臺灣水產試驗所所屬的「海憲號」在釣魚島樹起了「青天白日旗」。驚慌的琉球政府在美民政府的指示下，指使警察將其拆除(9月15日)。

9月10日，在眾議院外務委員會上，日本外相愛知揆一答辯稱：「圍繞著尖閣列島領有權問題，任何政府任何交涉都是沒有道理的，領土權明確屬於日本一方，這一立場是不變的。」

9月12日，在沖繩及北方問題相關特別委員會上，愛知揆一再次強調：「對尖閣列島的主權，政府不存在著一絲疑問，因此，與任何國家間就此問題產生衝突的話，政府不會就這一領有權問題與其他國家進行談判。」

9月17日，琉球政府發表《尖閣列島領土主權》的聲明。它主張釣魚島群島是由國際法上「無主地先占」而成為日本領土的。這與南方同胞援護會組成的「尖閣列島研究會」的《尖閣列島與日本的領有權》及國士館大學的奧原敏雄教授所主張，是完全相同。

9 月 18 日，以 46 個團體為中心組成的「沖繩縣尖閣列島石油資源等開發促進協議會」，在那霸市婦運會館召開成立大會，會長為沖繩市長會會長平良良松。

10 月 13 日，朝鮮民主主義共和國就朝鮮大陸架開發，攻擊為朴政權與美日獨佔資本的勾結。

11 月 4 日，日韓大陸架境界線交涉在首爾舉行。

11 月 12 日，「日、韓、臺三國聯絡委員會」在首爾召開。日臺之間圍繞著釣魚島群島主權及大陸架主權，日韓之間圍繞著大陸架主權進行爭議，因各自設定的礦區重複，矢次一夫呼籲相互之間開放大陸架，以進行東中國海的石油開發，應此而召開了「三國委員會」。14 日原則上達成共識。「三國委員會」下屬機關海洋開發特別委員會在 12 月下旬在東京召開會議，再決定具體的方法。日本財界首腦也達成由「三國出資」的「海洋開發公司」，在年內設立。

11 月 22 日，琉球政府與石油資源開發株式會社共同發表，為開發釣魚島周邊海底石油，共同設立「沖繩石油開發」。

12 月 2 日，報紙報導，日本石油開發公司同意，就男女群島沖的東中國海廣泛的海底石油資源，與美國「テキサコ」、「シエブロン」兩公司共同開發，年內完成契約的簽訂，正等著手探礦工作。資金及利益分配為日本石油開發公司為 50%，「シエブロン」公司為 25%，「テキサコ」公司為 25%。探礦及試掘費 36 億日元，由美國的二公司承擔，日本石油開發公司提供礦區。

三、高橋莊五郎認為中國積極反對日、韓、臺對釣魚島的開發

（一）中國的強烈反對

12 月 3 日，北京新華社〔註 5〕提出抗議：「所謂的共同開發是日本的海盜行為，日美在中國廣大的大陸架，用船進行大規模的海底資源的調查研究，也在空中進行調查研究，在我國上空及海上，長時間反覆地進行調查。這是對中國海底資源的掠奪行為，是對中國的侵略行為。」並明確指出：臺灣省所附屬的釣魚島、黃尾嶼、赤尾嶼、南小島及北小島，是中國的領土。

〔註 5〕中國國營通信社新華社的報導，被認為是具有國際權威的。現在日中貿易中經濟通貨中的中國交換匯率，都是由新華社的報導正式公開的，不是中國銀行與日本務銀行之間進行聯絡。

12 月 4 日，外務省就釣魚島周邊大陸架的歸屬與臺灣之間進行交涉，達成「雙方在問題海域的開發及探查，在達成協議之前，暫時停止」的方針。

12 月 4 日，《人民日報》發表了由北京化工三廠勞動者評論組所寫的《米日反對派的侵略決不能得逞》的文章，提出「臺灣省及其附屬島嶼的周邊海域及鄰近中國大陸架的海底資源，完全屬中國所有，強奪這裡的石油資源，就是侵犯中國的主權。」

12 月 4 日，內閣會議後的記者會上，外相愛知揆一表示，尖閣列島為沖繩之一部分，也是日本領土的一部分，政府沒有與其他國家進行談判的想法。另外，官房長官保利也稱「如果沖繩返還，當然是日本的，這沒有什麼疑問。」

12 月 5 日，《讀賣新聞》發表了《尖閣列島中國領有權的主張》，其要旨如下：

> 中國主張在尖閣列島的主權，並對我國在東中國海的大陸架開發進行了責難，這將對目前日、韓、臺三者之間紛爭海域的「油田探查」競爭，產生重大的影響。無視中國的各方，在大陸架開發上，應當覺悟到「那一方將成為中國攻擊的對象」。作為當事者的石油開發業界，表面非常沉著地說「預想之內的事情，不影響開發計劃」，但中國真正明確主張東中國海的權力，並有具體的行動的話，日、韓、臺各自的開發計劃都將從基礎上崩潰，從這個意義上講，中國的發言，確實給突然活躍的東中國海石油開發，拉上心理上的制動器閘門。

作為日臺共同事業的開發包括澎湖島臺灣海峽的計劃受到很大的衝擊。中國大陸明確反對日臺共同開發東中國海石油，如果強行進行此事業，也必須考慮中國大陸行使軍事力的事態，日本方面的當事者也不得不做兩手準備。

「共同開發」不是無視「中國的一半」，是公然的完全無視中國。

聯合國大陸架相關條約第二條，(1) 沿岸國對大陸架、大陸架的探索及天然資源的開發可行使主權的權力。(2) 前項的權力，沿岸國不進行大陸架的探索，或不進行天然資源開發之場合，其他的相鄰國如果沒有沿岸國的同意，不能從事上述活動，更不能對其大陸架主張權力，從這個意義上講，前方權力具有排他性。

另外，在 1969 年 2 月 12 日北海大陸架事件的國際司法裁判所的判決，在任何的場合，義務的境界線的策定都不是統一的。各當事國其陸地向海底自然延伸的大陸架，同樣不受他國侵害，為盡可能確保當事國的利益，所有的關聯事情都必須考慮，進行協商來決定。而且，這個交涉必須考慮的要求，（1）當事國沿岸的一般地形及特殊異狀形態的存在；（2）盡可能知道或者充分預測該當大陸架的物理的、地質學的形狀及天然資源；（3）尊重公平原則的境界確定，遵從屬於沿岸國大陸架地域的擴展、沿岸線的一般方向所涉及的沿岸長度及這中間所關聯的一切保持的合理性。裁判所是尊從這三個方面進行裁判的。（小田滋著，《海的國際法》，有斐閣，下卷二〇六，13、14 頁。）

國際司法裁判所，認為大陸架從屬於沿岸國的根據，尋求大陸架與陸地的地質學的一體性，大陸架沿岸國的權利，是基於陸地領土的主權。這個判決是對中間線原則的對質。自此以後，就不能無視中國的存在。

另外，日本主張 200 海里為經濟水域制度為世界的趨勢，但一方面對中國與韓國單方面的宣布，其水域的魚業及海底礦物資源，排他性的只是日本的，持有這種主張的也有。如果是這樣的話，「日韓大陸架共同開發」的區域，也包含在日本的經濟水域之中，那麼日韓的協定可以說成為「賣國的暴舉」。

誠然，拉丁美洲諸國為反對大國的橫暴，以 200 海里的領海，將美國的漁船擊退。但這次，諸如美國與蘇聯這樣的大國，也宣布 200 海里經濟水域，另外，還有一些國家也為了自身的利益進行了同樣的宣言。並且，到目前為止，為捕到世界各地的魚，漁船經常在各處被取締出去。

東中國海的分割，日本方面即使強調 200 海里的經濟水域，也不可能順利通過。一定會有更為困難的問題出現。首先就大陸架問題，必須與中國的自然延伸論相對抗，日中漁業協定的區域，基本上都在日本的 200 海里以外。

第三次聯合國海洋法會議最大的問題，是圍繞著 200 海里經濟水域，沿岸國與內陸國及地理的不利益國之間的對立，圍繞著深海海底資源的方式也有對立，另外大陸架問題中，大陸架的外緣怎麼確定，沒有形成最終的定論。系川英夫曾在華盛頓提出，在太平洋的深處劃境界線，錳團塊等的礦物資源，由日本與美國來分。可是太平洋沿岸國不只日本與美國，深海海底開發問題，是第三次海洋法會議的重要課題，但意見始終是對立的。

帕克（Choon-ho Park）在《中、日、韓的海洋資源論爭與 200 海里經濟水域的假說》（1975 年）中曾言，「根據國際司法裁判所的判決（自然延長論），中間線原則的基礎就被侵食。」「那麼自然延長理論，而今在經濟水域制度的面前也遇到同樣的命運。而且中間線的原則，200 海里經濟水域案就變成容易的唯一選擇，因此，這給這個原則再次被採用帶來了可能性。」經團聯海洋開發懇談會，也採取將大陸架包含在經濟水域中的制度，並受它的拘束。但是帕克的假說，是限於中國不採用 200 海里經濟水域制度下才能實現的，所以難於成立。

12 月 6 日至 15 日，九州大學與長崎大學的探險隊聯合學術調查隊，就釣魚島群島的地質、生物進行了調查。隊長為大學教授松本長崎。以釣魚島為基地，對釣魚島群島最主要的島嶼進行了調查。像這樣調查是第一次。

12 月 21 日，在東京召開「日、韓、臺三國委員會」的「海洋開發研究聯合委員會」的會議，主張擱置領土主權問題及大陸架主權問題，共同開發東中國海的石油資源。

12 月 22 日，新華社發出聲明遣責「21 日在東京所謂的日、蔣、朴的『聯合委員會』，召開『海洋開發研究聯合委員會』，與美帝國主義一起，公然對中國及朝鮮的大陸架石油資源及其他礦物資源進行掠奪。」

12 月 29 日，《人民日報》發表評論：《中國領土主權不容侵犯》，其要旨如下：

（1）日、蔣、朴的「聯合委員會」的「海洋開發研究聯合委員會」會議，公然決定對我國臺灣省及其附屬島嶼海域和鄰近中國和朝鮮的淺海海域的海底石油資源和其他礦物資源進行「調查、研究和開發」。這是對我國和朝鮮民主主義共和國主權的明目張膽的侵犯。

（2）釣魚島、黃尾嶼、赤尾嶼、南小島、北小島等島嶼在內，自古就是中國的神聖領土。

（3）日本不僅蓄意掠奪我國的海底資源，而且妄圖把釣魚島等屬於中國的一些島嶼和海域，劃入日本的版圖。

（4）美國與日本必須立即停止侵犯我國領土主權和掠奪我國海底資源的罪惡勾當，把他們的侵略魔爪縮回去。

（二）拋開中國而走入死胡同的「共同開發」

1971 年 1 月 8 日《日本經濟新聞》進行了如下報導：「石油業界已經明朗的是，臺灣將含有沖繩的釣魚列島周邊海域的東中國海的大陸架石油礦區權，給與美國海灣石油公司在日本的法人『海灣パシフィック』公司。日本石油資源開發株式會社為向琉球政府申請礦區權，就難於避開圍繞著主權的紛爭。海灣公司向東中國海派遣地質調查船，被認為是有意在附近地區進行石油開發。就大陸架主權問題，日本主張，1958 年 4 月 29 日，在日內瓦簽訂的『大陸架相關條約』，日本並沒有參加，『中間線』說因為沒有加盟，就沒有效力，這是國際常識。」

1 月 25 日，日中邦交回覆促進議員聯盟（藤山愛一郎），在眾議院第一會館，在同年初的常任理事會上表示，不贊成釣魚島的海底資源，由日、韓、臺共同開發，以議員聯盟的名義，向政府提出適當的意見書，隨後，藤山會長向政府提出了意見書。

1 月 26 日，參議院會議上，佐藤首相答辯時稱：「尖閣列島是我國的領土，沒有討論的餘地，現在基於和平條約第三條，屬於美國施政權下。政府也不準備就尖閣列島的歸屬問題，與其他任何國家及政府進行交涉。」

1971 年 3 月 1 日，日中「覺書」貿易會議交流及新貿易備忘錄在北京簽訂。在這個會談中，中國方面強調，「日、蔣、朴聯合委員會」共同開發在中國近海海域的資源，是對中國主權的肆意公然侵犯，決不能容忍。日本方面則解釋，日方理解中國的嚴正態度，認為所謂的「日、韓、臺委員會」，是日美共同聲明路線結成的反對組織，這個「聯合委員會」決定在中國近海海域的資源開發，是對中國主權的侵略。這表明日本民間方面對這樣的反動活動，斷然反對。

簽訂這個備忘錄的岡崎嘉平太在雜誌 1971 年 5 月號的《世界》中，發表《障礙、展望、確信——日中備忘錄交涉》一文。其中，岡崎這樣寫道：「中國近海海域的資源開發問題，我國國內一部分人希望尖閣諸島海域相關事情盡快搞定，故也存在著對我們進行責難的態度，我們也有直接與中國方面直接提出尖閣列島海域相關事情的場合，不外意見對立。但是，中國方面也曾提議，不要觸及尖閣列島，始終以中國近海海域來表達。也可以換言稱中國的大陸架。」

另外，主持備忘錄簽字的松本俊一也表示：「淺海海域的共同開發問題，被責難侵犯中國的主權，所以在會談中及備忘錄中都迴避尖閣列島有領土主權問題。」（《朝日新聞》1971 年 3 月 3 日號）。

中國方面對日本的民間人士也儘量避免涉及到領土問題。

3 月 2 日，日本國際貿易促進協會明確表示，中國方面所認為的尖閣諸島等中國近海大陸架的「三國共同開發」，是對中國主權新的侵犯，因此，對於參加該項的日本企業，將出臺嚴厲方針。

3月5日，佐藤首相在參議院預算委員會上表示：「沖繩尖閣列島的石油資源長時間放置真是可惜」，應盡早開發。

3月6日，參議院預算委員會上，沖繩縣的議員稻嶺一郎責難道，在日中貿易備忘錄的會談交流中，就「日、韓、臺共同開發」，曾質問過愛知外相，但愛知外相言，尖閣列島為日本的領土，但國際通行的原則，並不意味著該列島的開發就只能由一國來進行，友好國家商議共同開發，中國的批判，也是「一方的權力主張」。

3月6日，藤山愛一郎與貿易交涉團一起由中國返回日本，在羽田機場的記者招待會上，他曾言：我們必須充分認識到，中日邦交正常化的根本，是基於臺灣為中國領土的一部分，代表中國的只有中華人民共和國。

3月8日，參議院預算委員會上，愛知外相答辯言：中國所說的「三國委員會」與政府沒有任何關係。

3月11日，政府方面發布，推動政府、石油開發業界對臺灣海峽的石油資源開發，但在臺灣海峽日臺共同開發現在還需要協調，事實上對開發已經死心。

4月4日，外務省發布，日美之間已經達成共識，釣魚列島包括在沖繩返還協定的「返還區域內」，返還區域用經緯度的方式，「尖閣列島」的名子不會出現，對於此方針，美國方面也沒有表示異議。

4月9日，美國國務院發表聲明表示：「尖閣諸島的施政權於1972年與沖繩一起返還給日本」。另外還表示：「圍繞著主權之紛爭，應當有當事國之間談判解決，或者當事國邀請第三者調停解決。」

4月9日，美國國務院表示，接受中國的正式申訴，中止了在中國黃海、東中國的海底石油探查活動，美國方面的石油開發公司撤出。在釣魚島附近進行調查的海灣石油公司調查船回航到佐世保。

4月9日，日本政府發布就「尖閣列島」周邊的石油開發到沖繩返還前凍結。

4月10日，北京廣播引自同日新華社的消息稱；「日本軍國主義，在美帝國主義的支持下，開始準備軍事佔領我臺灣省附近的島嶼。根據五日日本報紙的報導，美日反對派玩弄沖繩歸還騙局，企圖把中國的領土釣魚島列入歸還區域，這個騙局如果實現，日本反動當局就將釣魚島列入日本防空管轄區。」

4 月 10 日，華盛頓 5000 多名美國籍華人，舉行了反對日本的釣魚島主權主張的遊行。他們高呼釣魚島是我們的，守衛釣魚島，打倒日本軍國主義。這支遊行的隊伍也一度包圍日本大使館。

同日，其他地方的日本領事館也有 200 多人舉行了示威。

4 月 19 日，根據《東京新聞》的報導，日本政府拿出 8000 萬日元預算，在釣魚島建立無人氣象觀測所，進行「無言的主權宣言」。

4 月 23 日，日本石油開發公司發表：東中國海的石油開發還需要協調。這是對美國國務院對日本系企業所發出的「停止黃海及東中國海採礦活動」的呼應，通產及外務省都表示支持。

5 月 1 日，《人民日報》發表《中國領土主權不容侵犯》的評論員文章，強烈遣責日本：「位於我國臺灣省東北海域的釣魚島、黃尾嶼、赤尾嶼、南小島、北小島等島嶼，與臺灣一樣，自古就是中國的神聖領土，其歸屬是無可爭議的。」的主權主張。甲午戰爭之後，「一個國家可以隨便片面地、非法把另一國一時被割的領土劃入自己的原有版圖嗎？」「不管日本怎樣強詞奪理，弄虛作假，都不可能把中國的領土變成為日本的領土。」

5 月 16 日，根據新華社的報導，日本共同通信社 11 日報導：「沖繩本島西部的尖閣列島所在的二處沖繩美海軍射擊場，現在變得明確了」「明記為尖閣列島在沖繩美海軍的空對地射擊場，由於米第二九式兵大隊，在去年一月作成《琉球諸島米國設備及設施》的六色地圖。」佐藤政府對此「新發現」心喜若狂，認為找到「更有有利的證據」。日本政府尋求將將美國軍政府的軍用地圖作為「有利的證據」，只能是證明日本政府沒有主權主張的根據。

5 月 27 日，內閣從 6 月 1 日開始，進行「沖繩周邊大陸架石油天然氣資源基礎調查」。為避開「尖閣列島」周邊這樣的名稱，稱為「沖繩周邊」。團長為東海大學星野通平教授，使用的調查船為東海大學的「丸二世」。在釣魚島主權國際紛爭之際，政府反而實施進行地質調查，如果是公海上的「學術調查」，從國際慣習上講沒有什麼問題，這次調查不是由石油開發公司進行的地質調查，因為不登陸釣魚島群島，所以也就沒有問題。

5 月 31 日，政府決定將 6 月 1 日預定開始進行的尖閣列島周邊的海底地質調查，延期到沖繩返還協定簽訂。

6 月 3 日，韓國商工部相關人士表示，受美國政府請求而一時中斷的韓國西南部海域大陸架的石油資源調查，委託給與美國沒有關係的荷蘭及西德探查船進行。

6 月 9 日，《日刊工業新聞》的報導，日本石油開發公司為就 6 月 3 日韓國商工部的決定進行回應，也從美國的マンドレル（物理探礦專門公司），換成西德等第三國的探礦公司。

6 月 17 日，沖繩返還協定在東京與華盛頓同時簽訂。

同日，美國國務院表示：沖繩返還協定只返還給日本「尖閣列島」的施政權，主權與施政權是不一樣的，這次向日本只返還施政權，圍繞主權問題，美國採取不再干涉的立場。

6 月 20 日，《人民日報》就沖繩返還協定進行評論，對協定中將「中國的領土釣魚島等島嶼」列入返還範圍進行抗議，警告稱「這種侵犯中國的行為，中國政府及人民決不容許。」

6 月 27 日，《人民日報》，新華社電，根據沖繩返還協定，以日本航空自衛隊的沖繩為中心的防空範圍的擴大，是對中國人民的重大挑釁。還特別警告說，將中國所屬釣魚島劃入日本的防衛範圍，中國將出台臺灣省及舟山群島上空相接近的防空識別計劃。

從 6 月到 7 月，日本政府委託東海大學進行「沖繩周邊大陸架石油天然氣資源基礎調查」的「第三次尖閣列島周邊海域地質調查」。其報告於 1972 年 2 月向政府提出。根據此調查，外務省提出要求不許進入釣魚島 200 公里以內。政府雖稱為學術調查，但報告書中提出，沖繩舟狀海盆西北部有很厚的堆積物，有望成為石油天然氣的礦床，這不管怎麼說，也是對東中海的石油的探測。

7 月 15 日，尼克松大總統來年五月將訪問中國的消息發表。

7 月 20 日，美國國會上議院外交委員會，全會一致通過廢棄《臺灣決議》。這個《臺灣決議》為 1955 年 1 月，美國議會所採納的，為防衛臺灣及澎湖列島而將必要的軍事力的使用權交給大總統。

10 月 26 日，在聯合國「回復中華人民共和國的合法權利，驅出蔣介石一派」的決議案以 76 票對 35 票通過。

11 月 2 日，美國上議院外交委員會雖一致承認沖繩返還協定，但明確表示，這個協定與釣魚島群島的歸屬問題沒有關係。

11 月 5 日，愛克夫「エカフェ」打電報邀請中國出席從 12 日在聯合國召開的貿易擴大委員會。

11 月 9 日，福田外相，西村防衛廳長官，在 9 日的參議院預算委員會上，言明沖繩復歸後尖閣列島為日本的領土，為我國的防空識別圈。另外，佐藤首相也講：「尖閣列島的主權是我國的，此點朝野政黨觀點一致。」

11 月 10 日，美國上議院在會議中承認沖繩返還協定。

10 月 11 日，中國首席聯合國代表一行到達肯迪機場。

11 月 12 日，眾議院議員樽崎彌之助向政府提出異議，就日本政府的釣魚島主權主張根據，要求政府提出「答辯書」。

11 月 23 日，以橫浜市長飛鳥田一雄為團長的日中邦交正常化國民會議訪中代表團歸國。在記者會見時，飛鳥田提出必須廢除「日臺條約」，指出以進行反對臺灣歸屬末定論或臺灣獨立運動的具體行動，為日中邦交正常化回復運動的方向。對釣魚島問題，應日中政府間進行交涉，否則要儘量避開這個問題。

11 月 24 日，眾議院會議中確定承認沖繩返還協定。

11 月 30 日，美國、中國兩國政府共同發表尼克松大總統訪中從來年 2 月 21 日開始。大總統訪中的日程為 2 月 21 日至 28 日一周時間。

12 月 2 日，大平正芳在政黨政治研究會上公開表示：「中日間的戰爭狀態還沒有結束，故不論是從國內不是從國外，解決它都是政治的責任。」

12 月 25 日，日中貿易促進會共同備忘錄在北京發表。中國方面在此備忘錄中表述：「臺灣長達五十年被日本軍國主義所侵略佔領，第二次大戰後，基於開羅宣言及波茨坦公告，即於 1945 年 10 月 25 日歸還中國。」

12 月 22 日，參議院會議承認沖繩返還協定。

12 月 30 日，中華人民共和國外交部發表如下要旨的聲明：釣魚島、黃尾嶼、赤尾嶼、南小島、北小島等島嶼是臺灣的附屬島嶼。這此島嶼與臺灣一樣，自古就是中國的領土不可割的一部分。日本政府在甲午戰爭中，於 1895 年 4 月強迫清政府簽訂了割讓「臺灣及所有附屬各島嶼」和澎湖列島的不平等條約——《馬關條約》。美、日兩國政府在「歸還」沖繩協定中，把我國的釣魚島等島嶼列入「歸還區域」，完全是非法的，這絲毫不能改變中華人民共和國對釣魚島等島嶼的領土主權，中國人民一定要解放臺灣，中國人民也一定要收復釣魚島等臺灣的附屬島嶼！

四、高橋莊五郎認為中日共同聲明使釣魚島問題擱置

1972 年 2 月 21 日，尼克松到達北京。

2 月 27 日，在上海發表中美兩國共同聲明。在《和平共存》一項中，倡導由尼克松提出的反對霸權主義。在臺灣問題上，美國方面表示理解臺灣海峽兩岸的中國人，同為一個中國，臺灣是中國的一部分的主張。美國方面對此沒有異議。尼克松在上海表示「這一周是改變世界的一周。」

3 月 3 日，在聯合國海底和平利用委員會上，中國代表安致遠做了《海洋權問題相關中國的立場》的演講，其中強調「我代表中華人民共和國重申：我國臺灣省及其所有附屬島嶼，包括釣魚島、黃尾嶼、赤尾嶼、南小島、北小島等島嶼在內，是中國的神聖領土。這些島嶼周圍的海域和鄰近中國的淺海海域的海底資源都完全屬於中國所有，決不允許任何外國侵略者染指。」(《北京週報》1971 年第 11 號）對於安致遠代表的演講，日本的小木曾大使反駁言：對「尖閣列島」日本以外的任何國家都不能主張主權。

3 月 8 日，就釣魚島日本外務省發表基本見解。其見解認為，日本以「無主之地」而佔有，不是通過日清戰爭而掠奪來的，因此，主權在日本，不能根據「開羅宣言」及「波茨坦公告」而交還中國。

5 月 5 日，美國將沖繩返還給了日本。

6 月 17 日，佐藤首相宣布辭職。

7 月 5 日，田中角榮當選為自民黨總裁。

7 月 7 日，田中內閣成立。

9 月 25 日，田中角榮首相訪問北京。

9 月 29 日，簽訂反對霸權的日中共同聲明，實現了中日邦交正常化。日本與「臺灣」的外交關係於 9 月 29 日終結，《日臺條約》失效。擱置釣魚島問題。

9 月 30 日，大平外相接受朝日新聞社論主編江崎採訪時，就江崎提出的釣魚列島怎麼辦的問題，大平外相說：「這次與中國的交涉，不能涉及到那樣的小問題，始終以日中邦交正常化這一工作為重心。」(《朝日新聞》，1972 年 11 月 1 日號。)

10 月 1 日，田中在高爾夫球場接受記者採訪，談及日中會談，田中首相說：本想將「尖閣列島領土主權問題」直接提出來，但周恩來總理避開正面談論此問題：「不要在這裡談論此問題吧，這裡沒有地圖，不是因為石油才產

生現在問題的嗎？」

10 月 5 日、6 日，日韓兩國實務者會議上，兩國為在東中國海上的開發石油天然氣所設定的礦區重複而產生了紛爭。這個世界史無前例的大陸架主權擱置共同開發，是主張大陸架自然延伸的韓國，與主張一律中間線的日本之間的妥協產物。東中國海的大陸架，是中國大陸的自然延長，沒有與中國進行協議，日、韓兩國就不能私自決定。

11 月 6 日，大平外相在眾議院預算委員會上，對議員正木良明「日中友好條約觸及到領土問題了嗎？」這樣關於釣魚島問題的質問，回答到：「向後看的問題的處理已經完成。請您理解和平友好條約的指導方針是本著向前看，是規定兩國友好關係的。」這樣間接地表達出將釣魚島問題「凍結」擱置的方針。(《讀賣新聞》，1972 年 11 月 7 日。)

（一）《日韓大陸架共同開發協定》與中國的反對聲明

1974 年 1 月 30 日在首爾，完全無視中國的《日韓大陸架共同開發協定》簽字。這是正式「日本國與大韓民國之間的兩國鄰接大陸架的南部共同開發的相關協定」。這個協定表示日本承認韓國所主張的自然延長論，因此也就不能再反對中國所主張的自然延長論。

2 月 3 日，中國外交部新聞發言人發表如下聲明：

> 中國政府認為，根據大陸架是大陸自然延伸的原則，東海大陸架理應由中國和有關國家協商確定如何劃分。現在，日本政府和南朝鮮當局背著中國在東海大陸架劃定所謂日、韓「共同開發區」，這是侵犯中國主權的行為。對此，中國政府決不能同意。如果日本政府和南朝鮮當局在這一區域擅自進行開發活動，必須對由此引起的一切後果承擔全部責任。

1977 年 4 月 7 日，「日韓大陸架共同開發協定」，在排除民社黨及在野黨的反對後，在眾議院裁可通過。此協定在眾議院二次成為廢案，七次中止審議。

6 月 9 日，午前 0 點，延長國會的參議院外務委員會的審議中原樣通過『日韓大陸架共同開發協定」。福田內閣將這個協定的批准列為第 80 次國會的最優先課題。

6 月 13 日，中國外交部就「日韓大陸架共同開發協定」在國會強行「自然生效」發表如下聲明：

> 東海大陸架是中國大陸領土的自然延伸，中華人民共和國對東海大陸架擁有不容侵犯的主權，東海大陸架涉及其他國家的部分，理應由中國和有關國家協商確定如何劃分。日本政府同南朝鮮當局背著中國片面簽訂的所謂「大陸架共同開發協定」完全是非法的、和無效的。任何國家和私人未經中國政府同意不得在東海大陸架擅自進行開發活動，否則，必須對由此引起的後果承擔全部責任。

1978年6月3日，日本與韓國交換了「大陸架共同開發協定」的批准書。

6月26日，中國外交部對日、韓批准書，發表重申聲明：對於日本政府無視中國政府的堅決反對，侵犯中國主權的行為，中國政府表示極大的憤慨，並提出強烈抗議，「大陸架共同開發協定」是非法無效的。

9月20日，河本通產相認可以「大陸架共同開發協定」為基礎，日本方面的開發權利者委任給日本石油開發公司與帝國石油公司。

以上的經過中，較為詳細地敘述了沖繩縣民切實願望及中國的主張，知道對於與這些產業沒有關係的沖繩縣民在本土復歸後的不安生活及瞭解尖閣油田也是十分必要的。另外，日本在野黨與新聞媒介一致主張「尖閣列島」的主權，只是認為新聞報導還沒能充分理解。

國士館大學的奧原敏雄教授，從1970年9月2日開始在《沖繩季刊》連載的《尖閣列島》的一開頭就寫道：「尖閣列島為距離沖繩本島230英里的無人島，一般不被人所知。但從前年聯合國亞洲及遠東經濟委員會的沿岸礦物資源共同調查，同列島周圍大陸架埋藏著豐富的天然氣及石油資源的可能性的報告發表後，對該列島的關心急速升溫。」確實是這樣的。

美、日、韓三國為將東中國海的石油之寶貴資源收入囊中，在中國的前院，毫不講究的任意上演著亂七八糟的探寶掠奪。在日本，有人認為是因為有石油，中國方面才主張釣魚島的主權。如1972年3月5日附的《日本經濟新聞》的社論就認為：「問題關鍵是圍繞著尖閣諸島相聯大陸架的地下資源及石油的礦業權。大陸架問題本來領土主權是分別的，推測最近中國急劇主張尖閣諸島的主權的背景，是與大陸架地下資源的開發有著密切關係的。」

但是，問題完全是相反的。日本主張「尖閣列島」的起點，是想蠶食廣大的東中國海的大陸架。通產省海洋開發室長花岡宗助曾明確說過：「我們的立場是既然是無人島，當然大陸架中間線的場合可以作為起點。」（座談會《大陸架問題為什麼重要？——圍繞海底資源的主張》，《週刊エコノミスト》，1970

年 10 月 27 日號。）日本政府、新聞媒體也說尖閣列島的主權問題與大陸架問題是不同的。但事實上非常明白，日本政府實際上是以主張尖閣列島的主權，來將東中國海與大陸架分為兩半，企圖將兆億極的石油收入到自己的囊中。而關於「日韓大陸架共同開發區域」，大平外相對中國的抗議，也認為是與中國方面的中間線以內的沒有問題。

第十一章　日本學者認為釣魚島不擱置爭議日中將兩敗俱傷

一、日本大使丹羽宇一郎的觀點

丹羽宇一郎（1939年1月29日～），出生於日本愛知縣。日本企業家、外交官。歷任伊藤忠商事的社長（1998年～2004年）、會長（2004年至今），原日本郵政株式會社取締役，地方分權改革推進委員會委員長，世界糧食計劃署協會會長。2010年成為首位以民間人身份被任命為駐華大使。他認為日中兩國關係「應該超過夫妻關係，只能友好下去，沒有別的選擇」。他明確反對東京都購買釣魚島，在接受英國《金融時報》採訪時，公開反對東京都知事石原慎太郎「購買釣魚島」的計劃。他警告稱，這一舉動將會給中日關係帶來重大危機。丹羽的言論發表後，在日本國內引起了強烈反響。日本在野黨紛紛要求解除丹羽的大使職務，並立即召他回國。旋即他又通過日本官方之口「被道歉」，重重亂象，凸顯日本對華戰略的困頓境況。

中新網（2012）6月7日電據日本共同社7日報導，日本駐華大使丹羽宇一郎近日接受採訪時表示，反對東京都知事石原慎太郎「購買」釣魚島的計劃。這也是首名反對「購買」釣魚島的日本官員。

丹羽宇一郎稱，如果「購買」釣魚島計劃得以實行，將給日中關係帶來極為嚴重的危機。報導認為，作為首位明確表示反對東京都購買釣魚島的日本政府相關人士，其影響或將擴大。

日本官房長官藤村修此前曾在記者會上表示，如果有必要，中央政府可能會「買下」釣魚島。針對日本政府的這一態度，身處日中關係最前線的丹羽宇一郎發出了反對聲音。他稱，不能讓至今為止幾十年改善日中關係的努力化為泡影。

釣魚島及其附屬島嶼位於中國東海南部海域，主要包括釣魚島、黃尾嶼、赤尾嶼、南小島、北小島等，總面積約 6.3 平方公里。其中釣魚島距離臺灣省基隆約 190 公里，距離浙江省溫州市約 370 公里。

中國外交部較早前就東京都政府「購買」釣魚島的計劃表示，釣魚島及其附屬島嶼自古以來就是中國固有領土，中國對此擁有無可爭辯的主權。日本一些政客的小動作改變不了這些島嶼屬於中國的事實。中方將繼續採取切實措施堅定維護國家領土主權。日本這些政客不負責任的言行不僅有損自身的信譽，也有損日本的國際形象

日本駐華大使警告稱，東京市政府買下中國聲稱擁有主權的島嶼的計劃，可能在東亞兩個大國之間引發一場「極其嚴重的危機」。

丹羽宇一郎表示，東京都知事石原慎太郎在 4 月份作出的有關購買東海尖閣諸島（Senkaku Islands，中國稱為「釣魚島及其附屬島嶼」）的提議，將危及日中兩國自 1972 年關係正常化以來取得的進展。

「如果石原君的計劃得到執行，那將給日中關係帶來一場極其嚴重的危機，」丹羽宇一郎對英國《金融時報》表示，「我們不能讓以往數十年的努力化為泡影。」

丹羽宇一郎的言論，是日本中央政府對石原慎太郎買下尖閣諸島三個島嶼的計劃迄今作出的最強烈的不安表示。

目前日本中央政府向私人所有者租借這些島嶼，並禁止私人登島，以求避免與中國發生摩擦。長期反對這種低姿態做法的石原慎太郎在 4 月份闡明相關計劃，擬由日本首都從私人所有者手中買下這些島嶼，並可能進行開發。

丹羽宇一郎表示，儘管石原的方案可能面對法律和其他種種障礙，但即使是對相關島嶼進行購買前勘查的可能性，也可能引燃外交爭端。

伊藤忠商事株式會社前會長、2010 年成為首名受命出任日本駐華大使的私營部門人士的丹羽宇一郎警告，此類危機將連累商業關係。

近幾十年來，中日經貿聯繫快速擴大。據日本財務省資料，去年日中雙邊貿易總額超過 27 萬億日元（合 3450 億美元）。同時中國政府數據顯示，2011 年日本對華外商直接投資（FDI）飆升近 50%，至 63 億美元。

此前日本中央政府官員僅對石原慎太郎的計劃作出低調回應。4 月份，日本外相玄葉光一郎（Koichiro Gemba）呼籲中日雙方都以「平靜的方式」處理此事。

選擇之一是由日本中央政府出面買下上述有爭議島嶼，反對黨自民黨（LDP）正考慮將這個方案納入下屆大選的競選綱領。〔註 1〕

二、日本前外務省國際情報局長孫崎享的觀點

孫崎享，為日本前外務省國際情報局局長，也是前防衛大學的教授，著名評論家。曾著有《外交官——先輩の労苦をいしずえに》（あいうえお館、1984 年）、《カナダの教訓——「日米関係」を考える視點》（ダイヤモンド社、1992 年）、《日本外交現場からの証言——握手と微笑とイエスでいいか》（中公新書、1993 年）、《日米同盟の正體——迷走する安全保障》（講談社現代新書、2009 年）《情報と外交》（PHP 研究所、2009 年）、《日本人のための戦略的思考入門——日米同盟を超えて》（祥伝社新書、2010 年）《日本の國境問題——尖閣・竹島・北方領土》（ちくま新書、2011 年）《不愉快な現実——中國の大國化、米國の戦略転換》（講談社現代新書、2009 年）《戦後史の正體 1945～2012》（創元社、2012 年）。孫崎享圍繞著釣魚島中國漁船撞擊事件，對試圖反對已經協議好的「東之高閣」領土權，加深屈從於美國而採取強硬遏制中國的菅直人政府及前原誠司外交部長，給予了嚴厲的批評。他指出，「日本與中國都聲稱是自己的領土，兩方面都有自己的相當的根據，而作為盟友的美國，採取了中立的立場。」，所以主張必須「從爭議地為出來點來進行商榷」。從中國的歷史來看，「在 14 世紀，它的軍事實力已經擴展到尖閣諸島是歷史事實」。今年年 7 月 18 日，他在《朝日新聞》上發表「尖閣不是日本的固有領土」的發言，之後又接受了中國環球時表記者的採訪，再次強調中日之間就擱置領土爭議，建立共同體，中日合作比釣魚島更有價值。

（一）日本前高官：中日應擱置領土爭端建立共同體

1.「中日合作比釣魚島更有價值」——專訪日主張「釣魚島非日固有領土」的前高官孫崎享

日本前外務省國際情報局長孫崎享近日在《朝日新聞》刊文稱，釣魚島

〔註 1〕中新網 6 月 7 日電。

「並非日本的『固有領土』，而是一塊『爭議之地』」，並認為「擱置爭議」是對日本最有利的選擇，中日合作比釣魚島更有價值。孫崎的這一觀點在日本國內引發爭議。孫崎 2002 年 7 月 18 日，接受了本報記者的獨家專訪中，系統闡述了釣魚島並非日本固有領土主張的背景、日本有關方面單方激化衝突的原因以及中日應該擱置爭議的考量。

2.「日方不要一味陷於自己主張」

記者：接受日本媒體採訪時，您表示釣魚島很難說是日本「固有領土」，圍繞釣魚島所屬權是存在爭議的。這和日本政府的外交辭令有所不同，為什麼您這麼說？

孫崎：固有領土一般指歷史上擁有數百年左右的長期管轄權的領土。釣魚島是 1895 年之後日本才佔有的，怎麼能說是日本固有領土呢？

日本國內對釣魚島問題十分關注，但如果去問日本民眾，是否瞭解中國的主張，幾乎沒人答得上來。我認為日本在釣魚島問題上一直以來的主張是有缺陷的。

當然，我並非要求日本放棄自己的主張和立場，而是想告訴日本人，日方的主張並非百分百正確，我在觀察中方立場時，認為確實站得住腳的說法是，歷史上明清時代，中國在釣魚島的確存在一定程度的管轄權。

我現在在日本主張釣魚島並非日本固有領土的原因是，如果一直強調釣魚島是日本固有領土，日本國內將會形成進一步加強實際控制的輿論氛圍和政治氣氛。而如果日本採取進一步行動，中方也一定會採取應對措施，兩國之間陷入「負螺旋」，爆發衝突的可能性就大幅增加。這對中日雙方均不利。與釣魚島自身價值相比，中日之間合作具有更大價值。所以我才更要告訴日本人，中方主張釣魚島主權也是有一定道理的，日方不要一味陷於自己的主張裏。

記者：您堅持釣魚島並非日本固有領土的主張，也遭到日本國內的強烈反對。堅持這樣的主張，是否需要很大勇氣？

孫崎：被批評是沒辦法的。但確實需要勇氣。知識分子就應該發表自己認為正確的主張。現在大概有 80%的日本百姓都認為釣魚島是日本固有領土。外務省外交官因為有一定外交常識，不會過於批判我，但這 80%的百姓對我的說法反應很激烈，認為曾經就職外務省、應該是保衛祖國的公職人員怎麼能說對本國不利的話，所以都在網上「圍攻」我，問我拿了中方多少錢。

記者：您的主張能否說服日本政治家和民眾？

孫崎：《朝日新聞》刊載了我的文章，他們這麼做也是需要勇氣的。《產經新聞》本月也刊登了採訪我的文章。也就是說，一部分日本媒體也認識到，如果日本一直只堅持自己主張而不去聽聽中國怎麼說的話，事態將會惡化。當然，我的主張很難立刻說服日本政治家和民眾。但我這樣堅持說下去，並說明有關歷史的來龍去脈的話，更多的日本人會理解我的主張。

記者：石原在購島事件上的行動正在步步升級。

孫崎：現在最想火上澆油的，是東京都知事石原慎太郎。在我看來，支持石原的人和主張釣魚島是日本固有領土的人是一撥。

記者：為什麼石原在美國發表購島主張？

孫崎：儘管石原曾經寫過《日本可以說不》的書，很多人都認為石原反美，其實他的對美觀已經轉變了。戰後的日本政治家一直認為，沒有美國的支持，政治生涯繼續不下去。石原未來也可能想做首相，他想得到美國支持。他知道，與中國對立就會得美國的寵，所以選擇到美國發表購島主張。現在日本的政治氣氛是，政治家通過煽動國民情緒賺取自身政治利益。

記者：石原想強化日本實際控制釣魚島的動機是什麼？

孫崎：現在日本國力正日益下降。上世紀 80 年代，如果你問日本人生活處於什麼水平，大多數人都會回答自己處境「中不溜」。但現在一半人以上都會回答自己的生活水平是「中等偏下或者下等偏上」。在增加消費稅、福島核事故後很快重啟核電站的大背景下，大多數日本人均不認為自己的生活會變得更好。這時，石原拋出中國威脅論、韓國威脅論、朝鮮威脅論，很容易誘導民眾追隨自己。現在日本經濟形勢越發嚴峻，對於政治家來說，凝聚民心的最簡單的方法就是對外樹敵。在日本全民都期待樹敵的時代，中方沒有必要幫助這部分日本激進主義者煽風點火。

記者：日本駐華大使丹羽宇一郎接受《金融時報》採訪時，說石原購島將可能產生重大危機。但後來卻收回了這一說法，向外務省道歉。

孫崎：如果我是丹羽，我會堅持我的看法，沒有必要向誰道歉。因為在對華外交最前線，與中國高層人士頻繁見面，最瞭解中國對此問題的立場和反應，所以才會說，如果放任購島事件升級將引發兩國間的重大危機。如果政府認為我的看法不正確，可以隨時解任我。但我作為大使，要行使大使的職責，要正確彙報目前的真實情況。

3.「美國對華構築包圍圈的一步棋」

記者：釣魚島爭端升級，是偶然還是必然？

孫崎：鳩山前首相為何下臺？因為與美國對抗，菅直人、野田吸取了鳩山失敗的教訓，想方設法討好美國。在這過程中，他們認識到與中國對立是美國所期待的。

美國國內一些人主張採取敵視中國政策，並主張採取軍事措施。這些人很清楚，美國財政困難，靠美國單獨在亞太採取軍事行動較難，所以試圖讓日、韓、越、菲、澳等國感受到中國的實際威脅，再動員這些國家對抗中國，形成對華包圍圈。在這一大背景下，才有了近期的釣魚島事態升級。所以說，釣魚島問題並不是單純地一下子就變得複雜的問題，而是美國對華構築包圍圈、試圖讓日本積極參與其中的一步棋。也就是說，美方期待中日兩國在釣魚島問題上的適度衝突。

記者：中日兩國應該從 2010 年撞船事件中吸取什麼教訓？

孫崎：撞船事件後，日本出現了哪些新現象？沖繩縣知事選舉中，強調中國威脅、重視日美協定的仲井真當選知事；日本對美「溫馨預算」（駐日美軍基地經費中由日本政府承擔的部分被日方稱為「溫馨預算」——本報注）延長 5 年；日本國內一度積極討論向阿富汗派兵；「武器出口三原則」朝著修訂的方向發展……這一系列新現象說明日美同盟向前邁進了。可以說，是撞船事件幫助這些想法變成現實。

我認為在撞船事件上主動製造事端的不是中國，而是日本。這是日方主動挑起的事端，部分政治家利用這一事件強化了日美同盟。

這次石原的做法也是一樣，期待中方採取反制措施。中方必須認識到這裡面提前設置好的圈套。

4.「擱置爭議應成中日兩國共識」

記者：為什麼試圖激化中日矛盾的石原慎太郎得到眾多支持？

孫崎：遺憾的是，石原這樣的激進政治家的主張被日本 80%的國民所支持。但正因此，中日兩國才更要戰略性地思考如何避免衝突，不讓石原等人的算盤得逞，阻止石原進一步採取過激行動。

其實，周恩來、鄧小平所提倡的「擱置爭議」的本意不是把釣魚島讓給日本，而是中日避免在釣魚島問題上發生衝突。換句話說就是不使用武力。因為中日之間還有比釣魚島爭端更重要的事，那就是兩國關係的健康發展。

擱置爭議的精神，中日兩國都有必要進行再學習。這應該成為中日兩國的共識。

中國與東盟已經達成共識，中日之間也應該達成。中日之間也應簽署一份類似《南海各方行為宣言》的文件，具體內容應包括兩點：一是雙方在解決領土爭端上不動用武力；二是雙方不採取讓有爭議領土局勢進一步惡化的行動。

記者：擱置爭議之後中日雙方要做的是什麼？

孫崎：我去日本律師協會演講，有人提問，孫崎提倡擱置論的論點弱，因為你沒有告訴國民，擱置爭議後會有什麼好處。我認為，這個好處就是中日之間未來可以建立類似於歐盟的共同體，擱置領土爭端，放棄仇恨，在不忘歷史的前提下，建立面向未來的兩國合作關係。到那時，兩國關係將緊密到不會受一個局部地區爭議領土的影響。中日要朝著這個目標前進，在此之前避免局部衝突。東亞共同體將成為「後擱置時代」的目的地。（郭一娜）

文章來自：http://www.51junshi.com/bbs/201207/thread_66056_1_5.html

（二）日本外務省前情報局局長孫崎享接受《環球時報》記者的採訪

「必須避免日中因為釣魚島而戰，這是我最感到擔憂的。」24 日（2012 年 7 月），日本外務省前情報局局長孫崎享面對《環球時報》記者時這樣說道。不久前，這名曾長期研究東亞問題的日本前高級外交官在《朝日新聞》上撰文稱：「釣魚島並非日本固有領土」。這篇文章在日本、中國及亞洲都引起關注，孫崎享在日本網絡上受到大量攻擊。日前孫崎享在接受本報專訪時再度「語出驚人」，他認為美國國內有股勢力希望日中關係緊張，日中應聯手抗衡這股勢力；對日本來說，「日美安保條約也不是為了保護日本利益而存在的」。

1. 日本有人在認真思考我的意見

環球時報：您是什麼時候開始研究釣魚島問題的？

孫崎享：最早我的工作是研究中蘇領土紛爭。當年中蘇因珍寶島事件而對立。當時我在莫斯科，在中國駐蘇聯大使館門前看到過示威遊行，後來兩國軍隊也出現了衝突。1972 年，我回到外務省情報分析課，繼續研究中蘇問題。其間，中蘇一直進行外交對話，但是圍繞珍寶島的紛爭和摩擦依然時常發生，我一直在思考在這樣的情況下政府該怎樣管理領土紛爭。日中恢復邦交關係之後，由於雙方決定擱置釣魚島問題，所以沒有發生什麼大的問題。此後我又常駐伊朗，伊朗和伊拉克為劃分國界發動了戰爭，領土糾紛問題再次成為我主要的研究方向。1985年，我回國擔任情報分析課課長，中國再次成了我的重要研究內容。此後，我的工作一直是關注中國和日中關係。但是從歷史角度去研究中國，則源於日中關於釣魚島的紛爭。我想知道這究竟是怎麼回事？於是開始研讀史料等，結果出了一本書，書名為《日本的國境問題尖閣、竹島、北方領土》。

環球時報：作為日本人，為什麼您認為「釣魚島非日本固有領土」？文章發表後您受到了政府或者民間的壓力嗎？

孫崎享：我並沒說釣魚島是中國的領土。我認為主要問題在於，日本很多人都認為那是日本的「固有領土」。中國主張釣魚島是中國的島嶼，中國這樣說也並不是毫無根據。那裡是紛爭之地。日本以釣魚島是日本固有領土的態度去應對，還是以那裡是紛爭之地的態度去應對，所採取的方式和態度是完全不同的。如果以那裡是日本固有領土為前提，就要盡可能採取強硬態度；如果承認是紛爭之地，就應去想怎樣才能避免紛爭。我認為，為了爭奪領土，製造並擴大紛爭是很糊塗的做法。當年伊朗和伊拉克為了國界劃分問題而發生了戰爭。遺憾的是，現在日中之間也出現了類似的徵兆。我認為，必須避免日中因為釣魚島而戰，這是我最感到擔憂的。

文章發表之後，推特上很多人對我謾罵：如說「你什麼時候變成中國人」，還有人說「你滾回中國去吧」。但是文章在社會上也有好的影響。《朝日新聞》、《產經新聞》等媒體雖然可能並不認同我的觀點，但仍然刊登了我的主張，也許它們覺得像我這樣的意見也應該被傾聽。更令人驚訝的是產生了這樣一種社會效應，日本開始形成一種應該認真思考一下釣魚島問題的氛圍。國會鳩山派和小澤派議員分別邀請我前去就釣魚島問題進行講演。這說明日本政治家也想傾聽我的意見。

2. 日本駐軍也保不住釣魚島

環球時報：請問您如何看待石原慎太郎的購島計劃？

孫崎享：我覺得那非常不高明。理由有兩條：第一，如果石原把釣魚島買到手，他會繼續採取某種行動。這樣一來中國一定會做出相應反應，可能是外交層面的也可能是軍事層面的。對此，石原不可能採取任何措施，他既不是外交官也沒有戰鬥機。這樣一個人是給釣魚島問題點火，這沒有任何意義。第二，就是對於紛爭之地究竟該怎樣對待？原則應該是雙方都不做增加緊張的事情。但石原的所為正好相反。對於擁有紛爭地的兩國來說如何避免紛爭才是最明智的。從這兩點來看石原都錯了。

環球時報：您認為圍繞著釣魚島問題，日中有發生軍事衝突的可能性嗎？

孫崎享：我認為有。如果日中兩國都沒有避免紛爭的意識，就會發生衝突。為此，日中兩國領導都要有一種意識，那就是對大局來說這只是一件小事，必須避免紛爭，而且要為之而努力。

環球時報：日中圍繞釣魚島發生衝突的話，會有什麼結果？

孫崎享：發生軍事衝突的話，日本必敗。釣魚島就在臺灣附近，而臺灣問題對中國來說是最重要的問題，所以那裡也是中國防衛的最前線。一旦發生軍事紛爭，中國奪取釣魚島的可能性很大。不過，我認為儘管中國具有很強的軍事力量，但不會主動去奪取釣魚島。因為對於中國來說最重要的是保障國民生活，而保障國民生活需要國際市場，中國和世界人民和平相處，從而保障中國需要的市場。這樣的狀況今後 20 年之內不會改變。

環球時報：那麼釣魚島問題今後如何處理，才有利於日中雙方？

孫崎享：1972 年，周恩來總理就對田中角榮說過，日中應求大同存小異。釣魚島問題毫無疑問就屬於小異。日中之間有更大的事情要做。與釣魚島姓「中」還是姓「日」相比，密切日中關係對兩國發展都是有利的。周恩來總理、鄧小平都曾這麼說過。重要的是兩國國民也應擁有同樣的意識，即密切日中關係、互相促進經濟發展才能為兩國民眾帶來美好生活。從這個意義上說，如果找不到解決釣魚島問題的最佳方案，按照周恩來和鄧小平的辦法，擱置爭議也許是上策。

環球時報：日本國內呼籲在釣魚島駐軍的聲音較強，您怎麼看這個問題？

孫崎享：我堅決反對。即使駐兵也保不住釣魚島。相反，如果日本駐軍，中國也會採取相應行動。重要的是如何避免紛爭，導致紛爭的行動根本不必要。

3. 五年後日本終將明白中國最重要

環球時報：目前中日關係比較緊張，您如何看待現在和未來的中日關係？

孫崎享：日中應首先搞清楚相對來說最重要的國家是哪個國家？對日本來說就是中國。很明顯，日本最大貿易夥伴就是中國，美國已不是對日本最重要的國家了。日本有必要認真考慮這一點。毫無疑問，對中國來說，搞好和日本的關係同樣有益而無害。如果兩國國民在這一點上都有清醒的認識，那麼有了摩擦就會主動通過對話去尋求解決。

當然，日中關係並不單純是兩國間的關係，後面有一個非常巨大的國家美國。美國國內有勢力並不希望日中關係良好，而是希望日中關係緊張。東亞一直討論建東亞共同體。歐洲建立了歐盟，亞洲有東盟，彼此緊密的關係可以避免許多紛爭。但是地域之間的關係並非僅僅是經貿關係，還有安全保障問題。今後隨著中國軍力的增加，美國想讓日本與美國一起對抗（中國)。如果日本和中國對此漠視的話，美國內部這股力量就會發揮作用。日中今後如何抗衡這種勢力是兩國都要認真考慮的問題。

還有一點，就是再過 5 年或 10 年後，日本民眾終將會明白中國的重要性。所以今後 5 年日中如何避免紛爭非常重要。看臺灣就明白了。過去臺灣人要求「獨立」，現在這種聲音卻在降低。現在問普通日本民眾，日本出口最多的國家是哪裏，很多人仍會回答是美國。日本人還沒有理解中國的重要性。五六年後日本明白這一點，就會更加慎重。

環球時報：目前中國在南海也面臨問題。您怎麼看日本和南海周邊一些國家對中國在海洋進出表示擔心和不滿？

孫崎享：我認為南海問題可能比釣魚島問題更具有和平解決的可能性，因為中國已經與東盟制定了《南海各方行動宣言》。但從另一方面來看，與釣魚島問題不同的是，南海諸島的所有權紛爭更亂，因此也更不安定。不過，無論如何，中國不要忘記，以推動菲律賓等帶頭與中國對抗，並試圖從中獲利的幕後存在。中國要想清楚，上了人家這樣的圈套是否合適？

對於日本、東盟等周邊國家的擔心和恐懼，重要的是要盡早建立一種海上行動規則。就像中國和東盟那樣，中國和日本也應該就釣魚島問題制定一個規則，和平解決紛爭，不做導致紛爭激化的行動等。總之，無論是對待南海問題還是釣魚島問題，相關各國都應努力制定一個協定或規則，並把它提高到國際法上具有強力約束性的層次。

環球時報：您如何看待美國的回歸亞洲戰略以及未來的亞洲局勢？

孫崎享：美國的回歸亞洲戰略實際上就是如何對抗日益強大的中國的戰略。雖然有人認為中國強大了，應該和中國保持良好的關係。但是美國軍方只要可能就會盡力去抑制，就像過去美蘇關係一樣。當然美國已經今非昔比，所以只能採取聯合日本、韓國、越南、菲律賓等共同對抗中國的戰略。

對於日美同盟，我認為毫無存在意義。比如中國有核武器，但不會向日本發射。這並不是因為中國忌憚美國核武器才不敢發射，而是因為沒有發射的意義，發射了只能給中國帶來負面影響。釣魚島問題也是如此。我認為日美安保條約不是為了保護日本利益而存在的。

今後中國一定會成為世界大國和強國。有一點值得注意的是，當年英美兩國分別成為世界第一大國時，國民生活水準也是世界第一。但展望今後的中國，比如 2020 年時，中國的國民生活是否能夠達到世界第一呢？我覺得這才是中國面臨的最重要問題。（本報駐日本特約記者孫秀萍）

結束語

釣魚島群島是臺灣島的附屬島嶼，本為中國固有之領土。在漫長的歷史進程中，一直以中琉朝貢海上航線的航標指南而被大量中國古籍所記載。日本現存資料也充分證明，釣魚島為日本明治政府「外小島」領土擴張計劃的一部分。日本於 1879 年單方面吞併琉球後不久，就以琉球難船事件謀劃出兵侵佔中國臺灣。而處於琉球與臺灣間的釣魚島成為其侵佔的重要目標。1885 年首次提出要在釣魚島上建立國標，並通過踏查知道釣魚島為「貴重之島」，更想將其納入到領土之內，但懾於清政府的實力，沒敢具體實施，一直等待著機會。1895 年 1 月 14 日，日本政府趁甲午戰爭勝利之威，迫不及待地以內閣決議方式，單方面將覬覦多年的釣魚島竊取。日本竊取釣魚島後，沒有像取得其它島嶼一樣進行公示。故釣魚島是日本趁著甲午戰爭勝利獲得割讓臺灣前，以偷盜行為取得的中國領土，不是日本的固有領土，更不是所謂的「無主地」。戰後，國民政府曾提出將釣魚島中的赤尾嶼劃為中琉的界線，但由於國民黨戰敗遷台而沒有具體實施，釣魚島被裹挾到「沖繩」成為美國佔領軍的靶場。故中國政府認為，釣魚島、黃尾嶼、赤尾嶼、南小島及北小島是臺灣的附屬島嶼，是被中國古籍大量記載的中國固有領土，「無人島」不能等同於「無主地」。釣魚島在歷史上根本不是「琉球國」的領土，是被日本趁甲午戰爭勝利之勢，偷偷竊取的中國臺灣之領土。上世紀七十年代，隨著釣魚島海底大量石油資源的發現，釣魚島開始從一個默默無聞的荒島，成為地緣國家的逐鹿之所。日本政府隨即主張釣魚島為琉球群島（西南諸島）的一部分，並暗中與美國進行秘密交涉，要求美國將其作為琉球的一部分返還給日本，並以允許美軍在突發事件時，攜帶核武器進入沖繩為交換條件，最終達成秘密約定。而 1971 年簽訂的「日美沖繩返還協定」，釣魚島便作為「琉球」的一部分，交還給了日本政府。此後日本就主張「尖閣列島」在國際法上，是根據「無主地」占為國有的，不是臺灣的附屬島嶼，因此不受「波茨坦宣言」的約束。而日本國內，並非千篇一律地贊同政府的領有主張，基於歷史事實的日本人士就釣魚島發出了理性的聲音。這在一定程度上更能幫助我們接近事情真相，更能有力證明中國在歷史上對釣魚島的主權，進而化解中日因為釣魚島而產生的兩國關係矛盾。日本當代著名的歷史學家井上清教授，親自到沖繩地方，進行了詳細周密的調查研究，找到許多琉球時期的檔案資料和地圖。井上清教授並不因自己是日本國籍，而顛倒歷史事實，去附和日本右翼軍國主義者的一派胡言，而是抱著尊重歷史的道德良知，果敢地站出來，旗幟鮮明地說出釣魚列島屬於中國而不屬於日本。另外，曾為中日友好協會專務理事高橋莊五郎，在 1979 年出版了《尖閣列島筆記》，否認了日本政府聲稱的釣魚島為「無主地」之說，提出釣魚島是臺灣的附屬島嶼，日本趁甲午戰爭的勝利而將之竊取，並批評日本為了獲取資源，無視歷史事實，拼湊理由竊取釣魚島的拙略行徑，整體上否定了日本對釣魚島的領有主張。另外橫濱國立大學教授村田忠禧，也對日本釣魚島主權的主張提出了強烈的質疑，提出日本是乘著甲午戰爭勝利趁火打劫侵佔釣魚島。日本駐華大使丹羽宇一郎、日本前外務省國際情報局局長孫崎享等人對日本政府釣魚島為固有領土之也提出批評，認為釣魚島問題產生的根本原因是由於隨著中國國力的強大，美國國內一些人開始採取敵視中國的政策，並主張採取軍事措施。但由於美國財政困難，靠美國單獨在亞太採取軍事行動來遏制中國較為困難，所以試圖讓日、韓、越、菲、澳等國都感受到中國的實際威脅，再動員這些國家對抗中國，形成對華包圍圈。在這一大背景下，才有了釣魚島問題的升級。所以說，釣魚島問題並不是單純地一下子就變成了複雜的問題，而是美國對華構築包圍圈、試圖讓日本積極參與其中的重要步驟。